Iniciativa Probatória de Ofício
e o Direito ao Juiz Imparcial
no Processo Penal

Conselho Editorial
André Luís Callegari
Carlos Alberto Molinaro
Daniel Francisco Mitidiero
Darci Guimarães Ribeiro
Draiton Gonzaga de Souza
Elaine Harzheim Macedo
Eugênio Facchini Neto
Giovani Agostini Saavedra
Ingo Wolfgang Sarlet
Jose Luis Bolzan de Morais
José Maria Rosa Tesheiner
Leandro Paulsen
Lenio Luiz Streck
Paulo Antônio Caliendo Velloso da Silveira
Rodrigo Wasem Galia

P436i   Pereira, Frederico Valdez.
       Iniciativa probatória de ofício e o direito ao juiz imparcial no
processo penal / Frederico Valdez Pereira. – Porto Alegre: Livraria do Advogado Editora, 2014.
       194 p.; 23 cm.
       Inclui bibliografia.
       ISBN 978-85-7348-915-6

       1. Direito penal. 2. Processo penal. 3. Iniciativa probatória.
4. Juízes - Decisões. I. Título.

CDU 343.1

CDD 345.05

Índice para catálogo sistemático:
1. Processo penal   343.1

(Bibliotecária responsável: Sabrina Leal Araujo – CRB 10/1507)

Frederico Valdez Pereira

Iniciativa Probatória de Ofício e o Direito ao Juiz Imparcial no Processo Penal

Porto Alegre, 2014

© Frederico Valdez Pereira, 2014

Projeto gráfico e diagramação
Livraria do Advogado Editora

Revisão
Rosane Marques Borba

Direitos desta edição reservados por
Livraria do Advogado Editora Ltda.
Rua Riachuelo, 1300
90010-273 Porto Alegre RS
Fone/fax: 0800-51-7522
editora@livrariadoadvogado.com.br
www.doadvogado.com.br

Impresso no Brasil / Printed in Brazil

À memória de Teresinha, minha mãe,

também pela distância no período anterior
dedicado à pesquisa.

Agradecimentos

Ao Prof. Dr. Paulo de Sousa Mendes, pelo estímulo e precisa orientação científica.

Aos membros do Tribunal Regional Federal da 4ª Região, pela autorização para estudo no exterior, o que permitiu o desenvolvimento da pesquisa; em especial, pela sensibilidade na acolhida, aos Desembargadores Federais Luiz Fernando Wowk Penteado, Paulo Afonso Brum Vaz e Néfi Cordeiro.

Aos Professores Doutores Gabriele Fornasari e Bruno Tanus Job e Meira, pelo acesso e acolhida na Universidade de Trento, que muito permitiu o aprofundamento da pesquisa.

A Sérgio Gischkow Pereira, pelo exemplo, estímulo e apoio.

A meus irmãos, familiares e amigos.

A Juliana, Isabella e Helena.

La procedura non è pura forma. Essa è il punto d'incontro di conflitti, di ideali, di filosofie.

Mauro Cappelletti

Prefácio

O Brasil é um imigrante nas comunidades de tradição democrática.

Assim como as crianças são nativas digitais e os adultos da minha geração são imigrantes relativamente às tecnologias de comunicação e informação da sociedade pós-industrial, a cultura jurídica brasileira, à diferença de outras, inscreve-se no âmbito de tradições autoritárias e isso independe do fato de vivermos em democracia desde 1988.

O peso das experiências autoritárias na constituição das categorias jurídicas é ainda mais significativo quando se trata dos sistemas de justiça criminal, nos quais a tensão entre liberdade e segurança revela-se de forma transparente e afeta o concreto mundo da vida.

Assim, na linha perspectivada por Rui Cunha Martins, defendo que, se mesmo nas democracias contemporâneas parece inevitável a contaminação daquilo que Francesco Palazzo, em 2010, denominou de "vírus inquisitório", "autoritário", capaz de contagiar a prática processual penal, alimentando-se da relativização das garantias, em um nível estrutural do próprio sistema[1] – basta olhar para Guantánamo –, as permanências autoritárias são ainda mais frequentes e notáveis nos ordenamentos jurídicos historicamente consolidados em uma ambiência de restrição das liberdades públicas.

Estruturas jurídicas estão cristalizadas e incorporadas à subjetividade dos profissionais e estudiosos da área do direito. Por isso, o "olhar" desde fora passa a ser indispensável para traduzir as transformações propostas nos textos normativos mais importantes – a Constituição da República e os tratados sobre direitos humanos – em práticas comprometidas com a nova ordem política.

Em outras palavras: a tradição processual penal brasileira não socorre o nosso jurista. Antes, configura obstáculo às mudanças radicais preconizadas no campo democrático.

---

[1] PALAZZO, Francesco. Conclusioni, *in Diritti Individuali e Processo Penale Nell'Italia Repubblicana: Ferrara, 12-13 novembre 2010*. Milano: Giuffrè, 2011, p. 414-415. Palazzo disserta especificamente sobre as permanências autoritárias em relação ao processo penal italiano.

Releva notar, ainda, que se o pensamento jurídico militante na seara criminal é refratário às transformações paradigmáticas inspiradas por uma Constituição cujos capítulos sobre direitos fundamentais são herdeiros de uma tradição democrática em grande parte alienígena, as disputas internas em torno do capital científico no Direito tampouco têm contribuído para o decisivo abandono de superadas formas de encarar os fenômenos jurídicos.[2]

Daí a importância da atitude consciente de afastamento do campo jurídico brasileiro para, na interlocução competente e profunda com estudiosos portugueses, como é o caso desta obra, alcançar novos lugares de mirada, ver a justiça criminal por outro ângulo, construir novos "pontos de vista", que qualificam o debate sobre esta mesma justiça criminal e os conceitos e categorias usualmente empregados para decidir sobre a validade dos poderes instrutórios do juiz.

Este é, desde logo, o primeiro grande mérito do livro *Iniciativa probatória de ofício e imparcialidade do juiz no processo penal brasileiro*, que tenho a honra de prefaciar.

Com efeito, o autor Frederico Valdez Pereira nos beneficia com obra que alavanca a qualidade das discussões sobre a intervenção probatória do juiz no nosso processo penal e o faz deixando para trás argumentos despidos de sentido no atual estágio da dogmática do processo penal.

Pode-se concordar com as posições defendidas com fundamentos teóricos sólidos pelo autor. Pode-se discordar delas. O patamar do debate, todavia, muda com a introdução na metodologia analítica do saber processual penal de elementos qualificados e a partir deste livro não há como evitar determinados temas e enfoques.

Em recente obra, Alberto Binder, jurista argentino, realça a condição de saber prático, ostentada pelo direito processual penal, e chama a atenção para um dos principais papéis desempenhados pela doutrina: a preparação dos profissionais juristas, a partir do reconhecimento do espaço judicial como "espaço de lutas políticas" em que o profissional do direito constitui-se protagonista.

Ressalta o jurista argentino que a investigação científica no âmbito do processo penal não deve descuidar dos relevantes aportes da criminologia, dedicada à "descrição e crítica do funcionamento real da justiça penal", mas o saber processual penal, por sua vez, não deve demitir-se da tarefa de "incorporar a realidade do funcionamento [do

---

[2] Sobre o tema e a dicotomia "acusatório-inquisitório", ver meu Campo jurídico e Capital Científico: o acordo sobre a pena e o modelo acusatório no Brasil – a transformação de um conceito, *in Decisão Judicial: a cultura jurídica brasileira na transição para a democracia*. Barcelona, Marcial Pons, 2012.

sistema penal] ao próprio trabalho de construção do conhecimento processual".[3]

São palavras de Binder: "O jogo da justiça penal é complexo. Tal como trato de explicar no capítulo histórico, esse jogo está atravessado por tradições, operantes como tais: e também há tradições libertárias rondando pelo campo da justiça penal...". "Construir um saber para atuar neste contexto, conhecendo-o e o tendo presente, com os olhos abertos a essa realidade, sabendo os riscos da manipulação e as más interpretações, conhecendo também que as forças do sistema não são menores e nos previnem frente a todo voluntarismo...".[4]

Em suma, pensar o saber processual penal como guia de atuação para os profissionais neste contexto, orientados às consequências do exercício competente de suas atividades.

Neste sentido, o salto quântico de qualidade representado pelo presente livro é evidente.

Com efeito, Frederico Valdez Pereira se propõe a demonstrar o estado da arte na investigação acadêmica a respeito de categorias irredutíveis, que compõem oposições dicotômicas na maioria dos casos ignoradas pela doutrina processual penal brasileira.

Modelos acusatório e inquisitório de processo nem sempre correspondem (ou devem corresponder, consoante adequados esquemas analíticos) à dicotomia "processo adversarial e não adversarial".

Empenha-se o autor em distinguir as estruturas analíticas e busca extrair importantes conclusões práticas das diferenças. Na obra citada, "Campo jurídico e capital científico...",[5] resgatei antigas reflexões que, sob a generosa influência de Mirjan Damaska,[6] buscaram demonstrar o quanto de disputa (política) de (constituição) sentidos cobre o terreno simbólico de definição do que é ou não acusatório para fins de processo penal.

Não cabe aqui retornar ao ponto.

O certo é que *Iniciativa probatória de ofício e imparcialidade do juiz no processo penal brasileiro* foge das armadilhas teórico-práticas construídas pela adoção de um "olhar estrangeiro", "imigrante", acerca das estruturas processuais penais, olhar que confere ao termo "acusatório" valor simbólico equivalente ao "democracia". Isso, não se duvida, em

---

[3] BINDER, Alberto. Derecho Procesal Penal: Hermenéutica del proceso penal, Tomo I. Buenos Aires, Ad-Hoc, 2013, p. 14-5.

[4] *Idem*, p. 16.

[5] Vide nota 2. Seção 2.

[6] Las caras de la justicia y el poder del Estado. Editorial Jurídica de Chile, 2000.

um ambiente de pressuposições que se descortina a partir do inexiste consenso sobre os significados de ambos os significantes: "acusatório" e "democracia".

Ademais da definição dos contornos normativos de modelos processuais, Frederico Valdez Pereira opera com a categoria do "processo justo", como guia para a ponderada atuação do juiz no processo penal, apoiando-se no valor justiça para consagrar as soluções propostas.

Releva notar que o autor, com suporte em rica bibliografia, acentua as características de acertamento dos fatos penalmente relevantes que são peculiares ao processo penal cuja ação pública está regida pela obrigatoriedade.

Creio não distorcer suas ideias quando as coloco em simetria com as de Bernd Schünemann que, ao lecionar sobre "modelo inquisitorial ou adversarial?" de processo penal alemão, defende alguma gestão judicial da prova, sem que isso implique "quebra da divisão das forças processuais que o caracteriza [processo penal alemão] e a substituição por um domínio exclusivo do juízo [que] parece representar uma retomada do processo inquisitorial superado há 200 anos".[7]

No contexto de busca da verdade, que legitima politicamente a sentença penal, Schünemann lança mão do *dilema de Lohengrin* para justificar algum poder instrutório do juiz em bases escrupulosas, mas compreendido porque "fora de cursos explicáveis de forma exata pelas ciências da natureza, não é possível *per definitionem* encontrar a verdade caso aquele que a deva pesquisar tenha de deixar em aberto pontos de vista por ele considerados relevantes".[8]

Logo se vê que há respaldo para as teses do livro que, segundo minha leitura, se inclina por resolver a questão da "geografia simbólica" das estruturas processuais pela opção por um sistema misto. Nas palavras de Frederico Valdez Pereira:

> Na acepção ora pretendida, o termo "sistemas mistos" serve para indicar aqueles ordenamentos judiciários que possuem uma linha de tendência estrutural preponderante, mas atenuam esse arquétipo mediante a previsão de disposições derrogatórias derivadas do modelo oposto.

Penso que o debate fica muito enriquecido com esta obra.

---

[7] SCHÜNEMANN, Bernd. Audiência de instrução e julgamento: modelo inquisitorial ou adversarial? Sobre a estrutura fundamental do processo penal no 3º Milênio, *in Direito Penal como Crítica da Pena: Estudos em homenagem a Juarez Tavares por seu 70º aniversário em 2 de setembro de 2012.* Barcelona, Marcial Pons, 2012, p. 635.

[8] *Idem*, p. 639.

E a honra pelo convite generoso para prefaciá-la é maior, porque o autor sabe que discordo da existência juridicamente válida de poderes instrutórios do juiz.

Alguns breves registros se fazem necessário para pontuar as diferentes perspectivas.

Em primeiro lugar, parto de uma conexão indissolúvel entre direito penal e direito processual penal, que se caracteriza pela admissão de um sistema de recíprocas ingerências entre ambos, o que gera consequências nada desprezíveis.

Giacomo Delitala, penalista italiano, da Sardenha, foi um dos primeiros autores da península a cerrar fileiras contra a tendência a uma teoria unitária do processo, "ao propugnar a existência de direitos processuais específicos em relação ao ramo do direito material a que aderem".[9]

Atualmente, na Alemanha, esta parece ser a inclinação dos jovens autores[10] e sem dúvida, no nosso Continente, as decisões da Corte Interamericana de Direitos Humanos, reconhecendo a recíproca implicação destes saberes, que funcionam em sintonia com determinada(s) política(s) criminal(is), apontam para o caminho mais próximo à realidade.

Basta examinar o regime jurídico e a prática das prisões cautelares para nos precavermos quanto às consequências da não consideração das barreiras que determinadas estruturas processuais representam ao exercício do poder punitivo.

Não graciosamente Alberto Binder irá classificar como modelos inquisitivos reformados aqueles correspondentes ao processo penal das jovens democracias da América Latina, que se intitulam acusatórios, mas preservam iniciativas típicas do formato inquisitorial.

Mesmo na Itália e a propósito de pautar o alcance do conceito de justo processo, introduzido na Constituição italiana em 23 de novembro de 1999, Guido Vidiri, magistrado da Corte de Cassação, alertará para o percurso seguido para a citada constitucionalização, desde os anos 50 do século XX, na sequência da tomada de consciência dos valores do contraditório e direito de defesa, que no processo penal desaguaram no âmbito da prova.[11]

---

[9] Estudo preliminar de Pietro S. Taibi à obra El "hecho" en la teoría general del delito, de Giacomo Delitala. Buenos Aires, IBF, 2009, p. 6.

[10] A título de exemplo: JAHN, Matthias. Los fundamentos teórico-jurídicos del principio de reserva de ley en el derecho procesal penal, *in La crisis del principio de legalidad en el nuevo Derecho penal: decadencia o evolución?*. Barcelona, Marcial Pons, 2012, p. 461 e seguintes.

[11] Giusto processo, accertamento della verità materiale e "imparzialità" del Giudice, *in Rivista di Diritto Processuale*, n° 6, ano LXVII, nov/dic. 2012, p. 1549.

A consequente "posição de vantagem" do Ministério Público em face da defesa requisitou algo além da garantia do justo processo, no mesmo contexto de mudança do art. 111 da Constituição italiana e isso não deve ser subtraído ao debate.[12]

Tampouco é possível escapar de duas direções que o processo penal contemporâneo segue: a responsabilização penal sem provas;[13] e a condição meramente retórica da obrigatoriedade da ação penal pública à luz das cifras ocultas e da seletividade penal, que tem sugerido o abrandamento, quando não o abandono da fórmula.

Nos dois casos, as questões centrais são pertinentes às partes, deslocam-se da confirmação histórica do fato delituoso para acolherem critérios outros e o abuso previsível dos poderes de investigação e ação penal exige do juiz atenção e atuação na defesa da presunção de inocência.

Este é o cenário complexo do sistema penal brasileiro e latino--americano, confirmado por pesquisas, algumas das quais encomendadas pelo Ministério da Justiça.

Creio que descortinar este cenário permite compreender as posições contrárias à tese do livro, sem com isso significar juízo de valor que deprecie qualquer delas. Ao revés, ambas engrandecem o debate processual penal brasileiro, são necessárias e ao migrarem para o campo de aplicação profissional poderão quiçá fundamentar outras soluções, que sejam capazes de equacionar a sempre difícil tensão entre liberdade e segurança.

Assim, para que o leitor possa entender e atuar nestes novos tempos, nada mais conveniente que o texto que tem em mãos.

Parabéns ao autor, Frederico Valdez Pereira, e parabéns, também, prezado leitor.

Julho de 2013.

Geraldo Prado
Pós-Doutor em Direito pela Universidade de Coimbra.
Docente da Universidade Federal do Rio de Janeiro (UFRJ).
Desembargador aposentado do Tribunal de Justiça do
Estado do Rio de Janeiro. Autor de diversas obras jurídicas.

---

[12] Sobre o tema em breve artigo de minha autoria, em livro homenagem ao Des. Tourinho Neto, sobre investigação defensiva. Ver também: PRADO, Geraldo. A investigação criminal e a PEC 37, Boletim do Instituto Brasileiro de Ciências Criminais (IBCCrim), n° 248, julho de 2013, São Paulo.

[13] A propósito: MUSCATIELLO, Vincenzo Bruno. Il processo senza verità, *in Verità e Processo Penale*, a cura de Vincenzo Garofoli – Antonio Incampo. Milano: Giuffrè, 2012, p. 87 e seguintes (especialmente p. 92-5).

Sumário

Lista das abreviaturas e siglas..21

Apresentação 1 – *Paulo Dá Mesquita*...................................23

Apresentação 2 – *Paulo de Sousa Mendes*.............................27

Introdução...29

1. Princípios na base argumentativa limitadora do poder aquisitivo do juiz em matéria probatória...35

1.1. A dualidade "acusatório-inquisitório"....................................36

1.1.1. O sistema acusatório pela vertente garantista........................41

1.1.2. A classificação anglo-saxônica dos sistemas de administração da justiça: *adversarial system* e *inquisitorial system*.................43

1.1.2.1. Ausência de identidade nas classificações anglo-americana e romano-germânica..48

1.1.2.1.1. O sistema acusatório como errônea expressão do *adversarial system*....................................53

1.1.3. Para além do debate acusatório *versus* inquisitório – o justo processo....59

1.1.3.1. Breves considerações a respeito do justo processo....................65

1.1.3.2. A importância da alteração de paradigma no estudo dos temas do processo..70

1.2. O direito ao juiz imparcial..74

1.2.1. As distintas concepções da garantia de imparcialidade nos sistemas de *civil law* e de *common law*.................................77

1.2.1.1. A presença do júri na tradição de *common law* e sua ausência na tradição de *civil law*....................................78

1.2.1.1.1. Algumas variantes fundamentais decorrentes do *trial by jury*..80

1.2.1.1.2. O asseguramento da imparcialidade pelo *trial* anglo-americano....................................81

1.2.1.2. As preocupações de *civil law* tendentemente direcionadas à nomeação dos julgadores e à técnica de decisão.....................83

1.2.1.3. O influxo das dinâmicas adversarial-inquisitorial na manutenção da imparcialidade do julgador no desenrolar do procedimento judicial....................................85

1.2.2. Reflexos da dicotomia sobre o controle da incompatibilidade de funções judiciais no processo..87

    1.2.2.1. As ideias de força firmadas pelo TEDH em matéria de imparcialidade judicial..88

        1.2.2.1.1. A dupla dimensão da imparcialidade judicial e a teoria das aparências..89

        1.2.2.1.2. *Justice must not only be done; it must also be seen to be done*..90

        1.2.2.1.3. Teste objetivo de imparcialidade............................91

        1.2.2.1.4. Análise caso a caso: o juízo concreto de imparcialidade...92

        1.2.2.1.5. Interpretação extensiva..94

    1.2.2.2. Os ganhos na efetividade do controle da imparcialidade oriundos da jurisprudência do TEDH..95

1.2.3. Considerações parciais a respeito da jurisprudência do TEDH perante as diferentes dinâmicas do processo penal..97

1.2.4. A densificação do direito ao juiz imparcial a partir da técnica do agrupamento de casos..104

1.2.5. Conclusões parciais a respeito da imparcialidade judicial perante a iniciativa de ofício em matéria de prova..110

2. Princípios indicativos da atividade instrutória de ofício..115

2.1. Indisponibilidade probatória e direitos em jogo no processo penal............115

    2.1.1. A importância da verdade como aspecto impulsionador da atividade probatória no procedimento..117

2.2. O valor da justiça como pretensão de correção da resposta jurisdicional.......120

    2.2.1. A preocupação com a justiça da decisão no âmbito do justo processo....123

2.3. Pretensão de correção na resposta jurisdicional nos dois modelos básicos: preponderância do procedimento ou do conteúdo da decisão na ideia de justiça pelo processo..125

    2.3.1. Indispensabilidade e limitações da técnica do contraditório............129

    2.3.2. Inferência contrastiva que segue para além do contraditório............132

    2.3.3. Atividade probatória como argumento persuasivo ou como instrumento demonstrativo..135

    2.3.4. A relevância da dualidade de concepções quanto à atividade probatória em juízo..136

3. Tentativa de compatibilização: busca da harmonização entre os princípios com tendências opostas no tema da iniciativa instrutória *ex officio*............141

3.1. Problema de compatibilização constitucional ou de escolha infraconstitucional..143

    3.1.1. Obrigatoriedade ou facultatividade na complementação *ex officio* da prova..150

3.2. Apontamentos sobre a inserção do problema no direito comparado............154

3.3. Pressupostos da compatibilização entre os princípios com tendências opostas no tema da iniciativa instrutória *ex officio*..162

    3.3.1. A premissa de supletividade da iniciativa probatória do juiz............164

    3.3.2. Referência ao princípio de aquisição processual............................165

3.3.2.1. Complementações ao princípio de referência................167

3.3.3. Imposição de juízo técnico-jurídico e a alegada carga psicológica antecipada................173

3.3.3.1. Presunção de inocência e pretensa incapacidade do julgador.....177

Conclusão................183

Bibliografia................187

Lista das abreviaturas e siglas

AAFDL	Associação Acadêmica da Faculdade de Direito da Universidade de Lisboa
amp.	ampliada
apr.	*aprile*
art.	artigo
arts.	artigos
atual.	atualizada
BverfGE	*Bundesverfassungsgerichtsentscheidung* (Sentenças do Tribunal Constitucional Federal da Alemanha)
CEDH	Convenção Europeia dos Direitos do Homem
CEPC	Centro de Estudios Políticos y Constitucionales
CEJ	Centro de Estudos Judiciários
Cf.	Conforme
Coord.	coordenador
CP	Código Penal
CRP	Constituição da República Portuguesa
dic.	*dicembre*
ed.	edição
fasc.	fascicolo
genn.	*gennaio*
giug.	giugno
janv.	*janvier*
HC	*Habeas Corpus*
magg.	*maggio*
MP	Ministério Público
n.	número
ONU	Organização das Nações Unidas
op. cit.	*opus citatum*
org.	organizador

ott.	*ottobre*
p.	página
reimp.	reimpressão
rev.	revista
STF	Supremo Tribunal Federal
STJ	Superior Tribunal de Justiça
TEDH	Tribunal Europeu de Direitos do Homem
USP	Universidade de São Paulo
v.	volume

Apresentação 1

A obra *Iniciativa probatória de ofício e o direito ao juiz imparcial no processo penal* reporta-se a uma matéria central sobre as vertentes procedimentais do direito probatório em geral e do penal em particular, no quadro de uma dissertação de mestrado apresentada na Faculdade de Direito da Universidade de Lisboa e cuja publicação foi expressamente sugerida pelo júri.

Estudo de índole monográfica com interesse para os académicos e os aplicadores práticos em que o *menu* anunciado no título corresponde à refeição, pois o autor não se dispersou nem deixou enredar em vertentes panorâmicas ou meras abordagens generalistas e assume nas conclusões a sua opinião e propostas de forma clara.

A delimitação temática não obsta, por outro lado, a que o trabalho de Frederico Valdez Pereira constitua um contributo para a reflexão global sobre o sistema processual penal pois, como se destaca no resumo com que abre o texto, a problemática da iniciativa probatória oficiosa do juiz é um dos vectores associados à divisão de esquemas de processo entre sistemas de matriz continental e anglo-americana.

Vertente que se repercute na sensibilidade da dissertação, claramente assente num olhar interno sobre sistemas processuais penais de matriz continental, aos desafios suscitados pela influência do *common law*. Nesse contexto, o texto desenvolve-se a partir de uma perspectiva do sistema continental que tem como referências dominantes as doutrinas italiana e espanhola e tem presente o impacto jurídico-político e cultural do modelo anglo-americano.

Em sintonia com o reconhecimento da importância que lhe é conferida pela doutrina europeia, e, em particular Michelle Taruffo, que influencia vários passos desta obra, existem reflexos no texto do comparatista Mirjian Damaska, o professor jubilado de Yale cuja formação inicial se desenvolveu num sistema de *civil law*, até que, desalentado com o fim da «Primavera croata» de 1971, passou a viver e trabalhar nos Estados Unidos da América. Em certa medida pode dizer-se que Valdez Pereira é sensível à advertência de Damaska contra os *cantos de sereia* do normativismo, e revela uma aguda consciência de que «o sentido e o impacto do regime processual depende, mais do que o direito substantivo, de condições externas – em particular do contexto institucional em que a justiça é administrada no específico país».[1] Valdez Pereira também parece sujeito à influência metodológica de Max Weber naquele comparatista e à necessidade dos instrumentos de compreensão teórica dos sistemas, empreendendo uma reflexão que se pretende para além das micro questões da interpretação de normas específicas dos ordenamentos jurídicos.

Na introdução, o autor assumiu, desde logo, duas pré-compreensões que vieram a conformar todo o texto, a ideia de que as «reflexões» sobre a iniciativa probatória do juiz em processo penal devem atentar na importância para o processo penal» da «indisponibilidade dos interesses em jogo» e a centralidade da «pretensão de justiça e correcção na decisão».

Pré-compreensões que transportam vários tópicos, nomeadamente a exigência de uma leitura holista do procedimento probatório, que integre as problemáticas da admissibilidade, admissão e valoração probatória, revelada, por exemplo, no relevo atribuído ao designado princípio da aquisição processual.

Valdez Pereira cruza, assim, um tema sobre a dinâmica do procedimento (a iniciativa probatória do juiz) com um princípio que conforma a estática do processo e tem uma componente deontológica (a imparcialidade judicial) sem olvidar os imperativos epistemológicos dos direitos probatório e processual penal, bem evidenciados na metáfora de Bentham sobre *a injustiça e a sua criada a falta de verdade*.

Dimensão axiológica que, por seu turno, se articula com uma noção precisa sobre as exigências de destrinça analítica entre questões empíricas e questões jurídicas, centrando-se o presente estudo de direito, legitimamente, nas segundas. Existindo, uma noção clara sobre a importância da legitimação cultural do regime jurídico-processual ou, como se diz a dado passo na conclusão, do relevo determinante dos «valores latentes no meio social».

Num outro plano, a presente obra centra-se na iniciativa judicial quanto à admissão de provas pré-constituídas e ao impulso de novas fontes de prova pessoal, mas não deixa de constituir um ponto de partida para a abordagem de outros tópicos, como a participação directa do julgador na produção de prova e o sistema de inquirição cruzada, ou, de uma forma geral, uma reflexão sobre as exigências e paroxismos

---

[1] «The Uncertain Fate of Evidentiary Transplants: Anglo-American and Continental Experiments», *American Journal of Comparative Law*, v. 45, 1997, p. 839

operativos que pesam sobre o juiz vinculado aos papéis simultâneos de árbitro e responsável activo pela descoberta da verdade.

A tese constitui uma reflexão de *iure condendo* com cruzamentos de direito comparado que culmina numa proposta sobre a regulação da iniciativa probatória do juiz que, segundo o autor, deve ser supletiva e residual, e submetida a duas «condições cumulativas», «o prévio esgotamento da atividade prioritária das partes na condução da investigação processual» e a formulação de um juízo prévio no sentido de que a iniciativa judicial é «absolutamente necessária para preencher lacuna verificável na tarefa [probatória] dos sujeitos processuais».

Problemática da iniciativa probatória oficiosa do juiz em processo penal contraposta ao direito ao juiz imparcial que em Portugal ainda não tinha sido objeto de um estudo global e no Brasil, embora constitua o eixo de um debate mais intenso, ainda não merecera uma abordagem monográfica que cruzasse de forma tão comprometida em termos compreensivos referências de direito comparado.

Em síntese, o livro assume o desafio axiológico de ponderação de valores colidentes envolvidos no reforço do adversarialismo nos sistemas jurídicos de matriz continental e na subsistente vinculação do juiz a deveres de acção conformados por uma ética de verdade, em que o estabelecimento de pontos de equilíbrio não pode ser deixado ao arbítrio ou prudência individual. Pelo que, o Mestre Valdez Pereira assume uma proposta que deverá ser, no mínimo, ponderada nos novos passos que os legisladores de língua portuguesa venham a empreender dos dois lados do Atlântico sobre a temática das iniciativas probatórias do juiz em processo penal.

Por último, importa referir que a experiência prática do autor, enquanto juiz, terá constituído uma bússola que lhe permitiu nunca esquecer as exigências de diálogo entre as várias vertentes que têm de conformar o universo jurídico-prático da função judicial.

Em resumo, retornando ao início desta nótula, a presente obra é uma fonte preciosa de reflexão para juristas preocupados com os desafios contemporâneos dos direitos probatório e processual penal.

Lisboa, julho de 2013.

Paulo Dá Mesquita

Doutor e Mestre em Direito pela Faculdade de
Direito da Universidade Católica Portuguesa.
Procurador da República em Portugal. Professor Universitário.

Apresentação 2

A presente monografia versa sobre um dos aspectos mais profundamente fraturantes dos modernos sistemas processuais penais, a saber: a contradição latente entre o princípio de acusação e o princípio de investigação.

O princípio de acusação significa que o julgador não deve desempenhar funções de instrução, mas deve apenas julgar dentro dos limites que lhe são postos por uma acusação fundamentada e deduzida por um órgão diferente. O princípio de acusação impõe, assim, a vinculação temática do julgador e a limitação dos respectivos poderes de cognição. A intencionalidade do princípio é a garantia da imparcialidade do julgador e da igualdade de armas.

O princípio da acusação é, porém, limitado por um princípio de investigação, em muitos ordenamentos jurídicos (*e.g.*, Portugal e Brasil).

O princípio de investigação é também designado por princípio inquisitório, mas com a desvantagem de esta última designação sugerir que o princípio só poderia vigorar num processo penal de estrutura inquisitória, o que não é correto. O atual princípio de investigação está presente em sistemas processuais penais de estrutura basicamente acusatória e não prejudica a vinculação temática do julgador, porquanto só é admitida a produção oficiosa de prova relativamente aos fatos que já integram o objeto do processo. O princípio de investigação corresponde, assim, ao poder, que é também um dever, do tribunal de investigar os fatos submetidos a julgamento independentemente das provas produzidas pela acusação e pela defesa.

O princípio de acusação prescreve limites ao princípio de investigação, na medida em que circunscreve o objeto possível de julgamento. Ainda assim, é difícil de ignorar a tensão entre os princípios de acusação e de investigação. A verdade é que o princípio de investigação não é aceite em sistemas jurídicos de modelo acusatório puro (*adversarial system*), como o inglês ou o norte-americano, o que não pode deixar de ser significativo no presente contexto.

O trabalho de Frederico Valdez Pereira constitui um contributo sério, profundo e informado para a densificação e a compatibilização dos mencionados princípios e estou certo de que constituirá doravante uma referência para as doutrinas do processo penal portuguesa e brasileira.

Foi apresentado à Faculdade de Direito da Universidade de Lisboa como dissertação de mestrado científico em Ciências Jurídico-Criminais, tendo sido discutido em provas públicas, em 2013. Tive o grato privilégio de orientar a dissertação do Mestre Frederico Valdez Pereira, dando aqui público testemunho da excelência dos resultados científicos a que chegou.

Lisboa, julho de 2013.

Paulo de Sousa Mendes
Professor Doutor da Faculdade de
Direito da Universidade de Lisboa.

Introdução

Tema de constante preocupação doutrinária, encontrando apreciações bastante antagônicas, a matéria a respeito das faculdades do juiz na produção probatória no interior do processo penal adquiriu maior relevo na processualística a partir da constatação de que a opção a ser feita por um ou outro sistema importa bem mais do que mera questão de técnica processual. Trata-se, antes, de contraposição ideológica entre modelos de administração da justiça, e que se assentam, sinteticamente, na visão acerca da natureza privada ou publicística do processo e nas funções conferidas ao julgador perante a condução dos interesses em litígio.

Nesses termos, mais do que restrita predileção quanto a assentir ou não com alguma esfera de poder judicial de ofício sobre a prova dos fatos relevantes à aplicação da lei, está-se diante de uma série de temáticas mais amplas, e de fundamental importância, entre as quais se destaca a forma de inserção do estado-juiz na resolução dos conflitos penais, o que abrange, para além de mera forma ou feitio procedimental, a tradição jurídica, ideais e valores prioritários ao ordenamento estatal em referência, o que terá reflexos diretos nas funções conferidas ao julgador no encaminhamento processual dos interesses em litígio.

No estudo do tema, pretende-se apresentar de forma crítica as principais bases argumentativas que se antepõem quanto à admissão ou recusa da dinâmica probatória *ex officio iudicis*; para tanto, emerge, de plano, apreciação entre esquemas processuais distintos característicos da tradição dos países anglo-saxões ou da Europa continental. Ao modelo que consente com poderes probatórios do magistrado nas suas diversas graduações, contrapõe-se matriz que propugna um juiz absolutamente passivo como única forma de preservação da imparcialidade, em uma visão do processo como instrumento típico de enfrentamento entre as partes, estando o julgador o mais alienado possível desses interesses; é o esquema processual conhecido como *adversarial system*, característico dos países de *common law*, e que pressupõe, mais do que imparcialidade, a neutralidade do julgador.

Por outro lado, não se pode rejeitar a constatação de que, nos sistemas acusatório e inquisitório, qualquer que seja a ideia que se tenha deles e das suas variantes, os poderes de iniciativa probatória de ofício se situam, de algum modo, mais proximamente com o modelo inquisitório. Essa constatação antes identifica do que soluciona o problema, portanto não há nenhuma presunção de avanço no enfrentamento da matéria no pressuposto afirmado, tratando-se de mera sinalização do caminho a ser seguido no enfrentamento da questão.

É inegável que entre um juiz instrutor, que sistemática e ordinariamente dirige sua atividade à pesquisa de meios e temas probatórios em segredo para formar sua decisão, e um julgador que, excepcional e residualmente, depois de as partes terem desenvolvido sua primordial atividade instrutória, introduz singular elemento de prova sujeito ao contraditório, há profundas e marcantes diferenças. Para o esclarecimento mínimo dessas ideologias contrapostas, buscar-se-á apresentar sucintamente o alcance das dicotomias inquisitório-acusatório e *adversarial-inquisitorial*, procurando demonstrar, na primeira parte do estudo, suas diferenças, e implicações no tema em questão.

Em que pesem todas essas controvérsias de ordem técnica e ideológica, a maioria das quais nunca deixarão de existir na doutrina processual, extrai-se, ao menos, a conclusão de que não há como pretender traçar qualquer esboço de resposta acerca da iniciativa instrutória do juiz no processo penal sem antes refletir sobre o significado e conteúdo da imparcialidade. Consente-se à partida que não se alcançará preencher o princípio com a densificação necessária, mesmo porque, tendo por referência a jurisprudência do Tribunal Europeu de Direitos do Homem, a resposta sobre a existência ou não de parcialidade judicial varia segundo as circunstâncias da causa em si, e, portanto, exige o trabalho analítico e minucioso caso por caso, restando um amplo espaço de insegurança ao se questionar quais circunstâncias suscitam a vulneração do direito ao juiz imparcial.[1]

Por outro lado, as reflexões devem atentar para a importância, no âmbito do processo penal, da indisponibilidade dos interesses em jogo, e a consequente preocupação com a pretensão de justiça e correção na decisão, fatores a indicar que a constatação pelo julgador de uma lacunosidade completável no material probatório não pode ser pura e simplesmente desconsiderada. Com isso, após concluída a abordagem das duas primeiras partes a respeito exatamente da imparcialidade judicial

---

[1] JIMÉNEZ ASENSIO, Rafael. *Imparcialidad judicial y derecho al juez imparcial*. Elcano: Aranzadi, 2002, p. 200 *et seq.*; que acrescenta: *"A mayor abundamiento, la línea interpretativa del TEDH, sufrirá oscilaciones, com cambios doctrinales que se acomodan a um sinfín de matices, lo que dificultará más todavia la construcción dogmática del contenido efectivo del derecho al juez imparcial"*.

e do estímulo à preservação dos ideais de verdade e justiça na decisão, no terceiro capítulo busca-se a forma de compatibilizar a concessão de poderes probatórios ao julgador com a inafastável imposição advinda do direito ao juiz imparcial.

Prosseguindo na pretensão de se firmarem, desde o início, algumas balizas importantes que definirão a forma de abordagem do estudo, entende-se, ao contrário de posições autorizadas,[2] não haver como pretender desenvolver-se reflexão unitária acerca dos poderes probatórios de ofício do julgador que sirva tanto ao processo civil como ao processo penal. Essa ambição passa longe do presente trabalho, e levantar motivo de mera limitação na extensão da abordagem já embasaria a restrição.

Para além de proposta limitativa, a razão está exatamente na premissa da imparcialidade, o que para muitos autores é a razão unificadora de um estudo conjunto da atribuição ao juiz de um papel ativo na obtenção das provas, na visão ora sustentada é na relação direta entre a exigência de imparcialidade e postura ativa do juiz em matéria de prova que se aconselha o tratamento distinto da questão proposta. Para se chegar a essa conclusão, cabe mencionar novamente a tentativa de densificação feita pelo Tribunal europeu ao tratar de critérios que possam conferir algum significado à imparcialidade, ainda que, para tanto, se utilize da técnica do caso a caso.

Adiantando de forma resumida o que será objeto de análise subsequente, o TEDH inseriu na consciência da dogmática ocidental, e, por consequência, nos estudos sobre o tema, a concepção distintiva entre imparcialidade subjetiva e imparcialidade objetiva. Em relação à primeira, que se refere, grosso modo, à consciência subjetiva do julgador em relação aos sujeitos processuais e ao interesse em litígio, concorda-se com a alusão de que hipotética afetação que o exercício de iniciativa probatória de ofício teria sobre a imparcialidade do juiz merece tratamento unitário em ambos os processos: penal e civil, pela evidente contradição que seria questionar a imparcialidade judicial em um processo (civil), pela atuação probatória do magistrado, e não contestá-la em outro feito (penal), no qual o magistrado deteria, em tese, até mais faculdades probatórias.

No entanto, a questão merece outro tratamento quando se refere à imparcialidade objetiva, a qual, sinteticamente, entende-se a partir

---

[2] Por todos: MONTERO AROCA, Juan. Principio acusatorio y prueba en el proceso penal la inutilidad jurídica de un eslogan político. In: GÓMEZ COLOMER, Juan Luis (Coord.). *Prueba y proceso penal*: análisis especial de la prueba prohibida en el sistema español y en el derecho comparado. Valencia: Tirant lo Blanch, 2008, p. 18-66.

da afirmação de que ao julgador não basta ser imparcial, deve parecer sê-lo no processo, sob pena de ausente essa aparência, ou seja, dando mostras de parcialidade tanto às partes como ao meio social, colocar-se-ia em discussão a própria legitimidade do Poder Judiciário como órgão estatal de solução dos conflitos. Pois muito bem, concebendo-se as coisas dessa forma, recorrendo-se à aparência do julgador frente não só à comunidade jurídica, mas principalmente aos particulares como condição de imparcialidade, não há como negar que se está muito mais próximo de se assentir como sendo razoável, e justificado, que o juiz do rito penal tenha, frente à natureza do *thema probandum*, uma postura diversa em relação ao magistrado processual civilístico.

Não se vai recorrer aqui, em face das profundas discussões e matizes que ensejaria qualquer início de discussão distintiva entre a natureza pública ou privada do processo civil e dos interesses em jogo; o que está a se afirmar é que, na seara penal, não há como sequer aprofundar esse tipo de contraposição, tendo em vista os interesses em questão no processo criminal. Daí se afirma: não há como negar a diferença qualitativa entre a aplicação da norma penal e da norma civil.

Pensa não se fazer necessária longa argumentação acerca dessa afirmativa, até porque a concepção transcende o meio científico-jurídico; a comunidade em geral, os meios de comunicação e, por certo, os envolvidos diretamente no processo têm noção e aceitam, em tese e geralmente, a diferença existente em termos qualitativos entre a discussão que se desenvolve no procedimento civil e os problemas inerentes ao processo penal, a partir da concordância acerca da indisponibilidade do objeto. Recorrendo-se a uma exemplificação singela, haveria diferença marcante, do ponto de vista de aparência de imparcialidade, entre um julgador que desempenhasse papel ativo, com inserção de novas provas em um processo civil envolvendo interesses econômicos privados de duas pessoas físicas, compra e venda ou aluguel, por exemplo; e outra situação na qual magistrado, atuando em processo penal, deixasse sua posição passiva momentaneamente para exercer iniciativa probatória a respeito de ponto substancial relevante no esclarecimento dos fatos: ao menos quanto à natureza pública da função desempenhada, pensa-se, haveria consenso quanto à distinção.

Por certo que a singeleza da simplificação não permite que se insiram as diversas graduações e requisitos exigidos para que o segundo exemplo não recaia em mera assunção de um juiz investigador, tendencioso e imparcial, o que afinal é o objeto a ser desenvolvido no texto. De qualquer forma, serve ao menos para clarear a ideia que se está sustentando no sentido de que não há no processo penal um pressuposto de que toda e qualquer atuação *ex officio judicis* em tema de prova venha a acarretar séria desconfiança sobre a aparência de imparcialidade do magistrado; também não se está dizendo que isso se verifique no âmbito civil, apenas que a discussão deve ser diferenciada, e, portanto, são razões suficientes para se evitar a abordagem conjunta do tema.

Ao menos partindo do acolhimento da distinção formulada pelo TEDH e que vem sendo incorporada pelos tribunais não só nos países europeus, mas também já em alguns países na América Latina, entende-se que, embora isso não possa significar a estruturação de dois compartimentos estanques, a matéria da iniciativa instrutória de ofício do juiz deve merecer reflexão distinta na seara penal, tendo em vista a indispensável vinculação do tema com a preocupação de imparcialidade, tanto subjetiva como objetiva. A essa matização, agrega-se outra mais importante, que reside nas distintas concepções de processo anglo-americano e europeu continental, pano de fundo do estudo que segue.

1. Princípios na base argumentativa limitadora do poder aquisitivo do juiz em matéria probatória

Parcela relativamente considerável da doutrina que se opõe à iniciativa probatória de ofício no juízo penal estrutura-se, com maior ou menor intensidade de devoção, basicamente a partir de duas linhas de argumentação: a dualidade dos sistemas acusatório-inquisitório e a imparcialidade judicial. Conforme será desenvolvido ao longo do estudo, a graduação no apego teórico a essas construções pode levar à afirmação de um juiz espectador como única solução possível no tema.

Diz-se que o princípio acusatório pressuporia a presença de um juiz passivo, mero espectador da dialética probatória a cargo das partes,[3] portanto a previsão no ordenamento jurídico do exercício de atividade instrutória pelo magistrado descaracterizaria a acusatoriedade do sistema, fundando um verdadeiro sistema inquisitório. Correlata, mas não dependente dessa construção, é a ideia de que o direito ao juiz imparcial não contemplaria a inserção de provas de ofício, pela suposição de que "quem procura sabe ao certo o que pretende encontrar" e "deduzirá a hipótese que pela prova pretenderá ver confirmada",[4] comprometendo, assim, a imparcialidade do julgador.

Esta primeira parte do estudo é dedicada a refletir de forma crítica sobre os fundamentos da linha expositiva contrária aos poderes do juiz na matéria probatória, procurando esboçar tanto os contornos da dicotomia relativa aos sistemas de processo penal, como do direito ao juiz imparcial, o que se fará tão descritivamente quanto a intenção analítica permitir. Por inexistir interdependência nessas bases argumentativas,

---

[3] Para exemplificar, pode mencionar-se, dentre outros: "No sistema acusatório [...] a gestão da prova está nas mãos das partes, o juiz dirá, com base exclusivamente nessas provas, o direito a ser aplicado [...] o juiz estatal está em posição passiva"; COUTINHO, Jacinto Nelson de Miranda. Introdução aos princípios gerais do direito processual penal brasileiro. *Revista de Estudos Criminais*, Porto Alegre, n. 1, p. 26-51, 2001.

[4] PRADO, Geraldo. *Sistema acusatório*: a conformidade constitucional das leis processuais penais. 4. ed. Rio de janeiro: Lumen Juris, 2006, p. 137, 141. No mesmo sentido: LOPES JR., Aury. *Direito Processual Penal*. 9. ed. rev. e atual. São Paulo: Saraiva, 2012, p. 138 e ss.

inicia-se abordando a dualidade acusatório e inquisitório e sua projeção sobre o tema em análise, seguindo-se, então, com a tentativa de substanciar a imparcialidade judicial, de modo a inferir quais seus efeitos sobre o tema da iniciativa probatória de ofício no processo penal.

1.1. A DUALIDADE "ACUSATÓRIO-INQUISITÓRIO"

É muito comum a doutrina tradicional refletir sobre o papel ou a postura do juiz no processo penal a partir da dicotomia entre os modelos acusatório e inquisitório de sistema processual. Para tanto, comumente descreve-se o que seriam as características típicas de cada um desses sistemas, e então se qualifica a atuação do julgador ou o método de apuração desenvolvido como sendo próprio de um dos modelos teóricos de processo, o que para muitos indicaria a conclusão a respeito da legitimidade, ou, ao menos, da conveniência da assunção de determinada postura pelo órgão decisor diante da relação processual.

Há quem reconheça a relativa inconsistência dogmática no raciocínio que parte da catalogação do juiz ou do juízo conforme moldes antecipadamente delimitados com base em elementos constitutivos essenciais, pela simples razão de que a elaboração conceitual dos modelos e a definição do que seriam seus elementos fundamentais ou apenas contingentes *"sono ampiamente convenzionali"*, além do que a definição das propriedades essenciais aos dois sistemas é marcadamente influenciada por juízos de valor, a partir do nexo que se faz entre sistema acusatório e modelo garantista de um lado, e entre sistema inquisitório e modelo autoritário de outro.[5]

A par desse plano teórico convencional de idealização dos matizes dos sistemas tradicionais de processo, há também outra elaboração possível, de caráter histórico, na contraposição acusatório-inquisitório, pela qual se estabelece uma relação entre o papel ativo do juiz no campo probatório e a tradição histórica do modelo inquisitório.[6] Mas mesmo nessa análise, cujo valor é mais de referência historial, permanece cientificamente relativa a importância da associação entre a postura do

---

[5] FERRAJOLI, Luigi. *Diritto e ragione*: teoria del garantismo penale. 8. ed. Bari: Laterza, 2004, p. 575.

[6] Idem, p. 574; o autor refere que as distinções entre o lineamento histórico e o teórico dos sistemas acusatório e inquisitório não são exatamente coincidentes. Exemplifica com a separação rígida entre juiz e acusação, igualdade entre acusação e defesa, e publicidade e oralidade do julgamento, que fazem parte tanto do modelo teórico como da tradição histórica do processo acusatório; diferente da discricionariedade da ação penal, elegibilidade do juiz, e exclusão da motivação no julgamento dos jurados, os quais pertencem historicamente à tradição do modelo acusatório, mas não são essenciais à sua estrutura teórica. Idem, p. 575-576.

julgador diante da dinâmica investigativa e o sistema inquisitório de processo penal.

Isso porque o papel do julgador no processo penal não é tema que guarde explicação e definição do seu alcance e limites tão somente na aferição isolada dos contornos da atividade do juiz; torna-se necessário observar a forma como se via o processo penal, o modelo teórico-ideológico no qual se estava inserido e, principalmente, os princípios inspiradores preponderantes em determinado momento histórico. Apenas nessa aferição de contexto será possível tentar definir os traços caracterizadores dos institutos e práticas processuais penais.

No período em que se desenvolveram as primeiras formas de processo inquisitório, não é exagero afirmar que a figura do acusado era vista como principal fonte de prova no processo penal; mais do que isso, era um ideal, um objetivo a ser perseguido, para além da busca do esclarecimento do fato e da responsabilidade, que o réu confessasse o cometimento do delito que lhe fora atribuído.[7] Na tradição do paradigma inquisitório, o imputado era considerado objeto de investigação, porque depositário de uma verdade que deveria ser obtida a qualquer custo, inclusive com utilização de pressões físicas e psíquicas.[8]

Esse quadro relativamente contextualizado permite traçar uma noção mais exata do papel do julgador no processo penal dessa época. O magistrado lançava-se, no curso do processo, a um verdadeiro enfrentamento com o acusado, forçando um duelo entre duas partes antagônicas e desiguais: de um lado, o órgão julgador, e, do outro, o réu, diligência que era considerada de fundamental importância na condução do procedimento penal, como decorrência da predisposição a elucidar o fato mediante confissão. No papel de pesquisador, imbuído da sua autoridade e conhecimento técnico, o juiz se utilizava de técnicas de tomada de depoimento destinadas a buscar contradições e incongruências nas respostas do interrogado, fazendo uso de perguntas indiretas, sugestivas e que pudessem desconstruir a coerência narrativa do processado.[9]

---

[7] Carnelutti refere ser o imputado: "*Il príncipe delle prove*", para em seguida referir-se à confissão como "*laRegina dalla prova*". O acusado seria, ao mesmo tempo, a matéria e um instrumento do juízo, não havendo no processo penal prova mais preciosa do que o testemunho do réu; CARNELUTTI, Francesco. *Lezioni sul processo penale I*. Roma: Ateneo, 1946, p. 235-236.

[8] UBERTIS, Giulio. *Principi di procedura penale europea*: le regole del giusto processo. Milano: Raffaello Cortina, 2000, p. 4.

[9] VAZQUEZ SOTELO, Jose Luis. *Presuncion de inocencia del imputado e intima conviccion del tribunal*: estudio sobre la utilización del imputado como fuente de prueba en el proceso penal español. Barcelona: Bosch, 1984, p. 64-66.

O movimento humanizador da persecução penal, iniciado a partir da Ilustração, estendeu-se em grande parte da Europa e teve por um dos seus fundamentos a mudança de premissa decorrente da assunção do princípio *"nemo tenetur se detegere"*.[10] A evolução representada pelo afastamento dos métodos de inquirição empregados pelos julgadores é decorrência direta do reconhecimento do direito do acusado ao silêncio e a não produzir prova contra si mesmo.

As mudanças no processo penal ao longo dos anos, e os contornos visualizados nos institutos processuais, decorreram do reconhecimento primário dos direitos do homem; questões fundamentais com influência sobre produção e ônus probatório, papel do julgador, formas dos atos processuais, e, mais recentemente, a preocupação sobre a duração do processo, são decisivamente influenciadas pelos direitos que foram sendo reconhecidos e outorgados ao homem no decorrer do século passado pelo movimento de constitucionalização das garantias de defesa.

O princípio do direito ao silêncio assegurado ao imputado[11] representou para o processo penal uma verdadeira revolução quanto à matéria de que se está a tratar: atuação endoprocessual do julgador. A possibilidade de se calar, e o asseguramento efetivo dessa posição, mediante imposição ao juiz a que oriente o acusado de que assim pode proceder sem que de tal opção lhe advenha prejuízo, são posturas típicas de um sistema de cunho preponderantemente acusatório, porventura se pretenda a qualificação: retira do imputado a condição de pessoa que deve contribuir para iluminar, com seus conhecimentos, a decisão judicial.

---

[10] Nos ordenamentos processuais inglês e norte-americano (considerados os precursores do sistema acusatório), o direito ao silêncio possui relevante importância política e sistemática, sendo garantido pelo *Criminal Evidence Act* de 1889 (reiterada no *Criminal Justice Act* de 1967) inglês; e afirmado pela Suprema Corte americana como decorrência das V e XIV emendas, portanto devendo ser observado não só no âmbito dos procedimentos federais, mas também pelos órgãos jurisdicionais dos Estados. Ocorre que, na fase processual, é reconhecido ao imputado o direito de prestar juramento para a própria defesa, quando então será submetido a *cross-examination*. Considera-se, desse modo, que há diminuição na liberdade de escolha do imputado (atingindo a própria concretização do *nemo tenetur se detegere*), uma vez que há desvalorização da credibilidade das declarações porventura feitas sem juramento, aumentando o risco a que pese uma suspeita sobre o réu que prefira não valer-se da faculdade do juramento, inibindo, deste modo, sua liberdade de escolha. cf. GREVI, Vittorio. Considerazioni preliminari sul diritto al silenzio dell'imputato nel nuovo terzo comma dell'art. 78 CPP. *Rivista Italiana di Diritto e Procedura Penale*, Milano, ano 13, p. 1119-1144, 1970.

[11] Cuide-se que o desenvolvimento do princípio *"nemo tenetur se detegere"* importou em uma lógica antecipação de sua operatividade, com a ampliação de seu âmbito de proteção àqueles que depõem na condição de testemunhas, não de acusados, mas fazem exsurgir indícios da prática de crime por si cometidos. Nesses casos de depoimento contra si mesmo, caberá à autoridade julgadora advertir o depoente de que suas palavras poderão ser usadas contra ele, motivo pelo qual tem direito ao silêncio – Cf. recorda Grevi. Ibidem,p. 1120.

Não faltaram, na época, ainda que sem receber maior crédito, críticas ao que se chamou de um reconhecimento da impotência e inferioridade da lei e do magistrado frente ao investigado. Foi dito que a exigência ao julgador, antes de iniciar a tomada do depoimento, de informar ao réu que ele não estava obrigado a responder nenhuma das inquirições, podendo preferir manter-se silente, submeteria o magistrado à exigência de quase ter de pedir permissão ao denunciado para interrogá-lo, aviltando sua autoridade e reduzindo sua credibilidade na condução do procedimento.[12]

No entanto, as normas constitucionais concessivas de legítimas garantias aos acusados atribuíram também, na mesma medida, poderes de fundamental relevância aos juízes, consistentes em assegurar a efetivação dos direitos do homem frente ao Estado-investigador. Ao transformar em juiz das garantias, à magistratura atribuiu-se posição mais relevante, acaso se pretenda a comparação, do que simplesmente a de procurar a verdade a qualquer custo e induzir o réu a confessar responsabilidades; conformou-se um sistema judiciário respeitoso da liberdade moral e física das pessoas submetidas à acusação, aparecendo a figura do juiz com a credibilidade e responsabilidade de fazer valer esse sistema.

A autoridade e prestígio da magistratura, assim, deveriam ser aferidos, acaso, novamente faz-se a ressalva, seja essa a preocupação, pela escala de valores e princípios que encontram raízes na Constituição e que foram atribuídos à proteção como *ultima ratio* ao juiz penal.[13] Está-se a tutelar, pelo processo, e também pelo juiz, direitos fundamentais representativos do grau de civilidade alcançado pelo conjunto da humanidade. O regime jurídico de tratamento dos investigados no qual se vai identificar a tarefa precípua do julgador é constitutivo dos valores primordiais do ordenamento processual penal e, antes até disso, da forma com que estão delineadas as relações entre o Estado e a pessoa,[14] tendo, portanto, correspondência direta com os fundamentos políticos e ideológicos legitimadores do ordenamento jurídico estatal.[15]

---

[12] Cf. recorda GREVI, Vittorio. Considerazioni preliminari sul diritto al silenzio dell'imputato nel nuovo terzo comma dell'art. 78 CPP. *Rivista Italiana di Diritto e Procedura Penale*, Milano, ano 13, p. 1119-1144, 1970.

[13] Idem, p. 1125.

[14] Cf. Figueiredo Dias, que resume a relevância do problema na seguinte frase: *"Diz-me como tratas o arguido, dir-te-ei o processo penal que tens e o Estado que o instituiu."*; DIAS, Jorge de Figueiredo. *Direito processual penal.* Coimbra: Coimbra, 1974, p. 428.

[15] A postura do juiz no processo civil também é influenciada por valores político-ideológicos preponderantes em dado Estado. Em um ordenamento processual de colorações preponderantemente individualistas, a tendência seria de considerar as alegações dos fatos como fazendo parte unicamente do livre jogo de disponibilidade das partes privadas; ao contrário da posição de

Para além dessa questão comparativa entre autoridade do investigador e valoração constitucional das atribuições do juiz do processo penal, a premissa condutora do asseguramento da liberdade psíquica do acusado ao garantir-lhe o direito ao silêncio, sem que dessa conduta se possa induzir prejuízo à defesa, está exatamente no fato de reconhecer ao interrogatório a função primária e essencial de meio de defesa e, somente por via indireta e eventual, a condição de fonte de prova.

O princípio da presunção de inocência do acusado também se insere na mesma lógica evolutiva do processo penal, condicionando diretamente a atuação jurisdicional na seara probatória, ou, melhor dizendo, afastando a possibilidade de o magistrado condicionar-se previamente à assunção da hipótese levantada pela acusação no exercício da ação penal.[16] A presunção de inocência, na sua feição positiva de regra de tratamento como garantia ao acusado, impõe também que o julgador não assuma antecipadamente, no curso do procedimento, a hipótese levantada por nenhuma das partes.

As considerações feitas até então trazem a questão do papel do processo penal já não como um simples instrumento para fins de esclarecimento dos crimes e aplicação da sanção penal aos delinquentes. O procedimento legal e constitucional tornou-se, antes disso, um anteparo ao poder persecutório do Estado, verdadeiro instrumento de salvaguarda do cidadão, tendo o juiz como principal garante dos direitos individuais.

Desse modo, ao se refletir sobre o poder de introduzir provas de ofício, tema intimamente conexo ao papel que vem atribuído ao órgão julgador no processo penal, é indispensável observar as finalidades do sistema no qual se insere o juiz, visto no conjunto como matriz jurídica, ideológica e principiológica, o que vai além da mera classificação do juiz ou do juízo como acusatório ou inquisitório, modo a estabelecer, de antemão, um juízo de valor reducionista sobre a matéria. Uma coisa é um juiz potencialmente ativo em integrar de forma acessória a iniciativa probatória das partes, inserido em contexto no qual não se questionam as garantias individuais, os direitos de defesa, de contraditório; outra coisa muito diversa é um juiz atuante em processo marcante-

---

magistrado em ordenamento de acentuada inspiração social, que veria nos direitos individuais também uma projeção de matiz social, que não deveria depender somente da postura do sujeito privado. Cf. CAPPELLETTI, Mauro. Iniziative probatorie del giudice e basi pregiuridiche della struttura del processo. *Rivista di Diritto Processuale*, Padova, ano 22, II série, p. 407-428, 1967.

[16] "É diretamente da presunção de inocência [...] que implica, em comparação ao passado, uma figura nova de juiz, liberada das tarefas que exigia, ainda antes de exaurida a aferição sobre a acusação, uma adesão a *opinio delicti*". UBERTIS, Giulio. Neutralità metodologica del giudice e principio di acquisizione processuale. *Rivista Italiana di Diritto e Procedura Penale*, Milano, ano 50, fasc. 1, p. 16-30, genn./mar. 2007.

mente autoritário, de refutação das garantias e do protagonismo das partes na delimitação do *thema probandum*.

De qualquer modo, e conforme dito acima, ao elaborar o que seriam os argumentos da posição limitadora do poder aquisitivo do juiz em matéria probatória, parcela da doutrina parte de uma conceituação abstrata dos sistemas de processo penal inquisitivo e acusatório, para então concluir a respeito da possibilidade de o sistema acusatório recepcionar ou não a iniciativa probatória *ex officio*. Não em raras posições doutrinárias estruturadas dessa forma, há afirmação de que o sistema acusatório não poderia conviver com a atribuição ao julgador de qualquer tipo de atividade no campo da prova;[17] por esse motivo, e de forma a valorizar os estudos desenvolvidos nesta seara, ao se abordar a base expositiva restritora na matéria, é relevante partir-se desta noção, ainda que seja tão somente para expô-la à crítica, buscando demonstrar que o tema da iniciativa probatória suplementar do juiz não se resolve pela caracterização resumida na dicotomia "acusatório/inquisitório".

1.1.1. O sistema acusatório pela vertente garantista

Tradicionalmente, a dogmática penal compreendeu a extensão do princípio acusatório com incidência delimitada não apenas ao momento de instauração da relação processual, pela exigência da separação orgânica entre funções acusatória e julgadora, considerando também como projeções da exigência de separação entre as funções de acusação e julgamento, por exemplo, a necessária correlação entre acusação e sentença, bem como a proibição da *reformatio in peius*, de modo que o princípio acusatório não esgotaria sua importância tão somente na imposição de desassociar o ente julgador dos postulantes em juízo.

No entanto, conforme referido por Picó I Junoy,[18] ao menos desde o denominado garantismo penal de Luigi Ferrajoli, a ideia da iniciativa instrutória do juiz embate-se com a concepção do princípio acusatório, tal como inserido no modelo garantista de processo penal compreensí-

---

[17] Para ilustrar, entre outros: PRADO, Geraldo. *Sistema acusatório*: a conformidade constitucional das leis processuais penais. 4. ed. Rio de janeiro: Lumen Juris, 2006, p. 136 *et seq.*; COUTINHO, Jacinto Nelson de Miranda. O devido processo legal (penal) e o poder judiciário. In: NUNES, António José Avelãs; COUTINHO, Jacinto Nelson de Miranda (Orgs.). *Diálogos constitucionais*: Brasil/Portugal. Rio de Janeiro: Renovar, 2004, p. 291-300; LOPES JR., Aury. *Direito Processual Penal*. 9. ed. rev. e atual. São Paulo: Saraiva, 2012, p. 135.

[18] PICÓ I JUNOY, Joan. *El juez y la prueba*: estudio de la errónea recepción del brocardo *iudex iudicare debet secundum allegata et probata, non secundum conscientiam* y su repercusión actual. Barcelona: Bosch, 2007, p. 131.

vel por um de seus axiomas: *nulla accusatio sine probatione,*[19] o qual, em última análise, relaciona o exercício de iniciativa judicial na seara probatória a uma característica típica do sistema inquisitório,[20] incompatível, portanto, com o modelo acusatório. Ferrajoli sustenta que a garantia principal de obtenção da verdade perseguida pelo método acusatório, portanto uma verdade relativa ou formal, está em atribuir inteiramente às partes a exposição das hipóteses acusatória e defensiva, ou seja, assegurando-se o livre desenvolvimento do conflito entre os titulares dos interesses opostos no processo, com isso mantendo rígida a separação dos papéis entre os atores do processo como primeira característica do sistema acusatório: *"Nello stesso modo in cui all'accusatore vanno precluse le funzioni giudicanti, al giudice devono essere insomma precluse le funzioni requirenti".*[21]

Em apertada síntese, o autor italiano considera poder denominar--se de acusatório o sistema processual no qual o juiz é sujeito passivo rigidamente afastado das partes, sendo o julgamento uma disputa paritária iniciada pela acusação a quem compete o ônus da prova, desenvolvendo-se em contraditório público e oral com a defesa, e decidido com base no livre convencimento do juiz. Por outro lado, será marcadamente inquisitório todo sistema processual no qual o juiz proceda de ofício na busca, colheita e valoração das provas, desenrolando-se instrução escrita e secreta com limitação ou mesmo exclusão do contraditório e dos direitos da defesa. Assim, na lógica teórica do sistema acusatório e garantista, tal como concebido pelo autor italiano, o julgador deve manter-se equidistante e, por consequência, distanciado da atividade instrutória desempenhada no processo, apartando-se de qualquer iniciativa em matéria probatória.[22]

---

[19] Ferrajoli formula o que denomina de sistema garantista sob dez axiomas ou princípios ideológicos fundamentais, consentindo tratar-se de modelo-limite, nunca satisfatível: *"Esso è um modello limite, solo tendencialmente e mai perfettamente soddisfacibile. La sua assiomatizzazione risulta dall'adozione di dieci assiomi o principi assiologici fondamentali...";* FERRAJOLI, Luigi. *Diritto e ragione:* teoria del garantismo penale. 8. ed. Bari: Laterza, 2004, p. 69.

[20] Idem, p. 574.

[21] Idem, p. 626 *et seq.*

[22] Na sequência da sua obra, Ferrajoli, ao cotejar o CPP italiano em vigor desde 1989 com o sistema acusatório, consente que houve adoção do sistema acusatório *"configurando il nuovo processo come una relazione triadica tra giudice, accusa e difesa [...] La principale innovazione strutturale a tal fine introdotta è la separazione tra giudice e accusa mediante l'eliminazione delle vechie figure del giudice istruttore".* O autor italiano considerou que o novo sistema introduziu o ônus da prova à responsabilidade da acusação, por força do princípio acusatório de que as provas são admitidas a requerimento das partes e não *"salvo talune eccezioni, su iniziativa del giudice (art. 190, 1°, 2, 2° comma)".* Op. cit., p. 763 ss. Desse modo, o autor aparentemente consente com a ideia de que a atribuição excepcional de iniciativa instrutória ao juiz, conforme estabelece o sistema processual italiano, não desconfigura o modelo processual acusatório, sequer sob a vertente garantista.

1.1.2. A classificação anglo-saxônica dos sistemas de administração da justiça: *adversarial systeme inquisitorial system*

A atividade desempenhada pelo juiz no processo penal, ou a atuação que se espera do julgador frente às partes e aos interesses em juízo, depende antes de se correlacionar o juiz com o contexto processual característico dos ordenamentos jurídicos anglo-saxônicos ou romano-germânicos, de modo a precisar a conjuntura e os princípios inspiradores decorrentes dos dois sistemas básicos de influência sobre os principais modelos processuais ocidentais.

Ou seja, refletir sobre a função a ser desenvolvida pelo juiz, que é substancialmente o objeto do presente estudo, depende da estrutura processual na qual o magistrado está inserido; impondo-se tentar esclarecer algumas noções conceituais particulares e contrastivas entre os sistemas básicos de processo que se extraem das estruturas jurídicas anglo-saxônicas em comparação àquelas influenciadas pela tradição jurídica oriunda da Europa continental. O exercício é de suma relevância no trato do tema relacionado ao papel possível de ser legitimamente desempenhado pelo julgador em matéria probatória no processo, em face do contraste histórico existente entre a administração da justiça nos países da *common law* em comparação àquela verificada na tradição europeia de *civil law*, e a influência que daí decorrerá na expectativa de atuação legítima do juiz.

Não se pretende fazer uma ampla comparação entre sistemas judiciais tão complexos e dissonantes como o anglo-saxônico[23] e aquele de influência europeia continental, o que por certo exigiria aprofundamento e dimensão inconciliáveis com o objeto do presente estudo; somando-se ainda os riscos de toda incompletude inerente ao cotejamento: há lacunas comparativas não percebidas ou maldimensionadas que somente a vivência permitiria complementar; havendo ainda disposições fisiológicas internas respeitantes a ordenamentos jurídicos próprios englobados nesses dois grandes sistemas que temperam o tratamento unitário de cada conjunto como se fosse homogêneo, especificidades essas que não são respeitadas em comparações genéricas e restritas pelo tema proposto. No entanto, não há como deixar de se

---

[23] Utiliza-se o termo de forma genérica argumentativa para apresentar a dissensão na base de influência, isso porque, conforme refere Kai Ambos, há equívoco terminológico na identificação de um procedimento anglo-americano, ou anglo-saxônico, por indicar possível existência de procedimento penal comum para Grã Bretanha e Estados Unidos, quando de fato os procedimentos britânicos (ingleses, escoceses e irlandeses) diferem entre si, assim como em relação aos estadunidenses, os quais, a sua vez, dissentem quando analisados nos diversos Estados da federação. AMBOS, Kai. *Temas de derecho penal internacional y europeo*. Madrid: Marcial Pons, 2006, p. 377.

fazer alguns apontamentos direcionados mesmo a evitar que essas pretensas intenções comparativas omitam aspectos relevantes na análise de confronto, mormente quanto a feições estruturais dos diferentes sistemas de direito.

As ponderações que seguem se assentam em mera retórica de reflexão, introduzindo alguns aspectos argumentativos sem maiores pretensões comparativas, sequer conclusivas, acerca de sistemas jurídicos tão distintos. Deste modo, far-se-á referência apenas a algumas variantes estruturais fundamentais entre as dinâmicas processuais dos sistemas jurídicos de *common law* e de *civil law* com o objetivo de aclarar diferenças básicas, mormente no que importa à presente reflexão relacionada à atuação do juiz diante do interesse trazido a julgamento.

Não há predisposição a que este breve e restrito estudo comparativo seja neutro, até pelo abandono já da ideia de que o confronto possa se dar mediante meras descrições de parecenças e dissensões. Consente-se, assim, com a noção de que as análises de direito comparado nunca serão isentas, mas sempre condicionadas e orientadas, seja pela tradição jurídica do comparatista, seja pela finalidade que se tenha em vista no estudo, sem o que, diz-se, a comparação sequer terá maior utilidade.[24]

A classificação de que se parte, assentada na dicotomia *adversarial-inquisitorial*, é elaborada no seio dos juristas de *common law* tendo por finalidade precípua identificar, mediante comparação, as dissensões entre os dois grandes modelos processuais básicos, influenciados pela estrutura europeia continental ou anglo-saxônica. Desde logo, esclarece-se, manter-se-á intencionalmente a designação original da língua inglesa, do contrário os problemas surgiriam já na busca da melhor tradução dos termos tradicionalmente utilizados para expor a ambivalência. Ocorre que, conforme salienta Kai Ambos, o termo inglês *"inquisitorial"*, utilizado normalmente pelos juristas formados na *common law* para descrever os sistemas jurídicos da Europa continental, é *"bastante desafortunado, ya que recuerda las épocas más oscuras de la Edad Media, cuando la persecución penal y la sentencia de un caso se concentraban en una institución, el juez como activo investigador"*.[25]

---

[24] Segue-se aqui a lição de TARUFFO, Michele. Aspetti fondamentali del processo civile di civil law e di common law. *Revista da Faculdade de Direito da UFPR*, Curitiba, v. 36, p. 27-48, 2001.

[25] O autor explicita que, da perspectiva de um historiador do Direito, a expressão "procedimento inquisitivo" destina-se a identificar o tipo de procedimento instituído pelo papa Inocencio III no século XIII, que veio a resultar tanto no Direito Canônico como no Direito Secular; sendo que a conotação depreciativa advém de analogia terminológica com o tipo de procedimento utilizado para a persecução dos hereges, especialmente ao longo da Santa Inquisição; cf. AMBOS, Kai. *Temas de derecho penal internacional y europeo*. Madrid: Marcial Pons, 2006, p. 377.

Por isso é que se diz que haveria dificuldade em encontrar termo adequado de tradução das expressões empregadas pelos juristas anglo-americanos, preferindo-se, deste modo, manter a designação *inquisitorial* como indicativo de um modelo procedimental *non-adversary* próprio dos países de tradição jurídica de *civil law*, ou seja, no sentido já indicado de oposição ao *adversarial system* típico dos países anglo-saxônicos, portanto sem a conotação histórica ou mesmo conceitual advinda da dissensão "acusatório/inquisitório", cujas origens remontam à Santa Inquisição.

Ingressando na análise do conteúdo da distinção, no que refere aos países influenciados pelo sistema de *common law*, considera-se a dinâmica do processo tradicionalmente embasada no modelo denominado *adversarial system*, no qual a iniciativa processual é legada às partes, restando ao juiz um papel de evidente passividade, tendo por principal função controlar a disputa processual entre os contendores para que o procedimento se desenvolva em atenção às regras processuais.[26] Taruffo refere que: *"Il giudice dell'adversarial system tende in realtà a formulare la sua decisione sulla base dell'attività processuale svolta dalle parti, sostanzialmente scegliendo la soluzione della controversia proposta da una di esse"*.[27]

A ideia central no *adversary system* reside em considerar que a melhor forma de solução dos litígios está em deixar a cargo do livre embate entre as partes a determinação do resultado do processo, fazendo-se mesmo uma analogia com competições esportivas em que o êxito no jogo depende da atuação dos contendores, mantendo-se o árbitro o mais alheio possível dessa competição.[28] A característica essencial do processo *adversarial* inglês, nas palavras de Radbruch, pode ser relacionada muito proximamente com o *fair trial* entendido nesse sentido de qualidade desportiva, como um duelo argumentativo entre partes providas de idêntico arsenal.[29]

O *adversary system* expressa valores culturais, filosóficos e ético-religiosos da sociedade inglesa, não por acaso retratando os aspectos marcantes de independência, liberdade, consciência cívica e de *fair play*, que tornam "moralmente preferível" a configuração do mecanismo

---

[26] TARUFFO, Michele. I sistemi giudiziari nelle tradizioni giuridiche di civil law e di common law. In: OVALLE FAVELA, José (Coord.). *Administraciòn de justicia en Iberoamérica y sistemas judiciales comparados*. México: Universidad Nacional Autónoma de México, 2006, p. 445-462.

[27] Idem, p. 460.

[28] TARUFFO, Michele. *La semplice verità*: il giudice e la costruzione dei fatti. Bari: Laterza, 2009, p. 108.

[29] *"Il processo è per l'inglese ancor sempre ciò che era per i suoi predecessori medievali: un duello giudiziario; solo che non si svolge più con le antiche rituali asce di legno e corno, ma com parole"*; RADBRUCH, Gustav. *Lo spirito del diritto inglese*; a cura di Alessandro Baratta. Milano: Giuffrè, 1962, p. 14.

processual como privatístico e dispositivo, assentado na livre competição entre os litigantes.[30] Outras características tradicionais do processo inglês são mencionadas como relevantes na conformação do modelo *adversary*, entre as quais se destacam o *trial by jury* e a prática da *private prosecution*.[31]

Por outro lado, os ordenamentos processuais dos países inspirados no sistema jurídico de *civil law* convergem no sentido de atribuir ao julgador função diretiva, cabendo-lhe conduzir de modo ativo e efetivo o desenrolar procedimental, modelo que a doutrina anglo-saxônica costuma designar por *inquisitorial system*, contrapondo-o ao *adversary*. O juiz, após o início da demanda e definição da matéria controvertida pela disposição das partes, passaria a desempenhar papel relevante no desenvolvimento dos atos do processo com vista a alcançar a fase decisória; tendo atuação não apenas no impulso processual, como também, com variada intensidade, nos atos de instrução probatória.

Traduzindo essas considerações para os princípios processuais europeu-continentais, no sistema de *civil law* prepondera, em matéria penal, o princípio de investigação[32] ou de instrução, com influência germânica,[33] e que impõe ao julgador a pesquisa, em juízo, de provas relevantes ao esclarecimento da verdade dos fatos;[34] diferente do que se verifica nos países anglo-americanos, nos quais é inferência da discricionariedade na persecução a disposição quanto à matéria de prova.

Ao tratar da dicotomia entre os modelos processuais *adversarial* e *inquisitorial*, Damaška[35] chama atenção ao fato de que somente a

---

[30] COMOGLIO, Luigi Paolo. Regole deontologiche e doveri di verità nel processo. *La Nuova Giurisprudenza Civile Commentata*, anno XIV, 2. parte, p. 128-136, magg./giug. 1998, p. 129.

[31] LAFAVE, Wayne R., ISRAEL, Jerold H. *Criminal procedure*. 2. ed. St. Paul: West Publishing, 1992, p. 36, nota 6; os autores referem igualmente possível influência da *"philosophy of competition and individualism that was reflected in the free enterprise system. Much as fierce individualistic economic competition was thought to produce better and cheaper goods"*.

[32] O princípio de investigação supõe que o tribunal instrua por si mesmo a causa, não estando vinculado restritivamente aos requerimentos das partes do processo; cf. ROXIN, Claus. *Derecho procesal penal*. Buenos Aires: Del Puerto, 2003, p. 100.

[33] JARVERS, Konstanze. Profili generali del diritto processuale penale tedesco. *Rivista Italiana di Diritto e Procedura Penale*, Milano, ano 46, nova série, fasc. 3, p. 930-949, luglio/sett. 2003. O autor tedesco resume mencionando que o processo penal na Alemanha poderia ser descrito como um procedimento de tipo acusatório vinculado ao princípio da pesquisa da verdade material.

[34] Art. 244, apartado 2º do STPO (*Strafprozzessordung*) dispõe: *"Das Gericht hat zur Erforschung der Wahrheit die Beweisaufnahme von Amts wegen auf alle Tatsachen und Beweismittel zu erstrecken, die für die Entscheidung von Bedeutung sind"*.

[35] A obra de Mirjan Damaška merece atenção particular por se tratar de jurista e professor de direito formado em Zagreb, Croácia, portanto no seio da Europa continental, e que, num dado momento, prosseguiu suas atividades científicas nos Estados Unidos, passando a refletir sobre o processo penal inserido no sistema de *common law* em comparação com a estrutura da *civil law*; cf. AMODIO, Ennio. Il diritto delle prove penali nel pensiero di Mirjan Damaška. *Rivista Italiana*

essência da antítese apresenta-se como razoavelmente segura; qualquer raciocínio que siga para além da noção básica diferencial recairá na incerteza, levando a confusões na análise dos institutos e valoração das diferentes opções envolvendo os dois sistemas. Nessa linha, segundo Damaška, a distinção nuclear entre os dois modelos procedimentais consiste exatamente em que, no *adversarial system*, o processo apresenta-se na forma de uma disputa, de uma contenda envolvendo os titulares dos interesses em jogo: "configurando-se como uma luta entre dois adversários frente a um árbitro relativamente passivo, cujo principal dever consiste em chegar a uma decisão",[36] cabendo, deste modo, precipuamente às partes a iniciativa processual.

Por outro lado, nessa precisa compreensão de base, o modelo *inquisitorial* ou *non-adversary* é "estruturado como uma espécie de averiguação oficial", no qual é atribuição do órgão público julgador levar a cabo a maior parte da iniciativa nas atividades processuais.[37] O autor refere que o afastamento desse significado essencial de dessemelhança entre os dois sistemas faz ingressar em campo de incerteza, não mais sendo claro até que ponto, ou em que medida, o processo *adversarial* esteja a depender da vontade das partes no seu impulso ou "o quanto é passivo o juiz?"; tampouco o quanto seja intenso o controle do órgão judicial no modelo *inquisitorial*, ou "o quanto são ativos os órgãos judiciários?".[38]

Mesmo a doutrina que se dedica a estudar e desenvolver as bases da distinção entre os ordenamentos processuais *adversarial-inquisitorial* reconhece a relatividade da dicotomia,[39] e a impossibilidade de se falar em sistemas puros.[40] De qualquer forma, é possível considerar que há

---

di Diritto e Procedura Penale, Milano, ano 50, fasc. 1, p. 10-15, gen./mar. 2007, que acrescenta: "*Studiando il sistema di giustizia penale statunitense e confrontando com quello che gli era familiare nella sua terra di origine e in Europa, Damaška ha saputo far affiorare un territorio in gran parte inesplorato e ne ha fissato i confini e le chiavi di lettura*".

[36] DAMAŠKA, Mirjan R. *The faces of justice and state authority*: a comparative approach to the legal process. New Haven: Yale University, 1986, p. 3.

[37] Ibidem.

[38] "*Only the core meaning of the opposition remains reasonably certain. The adversarial mode of proceeding takes its shape from a contest or a dispute ... The nonadversarial mode is structured as an official inquiry ... Beyond this core meaning uncertainty begins*". Idem, p. 4.

[39] Idem, p. 6; no mesmo sentido: TARUFFO, Michele. Aspetti fondamentali del processo civile di civil law e di common law. *Revista da Faculdade de Direito da UFPR*, Curitiba, v. 36, p. 27-48, 2001, p. 32.

[40] Jolowicz admite ser mais fácil conceber abstratamente um processo *adversarial* puro, no qual o juiz ouviria passivamente os argumentos das partes e pronunciaria, ao final do dia, o vencedor. No entanto reconhece que, de fato: "*a purely adversarial process is no more capable of existing in the real world than a purely inquisitorial one*"; cf. JOLOWICZ, J. A. Adversarial and inquisitorial models of civil procedure. *International and Comparative Law Quarterly*, Oxford, vol. 52, n. 2, p. 281-295, Apr. 2003.

como que uma escala na qual os sistemas de processo poderiam ser colocados, encontrando-se, nas extremidades dessa escala, numa suposição teórica, sistemas puramente *adversarial* ou *inquisitorial*, podendo-se então aferir se determinada estrutura procedimental aproxima-se mais de uma ou de outra das extremidades dessa graduação.[41]

Sendo assim, pode-se dizer que o *adversarial process*, na tradicional concepção anglo-saxônica, caracteriza-se pela predominância das partes na definição da marcha processual e na introdução do material probatório sobre o qual há de embasar-se o julgamento da demanda; ao contrário do *inquisitorial system* em que as aludidas atividades recaem preferentemente no órgão julgador.[42]

1.1.2.1. Ausência de identidade nas classificações anglo-americana e romano-germânica

A identificação feita acima, dos modelos processuais acusatório e inquisitório de um lado, *adversary* e *inquisitorial* do outro, ainda que de forma resumida, permite sustentar a conclusão a seguir exposta sob a premissa de inexistir correspondência entre o sistema acusatório e o *adversarial system of litigation*; do mesmo modo que não são idênticos o conceito e noção da dinâmica procedimental do *inquisitorial system* em comparação aos princípios subjacentes no sistema inquisitório de persecução penal.

A dicotomia entre as estruturas de impulso procedimental comumente apresentada pelos estudiosos anglo-saxônicos – *adversarial e inquisitorial*, assenta-se na base da existência de diferentes métodos de administração da justiça, indicando uma visão ideológica e estrutural quanto à forma de inserção do aparelho estatal na relação entre privado e público,[43] portanto serve para incluir todos os tipos de processo: civil, penal, trabalhista, administrativo.

---

[41] *"We must recognise that the most that can be said is that some systems are more adversarial – or more inquisitorial – than others"*; Idem, p. 281.

[42] GRINOVER, Ada Pellegrini. A iniciativa do juiz no processo penal acusatório. *Revista Brasileira de Ciências Criminais*, São Paulo, ano 7, n. 27, p. 71-79, jul./set. 1999. A autora refere ainda que a expressão inglesa *inquisitorial* poderia ser traduzida por "processo de desenvolvimento oficial", contrapondo-se ao processo que se desenvolve por disposição das partes, identificado pela expressão *adversary*.

[43] *"In the modern era it is not always fully understood that the adversary system performs a vital social function and is the product of long historical experience. (...) The adversary system is the institution devised by our legal order for the proper reconciliation of public and private interests in the crucial areas of penal regulation. As such, it makes essential and invaluable contributions to the maintenance of the free society"*; HALL, Livingston *et al*. *Modern criminal procedure: cases, comments and questions*. 3. ed. St. Paul: West, 1969, p. 65.

Nos países sob influência do sistema jurídico de *civil law*, o emprego comum das designações"acusatório" e "inquisitório" é feito para expor as distinções históricas e conceituais restritas a modelos de processo penal; havendo nos processos não criminais regras próprias com variações oriundas do princípio dispositivo e que não permitem o trato unitário do tema.[44] Qualquer pretensão de transpor aos países de tradição continental a distinção construída pelos teóricos da *common law* teria que ao menos fazer a separação, correlacionando os conceitos aos diferentes princípios e denominações de processo penal, processo civil, laboral, processo administrativo e mesmo constitucional, condição mínima essa que não seria atendida com a simples equiparação do *adversary system* com o processo acusatório.

De qualquer modo, seria enganoso denominar de acusatório unicamente o sistema *adversarial*, mesmo porque tanto o sistema judicial penal dos países inspirados pelo Direito de tradição civil como os de *common law* são "acusatórios", porquanto a persecução penal e a acusação estão em mãos de uma instituição diferente daquela do juiz da causa.[45] Assim como ocorre no processo anglo-americano, o embate dialético entre os interessados é o motor primário e preponderante do processo europeu continental,[46] conquanto não exclusivo ou monopolizante.

Superada a questão relativamente menor da terminologia, considera-se primeiramente existir no substrato da distinção comparativa anglo-saxônica uma relativa atecnia indicadora mais de contingência ideológica, ainda que involuntária, do que propriamente de desacerto técnico;[47] imprecisão essa que decorre de aparente simplificação[48] na elaboração abstrata do modelo processual oriundo dos países de *civil*

---

[44] No mesmo sentido é nota do tradutor da edição italiana da obra THIBAUT, J; WALKER, L. *Il giusto processo*: un'analisi psicologica dei modelli processuali. Milão: Giuffrè, 1981, p. 34.

[45] AMBOS, Kai. *Temas de derecho penal internacional y europeo*. Madrid: Marcial Pons, 2006, p. 378. Após arrolar as garantias básicas do *accusatorial system*, que o distinguem do *inquisitorial system*, Jackson e Doran referem que essas salvaguardas do acusado também estão previstas no processo penal germânico tipicamente *inquisitorial*, e inclusive *"many of them are enshrined in article 6 of the European Convention on Human Rights which has been ratified by numerous European countries that are considered to have inquisitorial systems"*; JACKSON, John; DORAN, Sean. *Judge without jury*: diplock trials in the adversary system. Oxford : Clarendon Press, 1995, p. 57.

[46] SILVESTRI, Elisabetta. *"Adversary"* e *"inquisitorial system"* nella prospettiva di *"common law"*: un problema aperto. *Rivista Trimestrale di Diritto e Procedura Civile*, Milano, anno 42, n. 1, p. 257-264, mar. 1988.

[47] Taruffo chega a referir que muito dessa literatura *"sono pura propaganda ideologica a favore dell'uno o dell'altro sistema"*, portanto *"inattendibili dal punto di vista scientifico"*. TARUFFO, Michele. Aspetti fondamentali del processo civile di civil law e di common law. *Revista da Faculdade de Direito da UFPR*, Curitiba, v. 36, p. 27-48, 2001, p.31-32.

[48] Em sentido análogo refere THAMAN, Stephen C. Aspectos adversariales, acusatorios e inquisitivos en el proceso penal de los Estados Unidos. In: BACHMAIER WINTER, Lorena (Coord.). *Proceso penal y sistemas acusatorios*. Madrid: Marcial Pons, 2008, p. 161-176.

law, ao aproximar a noção de *inquisitorial systema* um hipotético procedimento em que as partes teriam suas liberdade e igualdade submetidas à inquisição de algum agente estatal alheio aos interesses em disputa, a quem caberia a tarefa de buscar a melhor solução ao litígio.[49] A esse respeito, Langbein chega a referir que os defeitos e imperfeições do *adversary justice* parecem perder importância a partir de uma comparação excessivamente distorcida com *non-adversarial system* do continente europeu.[50]

Exemplar ao explorar de modo disforme a contraposição *adversarial-inquisitorial* é a ótica psicológico-jurídica condutora de pesquisas empíricas de satisfação com a justiça[51] com base na premissa de que, no modelo de procedimento judiciário *adversary*, as partes estariam representadas por defensores *partisan*, aos quais caberia exercitar efetivo controle sobre o procedimento; enquanto o sistema inquisitório *"no vi sono affatto difensori"*,[52] ou então caberia a esses a tarefa de colaborar com o órgão judicante na formação da decisão. Ainda que os autores tomem por referência o sistema jurídico germânico, marcantemente *inquisitorial*, mormente se comparado com o estadunidense, no qual os advogados dominam a cena do processo no exame cruzado das testemunhas, a ideia dicotômica exposta não só exaspera as características dos dois sistemas, como é deformada, *"detata dalla superficiale o grossolana rilevazione di un fenomeno cui è sottesa una realtà ben diversa".*[53]

Mesmo admitindo-se que a intenção possa ser a de clarificar a dessemelhança pelo confronto entre dois modelos limite,[54] o fato é que não há como sintetizar a administração da justiça penal nos ordenamentos jurídicos influenciados pelo direito continental a um procedimento em

---

[49] A esse respeito: *"Es habitual que los autores del Common law que han tratado esta materia suelan considerar que el mejor es el método angloamericano, y tachan de inquisitivo al continental en una visión sesgada y reduccionista, valorándolo desfavorablemente"*; TINOCO PASTRANA, Ángel. *Fundamentos del sistema judicial penal en el common law*. Sevilla: Universidad de Sevilla, 2001, p. 46, nota de rodapé 123.

[50] No seu estudo, o autor norte-americano pretende enfatizar, entre outros aspectos, que *"the familiar contrast between our adversarial procedure and the supposedly non-adversarial procedure of the Continental tradition has been grossly overdrawn"*; LANGBEIN, John H. The German advantage in civil procedure. In: GALLIGAN, D. J. *Procedure*. Aldershot: Dartmouth, 1992, p. 253-296.

[51] Cf. THIBAUT, J; WALKER, L. *Il giusto processo*: un'analisi psicologica dei modelli processuali. Milão: Giuffrè, 1981, p. 99 *et seq.*

[52] Idem, p. 35-36.

[53] Cf. AMODIO, Ennio. *Processo penale, diritto europeo e common law*: dal rito inquisitorio al giusto processo. Milão: Giuffrè, 2003.p. 197.

[54] Dá Mesquita faz referência ao discurso legitimador assentado na alteridade entre os sistemas *adversary* e *inquisitorial*, a exigir o diluir das influências, fazendo uso de distorções: "Invocar o perigo de aproximação ao abjurado processo inquisitório continental ou a importância da nossa diferença é um argumento recorrente com variantes em diferentes momentos históricos"; MESQUITA, Paulo Dá. *A prova do crime e o que se disse antes do julgamento*. Coimbra: Coimbra, 2011, p. 176-177.

que o julgador definiria os caminhos procedimentais e perseguiria as provas dos fatos inquisitivamente de forma a melhor solucionar a lide, quase que independente da atuação dos litigantes.[55]

Muitas das confusões decorrem da incerteza quanto aos critérios idôneos a determinar as características específicas de cada sistema, fazendo com que a advertência de Damaška antes mencionada, no sentido de somente a essência da distinção manter-se clara, deva ser levada em consideração, guiando os estudos que procuram correlacionar os dois sistemas de modo a perceber as dissensões.

Ademais, considera-se ainda que a relativa exatidão das noções extraídas de um ou outro dos sistemas de processo somente servem para análise interna ao ordenamento de que se está tratando, assim é que, mesmo buscando no sistema de *common law* o esclarecimento da distinção entre *adversary* e *inquisitorial system*, e limitando suas implicações com base na premissa de contraposição restritiva referida acima, estar-se-á sempre raciocinando com base nas noções arraigadas na tradição romano-germânica, o que não deixará de ser uma variante interpretativa de *civil law* dos limites e significados dos sistemas *adversarial* e *inquisitorial*. Do mesmo modo que a visão dos juristas de *common law* sobre os princípios e práticas correntes nos países descendentes do sistema europeu continental terá sempre o foco influenciado por uma lente moldada pelos parâmetros anglo-saxônicos.

Já por isso entende-se não ser possível qualquer pretensão a refletir sobre a atuação do juiz no processo penal mediante correlação ou convergência entre a dicotomia elaborada em *common law*, acerca dos modelos de administração de justiça *adversary* ou *non-adversary*, e a distinção de *civil law* entre sistemas processuais penais inquisitivo e acusatório. Nesse sentido, Grinover parte de premissa exata ao considerar haver desacerto na confusão feita por certos modelos e alguns teóricos entre o sistema acusatório e o *adversarial system* dos países anglo-saxônicos, o que acaba por trazer "profundas repercussões sobre o papel do juiz no processo penal",[56] acrescentando ainda, de forma precisa: "o

---

[55] Taruffo esboça a crítica: "*Chiunque, in realtà, preferirebbe essere coinvolto in processo in cui può difendersi in una posizione di parità rispeto al suo avversario, piuttosto che in una inquisizione condotta da Bernardo Gui: per giungere a questa conclusione, però, non erano forse necessari decenni di complicate indagine empiriche*"; TARUFFO, Michele. *La semplice verità*: il giudice e la costruzione dei fatti. Bari: Laterza, 2009, p. 101 *et seq*. O autor faz referência a pesquisas desenvolvidas, em particular nos Estados Unidos, a partir dos anos setenta, no campo da psicologia social, destinadas a verificar empiricamente qual tipo de procedimento seria considerado mais justo e, deste modo, mais facilmente aceito. A expressão *procedural justice* identificaria exatamente essas pesquisas, nas quais teria aflorado clara preferência por um modelo de procedimento informado pelo *adversarial system*.

[56] GRINOVER, Ada Pellegrini. A iniciativa do juiz no processo penal acusatório. *Revista Brasileira de Ciências Criminais*, São Paulo, ano 7, n. 27, p. 71-79, jul./set. 1999, p. 71.

termo processo inquisitório, em oposição ao acusatório, não correspon-de a *inquisitorial* – em inglês, o qual se contrapõe ao *adversarial*".[57]

No entanto, a autora acaba por recair, em parte, no que se preten-de evitar neste estudo, ao fazer referência de que um sistema acusatório poderia adotar esquema de *adversarial system* ou de *inquisitorial system*. Conforme já exposto, a bipartição entre os sistemas de administração da justiça elaborada no seio de *common law* contrapõe visões contradi-tórias de organização judiciária assentadas nas formas de disputa ou de investigação, que não guardam correspondência com os modelos processuais penais encontrados usualmente nos países representativos do sistema europeu continental. Sob o viés anglo-saxônio, no qual se elaborou a distinção *adversarial/inquisitorial*, não seria fácil compatibili-zar o fundamento da dicotomia com a asserção de que o sistema pro-cessual acusatório poderia assumir uma feição *inquisitorial*, na vertente interpretativa anglo-americana, pela qual significaria o juiz assumir quase um papel de protagonista na solução da demanda.

Parte-se, neste estudo, da premissa de que as distinções acima re-feridas embasam-se em substratos distintos que dificultam as ligações ou junções de conceitos, tendendo a desaconselhar propostas funda-mentadas na correlação entre os sistemas, as quais, apesar da intenção clarificadora, restariam por confundir a nitidez passível de se alcançar no que tange à tentativa de demonstrar as consequências da dicoto-mia sobre a atuação do juiz no processo penal. Os estudos comparados são relevantes para evolução e entendimentos mútuos dos institutos e princípios presentes nos dois modelos, no entanto maior valorização e importância terá a investigação na medida em que for preservada a dicotomia tal como elaborada pelos dois sistemas, de modo a permitir percepção mais nítida das possibilidades de cada uma delas sobre os problemas do processo penal, desaconselhando, por conseguinte, pre-tensões conjugativas.

A consideração acima de não ser adequado conduzir as reflexões sobre a atuação do juiz no processo penal mediante ligação ou correla-ção entre a dicotomia acerca dos modelos de administração de justiça *adversarial-inquisitorial* e a distinção de *civil law*, entre sistemas proces-suais penais inquisitivo e acusatório, não significa que não se deva recorrer em alguma medida à estrutura classificativa anglo-america-

---

[57] A autora explicita a distinção: "De um lado, portanto, o contraste ocorre entre sistema acusa-tório e sistema inquisitório no sentido empregado para o processo penal em n. 2 deste estudo; do outro lado, a oposição manifesta-se, tanto no processo penal como no civil, entre o *adversarial* e o *inquisitorial system*, vale dizer entre um processo que, uma vez instaurado (mantido, assim, o prin-cípio da demanda, ou *Dispositionsmaxime*, na terminologia alemã), se desenvolve por disposição das partes (o que se denomina em alemão *Verhandlungsmaxime*) e processo de desenvolvimento oficial"; GRINOVER, op. cit., p. 72.

na para o estudo do tema, sobretudo porque parece reportar-se mais precisamente a esta categorização: *adversarial/inquisitorial*, o tema da iniciativa judicial em matéria de prova, do que à contraposição "inquisitório-acusatório". De qualquer modo, entende-se que seu papel será mais restrito ao aspecto ideológico que guia a conformação das diferentes estruturas de administração da justiça e dos reflexos que daí advém no papel do juiz no processo.

Da mesma forma, também não significa que não se possa conceber um sistema acusatório regido pelo princípio da investigação,[58] no sentido de o tribunal poder buscar as bases necessárias à sua decisão, complementando a atividade probatória dos interessados, sem estar inteiramente sujeito às contribuições da acusação e da defesa no esclarecimento dos fatos em julgamento. No entanto, essa ideia, fundamental na análise, não depende da conjugação do princípio acusatório com parâmetros de *inquisitorial system*; pode-se, conforme exposto por Figueiredo Dias, constituir o sistema acusatório pela ressonância de um princípio que se poderia denominar "investigatório" ou "instrutório", o qual conduzirá à integração (não desfiguração) do sistema acusatório.[59]

Chega-se, assim, próximo da ideia que Pelegrini Grinover buscou expor, sem deixar o âmbito conceitual e principiológico do processo penal acusatório dos países de *civil law*e, principalmente, sem misturar ou sobrepor as classificações anglo-americanas com as estruturas e parâmetros de processo europeu continental.

1.1.2.1.1. *O sistema acusatório como errônea expressão do* adversarial system

A junção expressa e intencional das noções anglo-americanas (*adversarial/inquisitorial*) com os sistemas tradicionais do processo penal continental europeu (acusatório/inquisitório), com a finalidade de explicitar dessemelhanças, acaba por representar efeitos menos desaconselháveis em comparação com algumas tendências verificadas nas últimas décadas e direcionadas a identificar o sistema acusatório mediante uma transposição singela do ideal advindo do processo *adversary* de *common law*; como se a manifestação do processo acusatório fosse

---

[58] O princípio de investigação supõe que o tribunal instrua por si mesmo a causa, não estando vinculado restritivamente aos requerimentos das partes do processo. ROXIN, Claus. *Derecho procesal penal*. Buenos Aires: Del Puerto, 2003, p. 100.

[59] DIAS, Jorge de Figueiredo. *Direito processual penal*. Coimbra: Coimbra, 1974, p. 71.

uniforme[60] e se resumisse ao modelo anglo-saxônico identificado pelo *adversarial system.*[61]

A primeira restrição que se faz a essas construções está na ideia latente que as orienta, tendente a pensar, de forma reducionista, que todo e qualquer problema do processo penal possa ser circunscrito e, deste modo, solucionado mediante enquadramento em um modelo acusatório ou inquisitório.[62] Uma das razões subjacentes a essa simplificação está no fato de o termo inquisitivo ter adquirido significado depreciativo a tal ponto desfavorável, marcando posição de afronta a direitos fundamentais do acusado,[63] que pensar ou defender posição contrária a determinado instituto ou reforma do processo penal passa a ser facilitado, bastando identificá-lo com o processo inquisitivo,[64] ou como não estando abarcado pelo ideal acusatório.[65]

E aqui há uma interdependência condicionante, pois ao se reduzirem todos os valores de justiça do sistema penal ao termo acusatório, erigindo-o *"en símbolo de todo lo bueno"*, não é difícil perceber os esforços tendentes a concretizar *"el proceso más intensamente acusatorio".*[66] Nesse caminho, chegou-se mesmo ao ponto de afirmar que não há se falar em processo acusatório, pois somente haverá de fato processo quando presentes os caracteres do sistema acusatório, sendo que *"el proceso inquisitivo nunca fue... un verdadero proceso... El llamado proceso acusatorio sí es un verdadero proceso"*,[67] sublinhando ainda mais a valorização do ideal acusatório, do contrário "não é", ou seja, não existe como processo;

---

[60] Illuminati expõe a ausência de significado unívoco e universalmente aceito a respeito dos caracteres do sistema acusatório, o que depende muito das opções ideológicas dos juristas; ILLUMINATI, Giulio. El sistema acusatorio en Italia. In: BACHMAIER WINTER, Lorena (Coord.). *Processo penal y sistemas acusatorios.* Madrid: Marcial Pons, 2008, p. 135-160.

[61] Processo e verdade como resultado unicamente da controvérsia entre partes contrapostas, impondo juiz inerte, sendo a pesquisa dos fatos em juízo inteiramente controlada pelas partes. Claro que nessa concepção seria inviável qualquer possibilidade de uma leitura do sistema acusatório inspirado pelo princípio da investigação.

[62] BACHMAIER WINTER, Lorena. Acusatorio versus inquisitivo: reflexiones acerca del proceso penal. In: ——. (Coord.). *Processo penal y sistemas acusatorios.* Madrid: Marcial Pons, 2008, p. 11-48.

[63] Idem, p. 14.

[64] Seria o que Amodio, ao tratar da contraposição entre acusatório-inquisitório, identificou como figurando na base de um "significado emotivo", em cuja resposta (de quem escuta) ou o estímulo (de quem fala) evoca a esfera das emoções; AMODIO, Ennio. *Processo penale, diritto europeo e common law*: dal rito inquisitivo al giusto processo. Milão: Giuffrè, 2003, p. 195.

[65] *"anclar el análisis del proceso penal en la defensa del 'acusatorio' quizás no contribuya a identificar con precisión cada uno de los problemas que afectan a las garantías del proceso y al funcionamiento de la justicia penal"*; BACHMAIER WINTER, op. cit., p. 15.

[66] Idem, p. 14.

[67] MONTERO AROCA, Juan. Principio acusatorio y prueba en el proceso penal la inutilidad jurídica de un eslogan político. In: GÓMEZ COLOMER, Juan Luis (Coord.). *Prueba y proceso penal*:

conclusão esta desprovida de embasamento tanto histórico, por ignorar a complexidade do antigo processo inquisitório,[68] como conceitual, por desconsiderar institutos tipicamente originados na inquisitoriedade, como obrigatoriedade da ação penal, caráter público do órgão de acusação, pluralidade dos graus de jurisdição e obrigação de motivação das decisões.[69]

Pode-se admitir fazer parte sim do sistema acusatório que o juiz não possa desvirtuar a necessária relação de equilíbrio entre as partes no processo decorrente do contraditório. Assim é que, um ordenamento jurídico que outorgasse ao juiz o poder de, juntamente e ao lado do órgão do Ministério Público, pesquisar provas destinadas a comprovar a imputação, estaria estabelecendo mera distinção formal entre acusação e julgador, pois teoricamente, e de fato, o juiz teria as mesmas funções acusatórias do órgão de acusação; tal provavelmente ocorresse em modelo de processo no qual existisse a figura do juiz de instrução, o qual viesse sucessivamente a desempenhar a função de juiz de mérito. Não há, no entanto, como identificar a previsão de iniciativa instrutória *ex officio* com vistas ao esclarecimento de pontos lacunosos relacionados à instrução com a incumbência jurisdicional de comprovar a culpabilidade do acusado.[70]

Sustentar como exigência básica do sistema acusatório que somente poderão ter relevância na fundamentação da decisão as provas formadas no juízo oral, com a garantia do contraditório, mediante método de averiguação dos fatos assentado no enfrentamento dos interessados diante de juiz suprapartes,[71] não significa que seja incompatível com o sistema acusatório a atribuição ao juiz de algum papel ativo no que respeita ao material probatório: *"ya que ello no supone eliminar o desvirtuar el contradictorio"*.[72] Para tanto, a discussão deve passar para o modo ou a

---

análisis especial de la prueba prohibida en el sistema español y en el derecho comparado. Valencia: Tirant lo Blanch, 2008, p. 18-66.

[68] Vide, por exemplo, as inúmeras e intrincadas regras legais quanto à prova que vigoraram em determinado perídodo histórico, seguindo ritual rígido e meticuloso, com um tecnicismo próximo dos teoremas exatos. Para uma visão mais ampla: CORDERO, Franco. *Procedura penale*. 8. ed. Milano: Giuffrè, 2006, p. 21 *et seq*.

[69] FERRAJOLI, Luigi. *Diritto e ragione*: teoria del garantismo penale. 8. ed. Bari: Laterza, 2004, p. 575.

[70] Nesse sentido: *"es perfectamente posible seguir el modelo procesal alemán o portugués, que han entendido que cabe mantener un modelo acusatorio formal, sin necesidad de aceptar el modelo adversarial anglosajón, y permitir por tanto la práctica de actividad probatoria penal del órgano jurisdiccional"*; DÍAZ CABIALE. José Antonio. *Principios de aportación de parte y acusatorio*: la imparcialidad del juez. Granada: Colmares, 1996, p. 421.

[71] ILLUMINATI, Giulio. El sistema acusatorio en Italia. In: BACHMAIER WINTER, Lorena (Coord.). *Proceso penal y sistemas acusatorios*. Madrid: Marcial Pons, 2008, p. 150-151.

[72] Idem, p. 157.

Iniciativa Probatória de Ofício e o Direito ao Juiz Imparcial no Processo Penal

forma de configuração dessa intervenção judicial, de maneira que não afete a imposição de imparcialidade, o que pressupõe, adianta-se, um poder integrativo em relação ao já aportado pelas partes na instrução probatória, evitando que o juiz anteponha sua hipótese pessoal de reconstrução dos fatos independentemente do caminho já trilhado pelos interessados.[73]

A compreensão mais aproximada possível dos institutos e princípios orientadores do processo penal passa pela indispensável busca de parâmetros mínimos estruturantes de racionalidade no discurso jurídico, o que se alcança com a observância de algumas regras básicas de fundamentação sem as quais não se há como almejar nenhuma pretensão de correção nos enunciados normativos. Assim é que o significado das expressões utilizadas não pode simplesmente variar ao talante do dogmático, alcançando substanciações diversas em cada forma de discurso jurídico apresentado: *"los conceptos jurídicos son útiles, sobre todo, si existe un consenso en cuanto a susignificado".*[74]

No desenvolvimento desse parâmetro do discurso, Alexy recorre à regra da pretensão de inteligibilidade formulada por Habermas para sustentar que a racionalidade da fundamentação jurídica passa pela exigência de que o falante não possa usar a mesma expressão que outros falantes com significados diferentes, o que é uma regra básica de racionalidade do discurso.[75] Ou, ao menos, deve ter sempre a preocupação de indicar o sentido que pretende conferir ao termo usado, tendo em conta a possibilidade de ambiguidade.

Mesmo na literatura anglo-americana, há autores com o cuidado de salientar uma possível utilização alternada ou confusa da expressão *adversary*, no sentido da *"old expression of continental origin, accusatorial procedure"*, quando então servirá para identificar o sistema de processo penal que se antepõe ao sistema inquisitório, e cujo foco de distinção reside na proteção oferecida ao acusado, basicamente quanto aos tradicionais direitos e garantias de liberdade frente ao estado. O outro sentido mais comum conferido ao termo *adversariness* pelos autores de *common law* refere-se ao modo anglo-americano ideal de resolução de conflitos, e então o foco não estará *"confined to criminal procedure or to*

---

[73] Illuminati conclui que, embora o processo penal italiano inspire-se nas regras do princípio acusatório, está muito apartado das exigências do processo *adversary*, o qual raciocina com o pressuposto da passividade do julgador. ILLUMINATI, op.cit., p. 157-158.

[74] BACHMAIER WINTER, Lorena. Acusatorio versus inquisitivo: reflexiones acerca del proceso penal. In: ——. (Coord.). *Processo penal y sistemas acusatorios*. Madrid: Marcial Pons, 2008, p. 45.

[75] ALEXY, Robert. *Teoria da argumentação jurídica*: a teoria do discurso racional como teoria da justificação jurídica. São Paulo: Landy, 2001, p. 187-188.

the protection of accused, but extends to all procedures wich have as their goal the resolution of disputes".[76]

Ainda que possa haver concordância de fundo com a teoria de Ferrajoli no ponto em que expõe como um dos dez axiomas de todo sistema garantista o da *nulla accusatio sine probatione*, não é disso que se está tratando aqui. A questão é que não há por que extrair-se desse embasamento garantista uma nova e própria compreensão do princípio acusatório em comparação com o entendimento que se tem dessa máxima estruturante do processo penal na tradição jurídica moderna. Vê-se que se está somente tratando do aspecto lógico-formal da fundamentação como premissa para se alcançar o ideal da argumentação jurídica racionalmente fundamentada,

Nessa tônica, Picó I Junoy considera exacerbar o significado racional do princípio acusatório estender seu sentido e projeções a ponto de compreendê-lo como regulador da matéria probatória no processo e, assim, impeditivo de toda e qualquer atividade instrutória do juiz, tendo em vista que o princípio acusatório incide somente sobre a delimitação fática do objeto em julgamento no processo penal,[77] não permitindo em nenhuma hipótese se possam alterar os fatos discutidos em juízo.[78] Etxeberrìa Guridi, ao abordar a suposta relação entre o art. 729. 2 da LECrim e o princípio acusatório, encaminha-se em sentido análogo quando refere que dito princípio deve ser entendido nos seus devidos termos; o alcance e conteúdo do princípio acusatório não sofrem reflexos negativos tendo em vista a limitação objetiva constante no art. 729.2 LECrim, uma vez que as faculdades probatórias devem se limitar a *"hechos que hayan sido objeto de los escritos de calificación"*; por conseguinte, é o objeto mesmo do processo que aparece como limite da potestade do tribunal, o qual, assim, não deteria qualquer possibilidade de inserir material fático que inove no processo.[79]

---

[76] *"The essential characteristic of adversariness here is the notion of procedure as a contest between two sides brought before a conflict-resolver... and a contrast is made with continental procedures which take the form of a unilateral inquiry into facts and law"*; JACKSON, John; DORAN, Sean. *Judge without jury*: diplock trials in the adversary system. Oxford : Clarendon Press, 1995, p. 58.

[77] A respeito, GÓMEZ ORBANEJA refere: *"Lo que exige el sistema acusatorio es que para que haya proceso y sentencia alguien lo pida, que la actividad jurisdiccional se promueva desde fuera de ella misma, quedando así separadas las funciones de acusar y de juzgar"*; GOMEZ ORBANEJA, Emilio; HERCE QUEMADA, Vicente. *Derecho procesal penal*. 9. ed. Madrid: [s.n.], 1981, p. 69.

[78] PICÓ I JUNOY, Joan. *El juez y la prueba*: estudio de la errónea recepción del brocardo *iudex iudicare debet secundum allegata et probata, non secundum conscientiam* y su repercusión actual. Barcelona: Bosch, 2007, p. 149.

[79] ETXEBERRÍA GURIDI, José Francisco. *Las Facultades judiciales en matéria probatoria en la LEC*. Valencia: Tirant lo Blanch, 2003, p. 308.

Desse modo, entende-se como imposição do princípio acusatório, ou processo acusatório, a necessária distinção entre o órgão acusador e o órgão julgador, estando delimitadas na e pela acusação as condições restritivas da matéria em julgamento; no ensinamento de Canotilho e Vital Moreira: "a densificação semântica da estrutura acusatória" pode ser compreendida em uma dimensão material (fases do processo), importando a separação entre instrução, acusação e julgamento; e outra dimensão orgânico-subjetiva (entidades competentes), a qual impõe a não acumulação na mesma pessoa das funções de órgão de instrução, órgão julgador e órgão de acusação.[80]

Os modelos anglo-saxônicos referidos têm importância para delimitar o âmbito de atuação possível do juiz no processo penal, ou seja, as margens aceitáveis em termos de legitimação de atuação do julgador. Isso porque, à partida, ter-se-ia que afastar, ao menos em tese, a atribuição de iniciativa probatória ao juiz em processos moldados no sistema anglo-saxônico tradicional à base de *adversary system*, uma vez que, na projeção radical desse modelo, o juiz deve manter-se afastado da competição judicial desenvolvida pelos interessados, sendo o litígio solucionado por uma disputa entre as partes. Será referido no prosseguimento deste estudo que essa solução pura, sem nenhuma abertura ao julgador para colmatar incertezas presentes na instrução, não é mais adotada nem nos países organizados pelos princípios de *common law*, no entanto, acredita-se ser possível ainda afirmar que um ordenamento jurídico que pretenda sustentar seu modelo de administração da justiça sob os pilares de um *adversarial system* tradicional, puro, deve abdicar de consentir com o desempenho pelo julgador de qualquer atuação no âmbito probatório.

Essa constatação, por outro lado, também admite a inferência correlata oposta, exatamente aonde se queria chegar, no sentido de que, em não se tratando de estado jurídico sustentado sob a base de um modelo *adversarial* puro de administração da justiça, a temática da iniciativa do juiz em matéria de prova já não encontra solução tão simples e consensual; e isso ainda que se pretenda a manutenção do sistema acusatório como modelo de atuação processual preponderante. Não há identidade ou justaposição entre o caráter *adversariness* de administração da justiça e o processo acusatório; nas palavras de Figueiredo Dias,

---

[80] CANOTILHO, J. J. Gomes; MOREIRA, Vital. *Constituição da República Portuguesa*: anotada. 3ª ed. Coimbra: Coimbra, 1993, p. 205-206; nas precisas palavras dos autores: "a estrutura acusatória do processo penal implica: (a) proibição de acumulações orgânicas a *montante* no processo, ou seja, que o juiz de instrução seja também o órgão de acusação; (b) proibição de acumulação subjectiva a *jusante* no processo, isto é, que o órgão de acusação seja também órgão julgador; (c) proibição de acumulação orgânica na instrução e julgamento, isto é, o órgão que faz a instrução não faz a audiência de discussão e julgamento e vice-versa".

haveria "erro deplorável" em considerar o sistema anglo-americano, de monopólio das partes, de teor dispositivo e entendido como mera *dispute resolution*, "como o único sistema acusatório legítimo".[81]

Em outras palavras, e resumindo a explanação ao ponto de interesse do estudo, a dicotomia *adversarial/inquisitorial* possui íntima relação com a questão acerca dos poderes judiciais de ofício em matéria probatória, ao contrário da separação "acusatório/inquisitório", que com aquela não se confunde, e que não soluciona em qualquer sentido a matéria da introdução complementar de provas pelo juiz. Somente por esses motivos já se justificaria a importância das reflexões inaugurais a respeito da distinção entre *adversarial system* e sistema acusatório.

1.1.3. Para além do debate acusatório *versus* inquisitório – o justo processo

Todo o exposto até então a respeito da tentativa de configuração do sistema acusatório serve para introduzir e mesmo explicitar a ideia de que assentar o debate acerca dos problemas do processo penal na caracterização dos modelos "acusatório/inquisitório" perdeu muito de sua utilidade,[82] ao menos do ponto de vista científico, ainda que se possam manter em aberto as visões ideológicas e referências históricas.[83] Mesmo que se pretenda transpor às tentativas de definição do sistema acusatório o ensinamento de Damaška quanto ao âmbito da dicotomia *adversarial-inquisitorial*, no sentido de restringi-la apenas à essência da antítese, pois somente seu aspecto nuclear apresentar-se-ia como razoavelmente seguro, ainda assim não haveria maior avanço no enfrentamento dos grandes problemas atuais do processo penal.

A essência da estrutura acusatória, identificada acima no ensinamento de Canotilho-Vital Moreira, já está mais que implantada na atual concepção processual penalista. As atuais garantias processuais do indivíduo com assento na Constituição como imparcialidade, contraditório, publicidade, livre valoração da prova, direito ao silêncio, presun-

---

[81] DIAS, Jorge de Figueiredo. Os princípios estruturantes do processo penal e a revisão de 1998 do Código de Processo Penal. *Revista Portuguesa de Ciência Criminal*, Coimbra, ano 8, fasc. 1, p. 199-213, jan./mar. 1998.

[82] BACHMAIER WINTER, Lorena. Acusatorio *versus* inquisitivo: reflexiones acerca del proceso penal. In: ——. (Coord.). *Proceso penal y sistemas acusatorios*. Madrid: Marcial Pons, 2008, p. 46.

[83] Concorda-se com a noção de que uma análise rigorosa do processo penal necessita partir da sua evolução histórica, e que essa é geralmente sintetizada como a história da alternância entre os modelos acusatório e inquisitório. Não é, no entanto, objeto deste estudo reconstruir a evolução histórica dos sistemas processuais penais.

ção de inocência, fazem com que o tradicional paradigma inquisitivo não seja, em nenhuma hipótese, uma opção possível.[84]

Seguindo-se para além do contorno restritivo nuclear acerca das distinções entre os sistemas acusatório e inquisitório, recai-se já nos riscos de embasar o estudo do processo penal em construções teóricas inconsistentes, não só porque, conforme mencionado acima, elabora-das convencionalmente, dependentes de juízos de valor circunstanciais a respeito dos elementos inerentes a cada um dos modelos, mas também por aparentemente desconsiderar que não existem representações puras dos dois sistemas. Na prática, até mesmo pela presença de princípios em tendencial oposição no processo penal,[85] um modelo sempre estará contaminado por valores ou postulados do outro sistema, pelo que se considera muito difícil encontrar-se na atual experiência jurídica concreta a realização de um dos dois paradigmas na sua pureza,[86] concebendo-se, de fato, sistemas mistos.

E aqui se utiliza a locução *sistemas mistos* não para indicar o sentido histórico da expressão, com referência à reforma napoleônica que previu uma fase investigativa regida pelo ideal inquisitório, seguida de um estágio posterior marcantemente acusatório. Na acepção ora pretendida, o termo "sistemas mistos" serve para indicar aqueles ordenamentos judiciários que possuem uma linha de tendência estrutural preponderante, mas atenuam esse arquétipo mediante a previsão de disposições derrogatórias derivadas do modelo oposto.[87]

De qualquer forma, está-se diante de problema inerente à persecução penal; conforme acurada síntese apresentada por Castanheira Neves, os princípios fundamentais do processo penal não formam um sistema de lógica coerência, no sentido de todos convergirem no mesmo sentido finalístico normativo, pelo contrário, concorrem muitas vezes em uma relação de contraposição, cabendo ao processo real buscar

---

[84] BACHMAIER WINTER, Lorena. Acusatorio versus inquisitivo: reflexiones acerca del proceso penal. In: ——. (Coord.). *Processo penal y sistemas acusatorios*. Madrid: Marcial Pons, 2008, p. 48, que acrescenta a desnecessidade, por isso, de importação acrítica de modelos estrangeiros de *adversary system*.

[85] Segundo Grevi, este permanece sendo o principal problema do legislador penal, tendo em vista o cruzamento entre a proteção das garantias individuais e a salvaguarda das exigências de defesa social. GREVI, Vittorio. *Alla ricerca di un processo penale "giusto", itinerari e prospettive*. Milano: Giuffrè, 2000.p. 4.

[86] UBERTIS, Giulio. *Principi di procedura penale europea*: le regole del giusto processo. Milano: Raffaello Cortina, 2000, p. 5.

[87] Nesse sentido, acertadamente, Ubertis refere que em quase todos os Estados estão reguladas diversas modalidades processuais, conforme o tipo ou a gravidade do delito, portanto não se trata tanto de sistemas nos quais se entrelaçam os caracteres de acusatoriedade ou de inquisitoriedade, mas sim de ordenamentos jurídicos que preveem uma multiplicidade de procedimentos *"a loro volta difformemente ispirati ai due schemi fondamentali"*. Idem, p. 5-6.

uma transação entre esses postulados orientadores das opções normativas fundamentais. A noção de que "cada um desses princípios será concretamente limitado pelos termos em que tiver sido reconhecido o princípio oposto" é fundamental para evitar o "erro de se pretender realizar qualquer um deles tal como o exigiria a sua admissão pura", que importaria em aceitá-lo plenamente e em todos os seus desenvolvimentos lógicos.[88]

O processo penal deve conjugar, além da defesa das garantias e liberdades, outros bens de residência constitucional, tais como a exigência de a jurisdição penal instrumentalizar a tutela normativa de bens jurídicos atribuída ao direito penal material;[89] ou ainda a funcionalidade instrumental da persecução penal, oriunda de uma necessidade de resposta minimamente eficaz à criminalidade, como reflexo de uma defesa individual projetada a partir dos deveres de proteção estatal.[90] Enfim, o sistema judiciário penal não tem unicamente a finalidade de garantir os direitos fundamentais dos acusados, mas também se move pelo propósito de fazer valer imposições de investigação e acertamento dos fatos supostamente delituosos, bem como a punição dos criminalmente responsáveis.[91]

Conforme sustenta Pulitanò, a questão é fundamental e leva ao reconhecimento da inserção do problema penal em um campo de tensão entre dois polos contrastantes: de um lado, as exigências de operatividade do sistema penal, ou "de efetivo funcionamento da tutela coercitiva dos direitos e interesses dos indivíduos e da sociedade";[92] do outro, imposições relacionadas ao asseguramento das liberdades individuais diante do poder coercitivo do Estado. O liberalismo de cunho garantista, assentado primordialmente na ideia de tutela do indivíduo diante do poder repressivo estatal, não esgota as finalidades e razão de ser da

---

[88] NEVES, A. Castanheira. *Sumários de processo criminal*: 1967-1968. Coimbra: [s.n.], 1968, p. 29-30.

[89] Ao contrário do direito material privado, o direito penal somente pode aplicar-se pelo exercício da jurisdição no processo penal, daí o brocardo: *"nulla poene sine judicio"*.

[90] Canotilho fala de deveres de garantia e de proteção do Estado, pois, da garantia constitucional de variados direitos, resulta o dever do Estado de adotar medidas positivas destinadas a protegê-los CANOTILHO, J. J. Gomes. *Direito constitucional e teoria da Constituição*. 4. ed. Coimbra: Almedina, 2000, p. 1246, 403.

[91] Mittermayer já referia na introdução da sua obra que os motivos que orientam o legislador em toda a organização do processo penal são: "1º, o interesse da sociedade, a necessidade de punição do criminoso, 2º, a protecção devida às liberdades individuais e civis, que poder-se-iam achar gravemente comprometidas pelo processo criminal; enfim, 3º, a necessidade de nunca punir-se um inocente." Cf. MITTERMAYER, C. J. A. *Tratado da prova em materia criminal*. 3. ed. Rio de Janeiro: Jacintho Ribeiro dos Santos, 1917, p. 18.

[92] PULITANÒ, Domenico. La giustizia penale alla prova del fuoco. *Rivista Italiana di Diritto e Procedura Penale*, Milano, ano 40, nova série, fasc. 1, p. 3-41, genn./mar. 1997.

justiça penal; ao menos não se levadas a sério as funções de prevenção e repressão dos crimes.

A experiência histórica e as pretensões vivas nas searas repressiva e de liberalismo demonstram que garantismo e eficácia repressiva[93] estão contínua e estruturalmente em equilíbrio precário, podendo-se mesmo visualizar um *"pendolarismo"* da legislação e da práxis processual ao refletirem historicamente a exigência de contemplar interesses em potencial conflito, combinando sucessivamente sucessos e excessos nessa tarefa;[94] constatação que muitas vezes passa pela perspectiva oposta de análise: aos defensores das garantias do indivíduo, há excesso de rigor; na visão do polo oposto, destaca-se uma incapacidade da justiça penal de funcionar em modo adequado. Desta forma, o que se discute não é a harmonização estável desses valores, mas a moderação possível em um quadro de constante oscilação, de modo a permitir abordagem crítica quanto às concretas iniciativas do legislador e da práxis no reforço de um ou outro dos polos, lançando a discussão ao campo principiológico e de propositura de alternativas ou correções.

A não ser que se parta de uma posição purista, no sentido de que se devem adotar na configuração do processo penal atual todos os elementos tradicionalmente vinculados a um dos sistemas, por conseguinte afastando-se, sem exceção, todos os caracteres do paradigma oposto, parece desde logo reduzir-se sobremaneira a importância de se embasar a análise da complexa configuração do processo penal na defesa do ideal "acusatório". Ademais, a partir da concepção advinda dos modernos estados constitucionais de direito, os ordenamentos jurídicos passaram a compreender princípios e valores oriundos do racionalismo iluminista, fazendo com que quase todas as garantias penais e processuais de liberdade e de certeza estejam consagradas não só nas constituições ocidentais, como princípios jurídicos fundamentais,[95] mas também em convênios internacionais e na ampla jurisprudência dos tribunais, tanto nacionais como internacionais.

Pode-se tentar alguma simplificação e considerar a existência de duas visões acerca do sistema acusatório na doutrina processual, uma

---

[93] Grevi sustenta que exigência de funcionalidade do processo é um valor decorrente diretamente do art. 112 da Constituição italiana (o qual afirma o princípio da obrigatoriedade da ação penal) e também de outros princípios constitucionais relativos ao exercício da jurisdição; GREVI, Vittorio. Il diritto al silenzio dell'imputato sul fatto proprio e sul fatto altrui. *Rivista Italiana di Diritto e Procedura Penale*, Milano, ano 41, nova série, fasc. 4, p. 1129-1150, ott./dic. 1998.

[94] PULITANÒ, Domenico. Op. cit., p. 19-20.

[95] Conforme Ferrajoli, que se refere ao fenômeno como um processo de positivação do direito natural; FERRAJOLI, Luigi. *Diritto e ragione*: teoria del garantismo penale. 8. ed. Bari: Laterza, 2004, p. 348-349.

delas que se pode dizer mais ampliativa, atribuindo ao ideal acusatório muitos dos princípios conformadores da evolução do processo penal, podendo citar-se, além da separação entre órgão acusador e julgador, o contraditório, ampla defesa, imparcialidade, oralidade, os quais estariam englobados ou seriam, de algum modo, projeções do ideal acusatório. Por outro lado haveria uma posição limitativa, restringindo seu conteúdo normativo à imposição da separação, não apenas formal, mas material, entre quem acusa e quem julga.

Respeitando-se as graduações na conformação da abrangência do sistema acusatório, tanto a concepção ampliativa como a restritiva não estão tecnicamente equivocadas, estão corretas; constatação essa que retira, ou, ao menos, reduz a importância do estudo da matéria tendo por norte ou premissa referencial a distinção entre acusatório – inquisitório.

Centrar o debate dogmático a respeito do processo penal em torno de modelos processuais cujas descrições de seus elementos identificadores não estão rigidamente definidas, e que ainda se modificam no decorrer da evolução histórica, e mesmo por convenções teórico-doutrinárias muitas vezes ao talante do teórico, parece não mais acrescentar em termos de soluções na direção de um processo penal justo e eficaz.[96] Conforme sinaliza Montero Aroca, a maior parte dos princípios e regras conformadoras do processo penal residem, pela elaboração de parcela da doutrina, imobilizados em torno da afirmação do princípio acusatório, levando a que este adquirisse tal força expansiva que passou a carecer de verdadeiro conteúdo específico; e ainda que se discorde de algumas das conclusões do autor espanhol, não há como deixar de assentir com a ideia por ele exposta como premissa no sentido de que ao paradigma acusatório falta precisão técnico-jurídica; nas suas palavras: *"lo acusatorio expresa sólo un eslogan político"*.[97]

---

[96] BACHMAIER WINTER, Lorena. Acusatorio versus inquisitivo: reflexiones acerca del proceso penal. In: ——. (Coord.). *Proceso penal y sistemas acusatorios*. Madrid: Marcial Pons, 2008, p. 47.

[97] MONTERO AROCA, Juan. Principio acusatorio y prueba en el proceso penal la inutilidad jurídica de un eslogan político. In: GÓMEZ COLOMER, Juan Luis (Coord.). *Prueba y proceso penal*: análisis especial de la prueba prohibida en el sistema español y en el derecho comparado. Valencia: Tirant lo Blanch, 2008, p. 64 *et seq.* Parece haver uma incoerência na construção doutrinária do autor, pois ele parte da premissa de que a expressão *"sistema acusatorio"* carece de conteúdo específico, pela sua exagerada expansão e pela *"gran confusión conceptual"*, que levou a que tudo de bom no processo se refira ao acusatório, e tudo de ruim se remeta ao inquisitivo; acrescentando: *"Estamos tratando, simplemente, de evidenciar que no todo puede quedar 'amalgamado' en un pretendido principio acusatorio... ni siquiera tiene sustantividad propria, en el sentido de que no sirve para configurar unproceso de modo individualizado, mucho menos podemos considerarlo como una 'amalgama de principios y de consecuencias jurídicas procesales penales"*. No entanto, no mesmo texto, o autor diz que o chamado processo acusatório é o verdadeiro e único processo, pois o denominado inquisitivo nunca foi processo, de modo que "processo acusatorio" é um pleonasmo, já que o qualificativo acusatório nada acresce à palavra processo, se esta for corretamente entendida. Ou seja, ao mesmo tempo

Relevante para se avançar no estudo do processo penal é partir de uma profunda compreensão de como se pode conceber o equilíbrio precário, na legislação e na prática, entre os interesses que convivem em potencial conflito na jurisdição penal, superando-se o reducionismo da dicotomia acusatório versus inquisitório. Este caminho já foi indicado expressamente pela normativa internacional que se ocupou de estabelecer os princípios reitores básicos da persecução penal. O artigo 14 do Pacto Internacional da ONU sobre os direitos civis e políticos de 1966 já havia dado o norte[98] ao prever o direito ao julgamento equitativo, ao que se agrega a previsão constante no artigo 6º da Convenção Europeia dos Direitos do Homem e das Liberdades Fundamentais a respeito do direito ao processo justo e equitativo.

Entre os motivos dos importantes avanços trazidos por essas legislações está o fato de terem de estabelecer o regramento dos limites nos quais se podem mover sistemas processuais de diferentes inspirações e matizes político-culturais, buscando como que um estatuto basilar ou de convergência em matéria de jurisdição penal a orientar ordenamentos de tradição de *common law* e de *civil law*. Para tanto, buscam superar a antítese "acusatório/inquisitório" e os esforços para definir esses dois sistemas,[99] optando conscientemente pela inserção no direito positivo da ideia do justo processo, do processo equitativo, ou do *due process* e *fair trial* na versão tradicional anglo-americana.[100]

À constatação da insuficiência e inadequação do critério embasado na antítese "inquisitório-acusatório", soma-se uma desaconselhável tomada de posição por um desses modelos no plano da normatização

---

em que o autor critica a expansão conferida à noção de sistema acusatório, acaba por equipará-la ao instituto do processo. Para vencer esta aparente contradição, ter-se-ia que entender que o autor restringiu o significado da expressão "sistema acusatorio" apenas aos seguintes termos: *"El llamado proceso acusatorio sí es un verdadero proceso, por cuanto en él existen realmente un juez tercero, independiente e imparcial y dos partes enfrentadas entre sí en pie de igualdad"*, afora isso é que recair-se-ia na mesma imprecisão conceitual criticada.

[98] Há quem veja as raízes da noção do *giusto processo* desde a previsão do art. 10 da Declaração Universal dos Direitos do Homem proclamada pelas Nações Unidas em 1948; cf. TROCKER, Nicolò. Il nuovo articolo 111 della costituzione e il 'giusto processo' in materia civile: profili generali. *Rivista Trimestrale di Diritto e Procedura Civile*, Milano, ano 55, n. 2, p. 381-410, giug. 2001.

[99] Admitindo-se que *"los conceptos jurídicos son útiles, sobre todo, si existe un consenso en cuanto a su significado"*, reduzem-se sobremaneira as vantagens de um estudo embasado na definição de acusatório, porquanto o termo é entendido desde vedação do acúmulo das funções de instruir, acusar e julgar, até como referência ao processo penal e todas as suas garantias; cf. BACHMAIER WINTER, Lorena. Acusatorio versus inquisitivo: reflexiones acerca del proceso penal. In: ——. (Coord.). *Proceso penal y sistemas acusatorios*. Madrid: Marcial Pons, 2008, p. 46.

[100] Segundo Canotilho: *"due process* equivale ao processo justo definido por lei para se dizer o direito no momento jurisdicional de aplicação de sanções criminais particularmente graves"; CANOTILHO, J. J. Gomes. *Direito constitucional e teoria da Constituição*. 4. ed. Coimbra: Almedina, 2000, p. 481.

supranacional, o que levou os documentos fundamentais a dar um passo adiante e exigir que a disciplina processual, *"non importa come classificata dalla dottrina, corrisponda ai requisiti di quello che viene denominato giusto processo"*.[101] Nesse sentido, a Convenção europeia não só consagrou o princípio do justo processo, como predispôs um sistema de tutela efetivo, atribuindo à Corte de Estrasburgo o controle sobre a observância dos caracteres fundamentais da tutela jurisdicional.

1.1.3.1. Breves considerações a respeito do justo processo

O fenômeno de afirmação dos princípios penais e processuais de liberdade e de certeza consagrados pela Ilustração e proclamados pelos Estados nas modernas Constituições democráticas, denominado por Ferrajoli como sendo um processo de positivação do direito natural,[102] encontra no exercício da jurisdição sua identificação pela fórmula do justo processo. Trata-se de uma matriz normativa que permite, nas palavras de Amodio, conjugar *"l'eredità storica dello ius naturale con le acquisizioni del moderno costituzionalismo"*,[103] uma fórmula na qual se reúnem os princípios explícitos e implícitos ditados pela Constituição nacional de maneira a ordenar o exercício da função jurisdicional.

Após o final da Segunda Grande Guerra e a constatação da insuficiência das teorias jusnaturalísticas tradicionais na proteção dos direitos e liberdades pessoais, reputando-se igualmente inepta a inserção dessas normas em códigos legislativos, as garantias processuais foram alçadas à Norma Fundamental e, desse modo, constitucionalmente protegidas como fundamentais e invioláveis, dotadas de força preceptiva concreta.[104] Mais que isso, e assentindo com Trocker, o fenômeno não se resume na constitucionalização, podendo-se mesmo falar de uma nítida opção cultural, uma tomada de posição ideológica que visa a consagrar de forma estável as *"idee-cardine"* da estrutura processual

---

[101] UBERTIS, Giulio. *Principi di procedura penale europea*: le regole del giusto processo. Milano: Raffaello Cortina, 2000, p. 7.

[102] FERRAJOLI, Luigi. *Diritto e ragione*: teoria del garantismo penale. 8. ed. Bari: Laterza, 2004, p. 349.

[103] AMODIO, Ennio. *Processo penale, diritto europeo e common law*: dal rito inquisitorio al giusto processo. Milão: Giuffrè, 2003, p. 134. O autor chama atenção aos riscos de se recair na banalização positivista de reputar o termo como mera retórica, na qual o adjetivo "justo" pouco acrescentaria ao substantivo "processo"; a fórmula explicita muito antes uma redescoberta do jusnaturalismo processual nos ordenamentos jurídicos europeus, revelando adesão a valores ético-políticos que se colocam acima da lei escrita.

[104] TROCKER, Nicolò. Il nuovo articolo 111 della costituzione e il 'giusto processo' in materia civile: profili generali. *Rivista Trimestrale di Diritto e Procedura Civile*, Milano, ano 55, n. 2, p. 381-410, giug. 2001.

como critérios de credibilidade e aceitação da atividade judicial,[105] portanto levando a uma assunção gradativa da própria estrutura processual moldada a partir da estrita observância dos princípios afirmados na Constituição.

A locução *justo processo* compreende uma série de princípios legitimantes da atividade jurisdicional, decorrentes do grau de civilidade jurídica alcançado a partir do racionalismo iluminista, e estampados como garantias fundamentais nos Estados constitucionais, e cuja observância prescinde da adoção de um modelo predefinido. Encontra-se em experiências de recentes legislações como que um compartilhamento de ideias de fundo em matéria de jurisdição, as quais levam a circunscrever o perímetro de elaboração possível de um sistema processual independentemente da matriz político-cultural ou ideológica na qual o ordenamento está inserido.[106]

Para além de considerações formais marcadas por uma ambiguidade conceitual, porque idealmente condicionadas e idealizadas, a noção do justo processo evidencia o problema da organização processual, da estrutura do processo tal como orientada a partir da realização dos princípios jurídicos consagrados constitucionalmente e que conferem legitimidade à atuação jurisdicional.[107] Trata-se de formulação expressiva de um modelo de processo que assenta sua legitimação não em estimas ou apreços técnico-abstratos, mas a partir de valores e normas constitucionalmente compartilhadas;[108] encaminhando-se na direção de concretizar as garantias relacionadas com a prestação jurisdicional.

Sob o ponto de vista da construção sistemática de um modelo de processo, a dificuldade não está tanto em identificar princípios isoladamente deduzíveis do texto constitucional em matéria de justiça penal; o problema maior está justamente em harmonizar ditos postulados, muitas vezes contrapostos, de modo a fixar os lindes nos quais pode atuar o legislador ordinário ao definir a fisionomia estrutural e o funcionamento do ordenamento judiciário.[109] A dinâmica processual

---

[105] TROCKER, Nicolò. Il nuovo articolo 111 della costituzione e il 'giusto processo' in materia civile: profili generali. *Rivista Trimestrale di Diritto e Procedura Civile*, Milano, ano 55, n. 2, p. 381-410, giug. 2001, p. 384.

[106] CARACENI, Lina. *Poteri d'ufficio in materia probatoria e imparzialità del giudice penale*. Milano: Giuffrè, 2007, p. 8-9.

[107] Segundo Trocker, que acrescenta: *"l'organizzazione del processo non si fonda, e non si può fondare, su elementi di pura forma, quasi si direbbe su un complesso di scenari destinati a dare una rappresentazione. Le strutture del processo traggono la loro legittimità, prima che dall'osservanza di un dato 'cerimoniale'"*. TROCKER, op. cit., p. 384.

[108] Idem, p. 385.

[109] GREVI, Vittorio. *Alla ricerca di un processo penale "giusto", itinerari e prospettive*. Milano: Giuffrè, 2000, p. 3-4.

penal deve concretizar as normas fundamentais de forma equilibrada, e, nesta tarefa, a noção do justo processo agrega ao partir da coordenação de um feixe de princípios básicos orientadores da atividade jurisdicional, sem engessar os estudos ou a conformação da estrutura do processo em torno de ideais ou modelos rígidos e predefinidos de acusatoriedade-inquisitoriedade.

O ponto de partida da análise atual deve ser o artigo 6º da Convenção Europeia para a proteção dos Direitos do Homem e das Liberdades Fundamentais de 04 de abril de 1950 (CEDH),[110] que se dedicou a afirmar o direito amplo de qualquer pessoa a um processo equitativo e justo, compreendendo no teor do preceito garantias de natureza processual direcionadas a assegurar os instrumentos jurídicos de salvaguarda dos direitos fundamentais,[111] as quais podem, sinteticamente, ser compreendidas na já tradicional expressão do devido processo legal.[112]

O dispositivo estabelece as garantias e exigências processuais mínimas de modo a que o sistema judiciário possa efetivamente proporcionar a adequada proteção dos direitos fundamentais, e o faz em dois níveis. No primeiro, de ordem genérica, afirma o direito de qualquer pessoa a que sua causa seja examinada por tribunal independente e imparcial, estabelecido por lei, em julgamento público, o qual deve ocorrer em prazo razoável; imposições essas aplicáveis a todo o processo de natureza civil ou penal. Em um segundo nível, reconhece uma série de garantias aos acusados em processo penal, dentre as quais a presunção de inocência, contraditório e direito de defesa.

Trata-se de exigências básicas impostas ao sistema judiciário, permitindo conformar um conceito global integrado por uma diversidade de elementos que se reportam ao processo com vista a aproximá-lo, o mais possível, da consecução de garantia de tutela dos direitos fundamentais e da efetivação de um processo justo; e diz-se de mera

---

[110] O preceito inspira-se nos artigos 10 e 11, § 1º, da Declaração Universal dos Direitos Humanos, cf. ARAGÜENA FANEGO, Coral. Primera aproximación al derecho a un proceso equitativo y a las exigencias contenidas en el artículo 6.1 CEDH; en particular, el derecho de acceso a un tribunal. In: GARCÍA ROCA, Javier; SANTOLAYA, Pablo (Coords.). *La Europa de los derechos: el Convenio Europeo de Derechos Humanos*. 2. ed. Madrid: Centro de Estudios Políticos y Constitucionales, 2009. p. 259-275.

[111] No âmbito dos Estados do continente Americano tem-se a Convenção Americana de Direitos Humanos de 1969, mais conhecida como Pacto de San José da Costa Rica, promulgada no direito interno do Brasil pelo Decreto nº 678, de 06.11.1992, com destaque para as garantias judiciais previstas no art. 8º.

[112] A esse respeito, abordando valores convergentes e peculiaridades da vertente do devido processo nos ordenamentos jurídicos europeus: AMODIO, Ennio. Giusto processo, procès équitable e fair trial: la riscoperta del giusnaturalismo processuale in Europa. *Rivista Italiana di Diritto e Procedura Penale*, Milano, ano 46, n. 1-2, p. 93-107, gen./giug. 2003.

aproximação intencionalmente, uma vez que não se trata de relação exaustiva.[113] O critério da Corte de Estrasburgo, na interpretação do artigo 6º da CEDH, é de valorar globalmente o *iter* procedimental, analisando todas as etapas e atos do procedimento a fim de verificar se, na situação específica, efetivou-se um processo equitativo.[114]

O núcleo essencial dos requisitos mínimos da ideia de jurisdição que emerge da CEDH e da sua interpretação conferida pelo tribunal europeu é constituído de um procedimento contraditório entre os interessados, em condições de igualdade, que se deve desenvolver publicamente, com razoável duração e perante tribunal independente e imparcial. O cerne do direito a que a causa seja ouvida de forma equitativa assenta-se em alguns princípios básicos da atividade judicial que conformam o conteúdo mínimo da exigência do justo processo, indicando a preocupação da Convenção europeia em não impor um modelo abstrato de julgamento.[115]

Essas garantias afirmadas na Convenção, no entanto, não exaurem a ideia de *due process of law*. Primeiramente, porque não se trata de elenco exaustivo, permitindo a possibilidade de individuar ulteriores garantias,[116] mas também porque, e talvez o avanço mais importante em relação ao modelo estanque e idealmente preconcebido, somente pela valoração do procedimento judiciário em seu conjunto[117] é que será possível determinar se, em um dado caso concreto, foi vulnerado o seu caráter equitativo.[118]

---

[113] *"ces garanties ne sont pas limitatives. Elles s'ajoutent à d'autres garanties qui découlent du principe du procès équitable formulé au paragraphe premier"*; cf. VELU, Jacques, ERGEC, Rusen. *La Convention Européenne des Droits de L'Homme*: extrait du Répertoire pratique du droit belge, complément. Bruxelles: Bruylant, 1990. t. 7, p. 336.

[114] ARAGÜENA FANEGO, op. cit., p. 262.

[115] CHIAVARIO, Mario. Os direitos do acusado e da vítima. In: DELMAS-MARTY, Mireille (Org.). *Processos penais da Europa*. Rio de Janeiro: Lumen Juris, 2005, p. 563-620.

[116] CARACENI, Lina. *Poteri d'ufficio in materia probatoria e imparzialità del giudice penale*. Milano: Giuffrè, 2007, p. 13.

[117] Aragüena Fanego refere que o núcleo central do art. 6º da CEDH, consistente na exigência do processo justo e equitativo, não vem definido no Convênio, por se tratar de *"un concepto global, integrado por una diversidad de elementos"*, por isso não se trata de noção *"absoluta ni monolítica, sino que se define en función de una cierta idea de justicia"*; e podem ter sido respeitados todos os direitos previstos no dispositivo e o processo não ser equitativo; ARAGÜENA FANEGO, op. cit., p. 261.

[118] Exemplifica-se com o caso Barberà Messegué y Jabardo vs. Espanha, STEDH 10590/83, de 06/12/1988, no qual o TEDH afirmou que o processo deve ser considerado na sua totalidade para se concluir pelo respeito à exigência do justo processo, § 89: *"the Court concludes that the proceedings in question, taken as a whole, did not satisfy the requirements of a fair and public hearing. Consequently, there was a violation of Article 6 par. 1 (art. 6-1)"*. No caso Wagner y J. M. W. L. contra Luxemburgo, STDH 76240/01, de 28/09/2007, a Corte reconheceu fazer parte do direito ao processo justo, embora não expressamente elencado no art. 6º da CEDH, a imposição de os tribunais fundamentarem suas decisões, § 90: *"The Court reaffirms, moreover, that while Article 6 § 1 obliges the courts to give*

A importância da individuação de requisitos básicos da jurisdição está em auxiliar na busca da superação de certo deságio operativo resultante das dificuldades de identificar concretamente os parâmetros de referência para a definição do *processo equo*; agregando na ideia de tornar a fórmula do justo processo imperativa para o exercício da jurisdição e núcleo referencial para a estruturação de um modelo constitucional de processo.[119] Assim, pode considerar-se que a noção do justo processo espelha, nos sistemas atuais do moderno constitucionalismo, conceitos tradicionais e incorporados principalmente em ordenamentos jurídicos anglo-saxônicos como são os casos do *fair trial* e do *due process of law*, com as vantagens da positivação e da enumeração das garantias que o compreendem de modo inequívoco.[120]

Tendo por referência a redação do artigo 6º da CEDH, é possível dizer-se que os princípios mínimos de configuração de um processo justo são a presença de julgador independente e imparcial, definido por lei, o qual profira decisão em prazo razoável, em julgamento contraditório e, de regra, público, respeitadas as garantias de presunção de inocência e inviolabilidade da defesa. Deixando de lado a tentativa de definir um modelo de processo a partir da antítese conceitual "acusatório/inquisitório", o critério utilizado a partir da afirmação de princípios mínimos certamente restringe as opções possíveis para o legislador, uma vez que nenhuma pessoa poderá sofrer prejuízo aos próprios interesses sem a efetiva celebração de um processo *equo*.[121]

Nesse norte, e diferentemente do que ocorre na Constituição portuguesa, que se limitou a afirmar a fórmula genérica do processo equitativo,[122] a Constituição italiana recebeu integralmente os conteúdos advindos da Convenção europeia em matéria de jurisdição, a partir da reforma introduzida pela Lei constitucional nº 2/1999, de reforma do art. 111 da Norma Fundamental para introduzir a fórmula do *giusto processo* e enunciar garantias mínimas que a compreendam. O dispositivo define que a jurisdição se realiza mediante o justo processo

---

reasons for their judgments, it cannot be understood as requiring a detailed answer to every argument put forward by the parties".

[119] DINACCI, Filippo Raffaele. *Giurisdizione penale e giusto processo verso nuovi equilibri*. Milano: Cedam, 2003, p. 6.

[120] Cf. AMODIO, Ennio. *Processo penale, diritto europeo e common law*: dal rito inquisitorio al giusto processo. Milão: Giuffrè, 2003, p. 132-134.

[121] UBERTIS, Giulio. *Principi di procedura penale europea*: le regole del giusto processo. Milano: Raffaello Cortina, 2000, p. 7-8.

[122] Art. 20º/4 da CRP: "Todos têm direito a que uma causa em que intervenham seja objeto de decisão em prazo razoável e mediante processo equitativo". Na Constituição brasileira, consta no inc. LIV do art. 5º: "ninguém será privado da liberdade ou de seus bens sem o devido processo legal".

Iniciativa Probatória de Ofício e o Direito ao Juiz Imparcial no Processo Penal

regulado pela lei, inserindo, na sequência, um conjunto de princípios mínimos cuja observância condiciona a validade da atuação jurisdicional e que podem, no geral, se reportar à disciplina constante na Convenção europeia, a qual ressoa.[123]

1.1.3.2. A importância da alteração de paradigma no estudo dos temas do processo

Foi exposto anteriormente que os ordenamentos jurídicos dos países ocidentais cujo direito esteja vinculado à norma fundamental, que tenham uma constituição democrática no vértice do sistema legislativo, não podem adotar um processo penal inquisitório; almejando-se manter a coerência no texto, é preciso considerar que tal afirmativa não permite maiores avanços no tema em análise. No entanto, a constatação não é de todo inútil, pois, mais do que prenunciar, é o primeiro passo no caminho relevante e indispensável no estudo crítico dos temas do processo penal, e que passa pela análise do conteúdo e, principalmente, da correlação entre as normas constitucionais incidentes na matéria.

Os maiores problemas na visualização de um paradigma de processo justo e equitativo não residem na identificação de princípios isoladamente afirmados na Constituição e nos textos internacionais de direitos humanos em matéria de justiça penal; a questão a exigir aprofundamento está na harmonização possível dos postulados orientadores da atividade jurisdicional de modo a traçar os parâmetros nos quais o legislador ordinário pode atuar ao definir a atividade do julgador, mesmo porque tais catálogos não são exaustivos. Às vantagens de partir da compreensão multifacetada da fórmula do justo processo devem-se agregar os desdobramentos dos princípios relevantes na matéria, abordando-se concretizações dos postulados normativos e a sua interação nas diversas etapas da dinâmica processual; somente trilhado esse caminho é que será possível encetar a tentativa de conformação de princípios que, tomados estática e isoladamente, podem levar a conclusões diversas no tema da iniciativa instrutória *ex officio judicis*.

Pelo desenvolvimento proposto, anseia-se o que parece conceitualmente inviável, embora sobremaneira almejado na prática, e que passa pela prevalência não somente de um valor ou um princípio, "*sino la*

---

[123] O *Code de procédure pénale* francês incorporou a fórmula do justo processo ou do *procès équitable*, com enunciação de garantias mínimas, mediante a Lei nº 2000-516, no entanto o fez como artigo preliminar do Código processual penal, dispositivo meramente programático e sem a força de norma constitucional.

salvaguardia de vários simultáneamente",[124] o que somente é possível admitindo-se uma dogmática jurídica "líquida" ou "fluida", a qual permita acomodar os elementos e valores do direito constitucional, ainda que sejam heterogêneos, não havendo mais como se pensar em solucionar os problemas da seara jurídica senão mediante uma relação de coexistência e integração. O modelo judicial positivado deve ter por referência a Constituição, mesmo porque, conforme expõe Silva Sánchez, nos sistemas do constitucionalismo moderno, a hipótese possível de impugnação de preceitos penais e persecutórios está na conclusão pela incompatibilidade constitucional dessas normas, seja por defeito, ou por excesso; sem a verificação de inconstitucionalidade, diz o autor: *"nos hallamos en el marco de la política criminal defendible,"*; ainda que não se considere razoável, não será passível de substancial impugnação.[125]

Os aspectos que compõem a noção do justo processo não se assentam em uma noção retórica e preconcebida da forma ideal e ideologizada do sistema judicial, não sendo possível se formular *a priori* uma ordem rigidamente abstrata como uma espécie de moldura a partir da qual se analisariam todos os problemas e reformas do processo penal, sob pena de se recair novamente no reducionismo das fórmulas acusatório-inquisitório. A incorporação de princípios morais do direito natural ao direito positivo nos Estados constitucionais modernos, se é verdade que trouxe inegáveis avanços na realização das garantias individuais, deve importar também em uma profunda alteração na mentalidade dos juristas e na forma de abordagem dogmática das questões jurídicas.[126]

Com efeito, a constitucionalização dos princípios processuais de justiça exige significativa mudança na postura dogmática dos intérpretes e aplicadores do direito também no âmbito da análise sobre a organização do procedimento judicial; a estrutura, as reformas e os temas relevantes do direito processual devem ser estudados a partir da Norma Fundamental e da interação entre os princípios e valores compartilhados constitucionalmente, inclusive, conforme adverte Trocker, permitindo o diálogo com a jurisprudência no terreno da legitimidade

---

[124] ZAGREBELSKY, Gustavo. *El derecho dúctil*: ley, derechos, justicia. 8. ed. Madrid: Trotta, 2008, p. 17.

[125] SILVA SÁNCHEZ, Jesus-María. *La expansión del derecho penal*: aspectos de la política criminal en las sociedades postindustriales. 2. ed., rev. y ampl. Madrid: Civitas, 2001, p. 118.

[126] É advertência de Zagrebelsky, que acrescenta: *"la idea del derecho que el actual Estado constitucional implica no ha entrado plenamente en el aire que respiran los juristas"*; ZAGREBELSKY, Gustavo. *El derecho dúctil*: ley, derechos, justicia. 8. ed. Madrid: Trotta, 2008, p. 10.

constitucional verificada em concreto.[127] Em particular, na seara penalística, é necessário evidenciar de que forma a jurisprudência se orienta a solucionar o conflito imanente entre indivíduo e autoridade, que se concreta no balanceamento do dever de garantir *"l'inquisito e nel contempo la difesa sociale"*.[128]

Eis o diferencial ou aprimoramento teórico advindo da alteração de paradigma ao se abordar os problemas do processo penal, em particular para o interesse da abordagem: o exercício de iniciativa probatória *ex officio*. O referencial teórico proposto a partir da ideia do justo processo permite não só desenvolver os princípios constitucionais da jurisdição a partir de sua inserção na dinâmica processual e na interação com outros princípios e valores constitucionais, mas, e exatamente por isso, alcançar resultados distintos e operativamente vantajosos em comparação com o referencial "acusatório-inquisitório".

E é exatamente no âmbito dessas considerações do justo processo que se deve inserir o tema dos poderes de ofício em matéria probatória no processo penal, primeiramente identificando-se os princípios e valores cardinais da ordem constitucional que podem sofrer ingerência pela outorga ou não ao julgador da atribuição de inserir provas no processo, para, em seguida, examinar a possibilidade de compatibilização no tema a partir da interseção de outros princípios envolvidos. A adequada valorização da Constituição não traz alternativa que não seja a de refletir sobre o concreto problema posto a partir das normas constitucionais relevantes na matéria.

Por um lado, não há dúvidas de que o direito ao juiz imparcial se insere na ampla previsão da garantia do direito a um processo equitativo: havendo dúvidas quanto à imparcialidade, certamente haverá desconfianças também em relação à própria equidade e justiça do procedimento.[129] Nesse contexto, releva ao tema dos poderes de ofício em matéria probatória o estudo sobre a imparcialidade judicial.

Conceder ao juiz penal a faculdade de deixar sua posição de passividade diante da instrução judicial desenvolvida pelos interessados, assumindo algum protagonismo na cena probatória mediante admissão

---

[127] TROCKER, Nicolò. Il nuovo articolo 111 della costituzione e il "giusto processo" in materia civile: profili generali. *Rivista Trimestrale di Diritto e Procedura Civile*, Milano, ano 55, n. 2, p. 381-410, giug. 2001.

[128] DINACCI, Filippo Raffaele. *Giurisdizione penale e giusto processo verso nuovi equilibri*. Milano: Cedam, 2003, p. 2.

[129] Nesse sentido, Danelius, que refere haver estreita ligação entre *"un processo equo"* e *"indipendenza ed imparzialità del tribunale"*; DANELIUS, Hans. L'indipendenza e l'imparzialità della giustizia alla luce della giurisprudenza della Corte Europea dei Diritti Dell'Uomo. *Rivista Internazionale dei diritti dell'uomo*, Milano, ano 5, n. 2, p. 443-452, mag./ago. 1992.

do exercício de iniciativa instrutória, ainda que restrita e condicionada, faz com que se coloque em discussão a questão da imparcialidade do julgador, uma vez que o impulso probatório *ex officio* pode significar a assunção prévia pelo julgador da veracidade de uma das versões sustentadas pelas partes, ou então a admissão de hipótese reconstrutiva do fato elaborada particularmente pelo decisor, podendo manifestar-se, em ambas as situações, pesquisa própria dos elementos de confirmação e ofensa do direito ao juiz imparcial.

Por outro lado, põe-se o problema da justiça da decisão, ou, ao menos, a pretensão a que a resposta jurisdicional seja justa, isto é, que se aproxime o mais possível da correção na interpretação e aplicação das normas de direito envolvidas, o que sempre dependerá, para além das exigências de conformidade da decisão às garantias constitucionais, que se proceda à adequada reconstrução fática sobre a qual se aplicará a lei, à busca da verdade mais provável.

Essa questão será objeto de aprofundamento no capítulo subsequente, por ora, tratando-se ainda do processo equitativo, cabe referir que a dimensão do justo processo tem a ver diretamente com a justiça de seu resultado,[130] o que importa na preocupação não de se assegurar a certeza ou verdade material da decisão, mas sim de eliminar fontes identificáveis de incerteza, que possam ser afastadas sem por em risco as demais garantias constitucionais incidentes na dinâmica probatória. Nesse sentido, o justo processo requer a atribuição de poder subsidiário de admissão *ex officio* de provas em relação ao esclarecimento dos fatos,[131] conforme será aprofundado posteriormente.

Prosseguindo na estrutura de desenvolvimento proposta, e tendo em conta a dedicação deste capítulo a enfrentar princípios da base argumentativa limitadora do poder aquisitivo do juiz em matéria probatória, passa-se no item seguinte a abordar o tema da imparcialidade judicial. Para tanto, e considerando que a garantia do justo processo ou do devido processo legal não tem como ponto de referência primário a tradição interna ou restrita a determinado ordenamento, tampouco afirma suas raízes na realidade jurídico-política nacional, sendo antes de tudo uma formulação supranacional e internacional, impõe-se levar em consideração as ideias de força e os impactos oriundos da jurisprudência da Corte de Estrasburgo, como juiz único europeu com jurisdição obrigatória para os Estados quanto à interpretação e aplicação da Convenção, conforme Protocolo n° 11, de 1° de novembro de 1998.

---

[130] CHIARLONI, Sergio. Giusto processo, garanzie processuali, giustizia della decisione. *Rivista Trimestrale di Diritto e Procedura Civile*, Milano, ano 62, n. 1, p. 129-152, mar. 2008.

[131] Idem, p. 145.

1.2. O DIREITO AO JUIZ IMPARCIAL

A exigência de independência e imparcialidade dos tribunais como condição inafastável ao exercício da prestação jurisdicional, para além de imposição presente em instrumentos legislativos supranacionais,[132] tornou-se um valor compartilhado de justiça oriundo de experiências comuns e que não são mais colocadas em discussão:[133] a jurisdição, para ser considerada como tal, deve ser atribuída a órgãos que não sejam dependentes de outros poderes, públicos ou privados, os quais devem ser exercidos por magistrados pessoas físicas que não ostentem quaisquer interesses na controvérsia, tampouco posição objetiva ou subjetiva *"tale da giustificare il sospetto di un loro pre-giudizio"*.[134]

Ainda que, aparentemente, no campo abstrato a afirmação do princípio da imparcialidade já tenha sido assimilada pelos ordenamentos jurídicos constitucionais de inspiração liberal, parece não surpreender que, nos planos da efetividade e controle, a garantia de imparcialidade ainda esteja muito longe de consenso tanto quanto à sua extensão como quanto aos efeitos concretos na dinâmica processual; daí dizer se constitua em modelo ideal que, do ponto de vista teórico não se pode prescindir, mas que, na prática, apresentam-se inumeráveis os fatores que podem refletir sobre dito princípio,[135] tornando sempre relevante e atual a pesquisa da matéria. Não é por acaso que se afirma ser a imparcialidade do juiz, ao lado da simplificação dos procedimentos, "dois lugares-comuns das tendências de reforma" da legislação processual penal na Europa.[136]

Conceder ao juiz penal a faculdade de deixar sua posição de passividade diante da instrução judicial desenvolvida pelos interessados, assumindo algum protagonismo na cena probatória mediante admissão do exercício de iniciativa instrutória de ofício, ainda que restrita e condicionada, faz com que se coloque em discussão a questão da im-

---

[132] Art. 10° da Declaração Universal dos Direitos Humanos; art. 6°, 1, da Convenção Europeia para a Proteção dos Direitos do Homem e das Liberdades Fundamentais; art. 8°, 1, da Convenção Americana de Direitos Humanos.

[133] A noção de que as causas se devem resolver exclusivamente com atenção ao ordenamento jurídico *"y según las exigencias de la justicia"* é uma das bases sobre a qual se assenta nossa civilização, fazendo parte do próprio conceito do pacto social; FERNÁNDEZ-VIAGAS BARTOLOMÉ, Plácido. *El juez imparcial*. Granada: Comares, 1997, p. 145.

[134] JUAN PATRONE, Ignazio. L'imparzialità difficile: appunti sulla giurisprudenza della Corte europea dei diritti dell'uomo. *Questione Giustizia*, Milano, n. 3, p. 413-425, 2001.

[135] FERNÁNDEZ-VIAGAS BARTOLOMÉ, Plácido. Op. cit.,.p. 145.

[136] RODRIGUES, Anabela Miranda. A fase preparatória do processo penal – tendências na Europa. O caso português. In: *Estudos em Homenagem ao Prof. Doutor Rogério Soares*. Coimbra: Coimbra, 2001, p. 941-961.

parcialidade do julgador, uma vez que o impulso probatório *ex officio* pode significar a assunção prévia pelo julgador da veracidade de uma das versões sustentadas pelas partes, ou então a admissão de hipótese reconstrutiva do fato elaborada particularmente pelo decisor, manifestando-se, em ambas as situações, pesquisa própria dos elementos de confirmação.

Calamandrei, ainda na primeira metade o século passado, teceu considerações a respeito do obstáculo de incompatibilidade psicológica na mistura das funções de acusar e julgar,[137] na mesma linha seguiu Liebman ao referir os riscos que o exercício da atividade probatória pode ter sobre a imparcialidade do julgador, sobretudo no momento de apreciar elemento de prova por ele próprio pesquisado;[138] mais recentemente retomou-se a mesma ideia ao se referir o risco de o julgador seguir na busca não tanto da verdade, mas de uma confirmação da sua improvável verdade.[139]

O princípio acusatório mantém relação não distante com a imparcialidade do julgador, podendo dizer-se, em última análise, que a exigência da separação das funções de acusar e julgar, enunciada pelo brocardo: *ne procedat iudex ex officio*, tem por finalidade garantir em todo o momento a imparcialidade do juiz.[140] Não fosse assim, o julgador delimitaria o âmbito da acusação e, na decisão, pronunciar-se-ia a respeito dos mesmos fatos por ele investigados.

A noção comum da imparcialidade aparece mais restrita à relação com as partes ou os interesses trazidos no litígio, ou seja, orienta a necessária desvinculação do juiz com a matéria e os sujeitos envolvidos no processo. O julgador não pode ter nenhum interesse, geral ou particular, no resultado do processo, devendo ostentar a condição institucional de terceiro em relação aos sujeitos da causa,[141] e de estranho com respeito aos interesses em discussão.[142]

---

[137] *"perchè nella scelta del tema vi è già la confessione di una preferenza"*. CALAMANDREI, Piero. Il giudice e lo storico. *Rivista di Diritto Processuale Civile*, Padova, v. 16, parte 1, p. 105-128, 1939.

[138] LIEBMAN, Enrico Tullio. Fondamento del principio dispositivo. *Rivista di diritto processuale*, Padova, n. 15, p. 551-565, 1960, que sustenta a necessária distinção psicológica entre *"i due compiti di ricerca e di decisione"*.

[139] GIAMBRUNO, Questioni in tema di prove nel nuovo processo penale,apud MARAFIOTI, Luca. L'art. 507 C.P.P. al vaglio delle Sezioni unite: un addio al processo accusatotio e all'imparzialità del giudice dibattimentale. *Rivista Italiana di Diritto e Procedura Penale*, Milano, ano 36, fasc. 2, p. 829-849, apr./giug. 1993.

[140] PICÓ I JUNOY, Joan. *El juez y la prueba*: estudio de la errónea recepción del brocardo *iudex iudicare debet secundum allegata et probata, non secundum conscientiam* y su repercusión actual. Barcelona: Bosch, 2007, p. 130.

[141] Montero Aroca considera que *"en toda actuación de derecho por la jurisdicción"* devem fazer-se presente duas partes parciais, que se enfrentam perante um terceiro imparcial titular da potestade

Vê-se que a preocupação de malferimento da imparcialidade advinda do exercício de poderes probatórios de ofício é de outra ordem, decorre de concepção mais ampla que remete à dinâmica processual e ao papel desempenhado pelas partes no processo, no sentido de o julgador não ter desempenhado preteritamente função ou postura que possam prejudicar sua isenção ao definir o mérito da demanda. Essa consideração induz a que se questione se o tema da imparcialidade do juiz exige tratamento idêntico a ambos os sistemas judiciais de *common law* e de *civil law*; ou se, pelo contrário, autoriza conferir algum relevo às diferentes idealizações de administração da justiça encontradas nos dois grandes modelos de processo.

A questão básica está em verificar se o sistema jurídico no qual o juiz está inserido consente formular concepções relativamente distintas quanto à exigência de manutenção da imparcialidade judicial, compreendendo-se esta não no sentido meramente estático da desvinculação abstrata do julgador com os interesses em conflito, o que não poderia ser cogitado a matizações. Mas sim na concepção da imparcialidade vista pela dinâmica processual penal, relacionando-se, deste modo, com a postura expectada do juiz diante do embate dialético desenvolvido pelas partes, centrada a análise na vertente objetiva das funções desempenhadas pelo julgador.

A importância da distinção feita no capítulo anterior a respeito dos modelos de *civil law* e de *common law*, afora as questões de ideologia e valores que guiam a conformação do sistema jurídico de administração da justiça e, portanto, as expectativas quanto à atividade do julgador na condução do processo judicial, está precisamente na diferente concepção da imparcialidade do juiz no processo penal, que terá contornos diversos conforme o sistema jurídico e as estruturas judiciais de que se esteja tratando, portanto a classificação não se esgota em mero interesse comparativo ou histórico.

Ainda que se concorde com a noção de que a iniciativa instrutória do juiz no processo penal deva ser aferida com base na noção de justo processo, ou melhor, a partir dos princípios que compõem essa concepção, certo é que ao menos o princípio da imparcialidade dependerá, na busca de alguma densificação e contornos do que se entende por juiz imparcial, da aferição do sistema no qual o juiz está inserido, mas em atenção não tanto às questões de ideologia inspiradora da forma de

---

jurisdicional; cf. MONTERO AROCA, Juan. *Principios del proceso penal*: una explicación basada en la razón. Valencia: Tirant lo Blanch, 1997, p. 87.

[142] Nesse sentido Ferrajoli, que chama de *terzietà* essa *"indifferenza o desinteresse personale rispetto agli interessi in conflitto"*, FERRAJOLI, Luigi. *Diritto e ragione*: teoria del garantismo penale. 8. ed. Bari: Laterza, 2004, p. 592 *et seq.*

concepção das estruturas do processo judicial, e sim à estrutura em si, concretizada. A questão da ideologia e valores ínsitos ao ordenamento possuem algum significado na noção de imparcialidade, mas certo é que juiz imparcial no seio de um procedimento estruturado perante um júri terá matização diversa do julgador imparcial nos sistemas que não adotam o tribunal popular, mas sim juízes profissionais. O desenvolvimento dessas considerações far-se-á na sequência.

1.2.1. As distintas concepções da garantia de imparcialidade nos sistemas de *civil law* e de *common law*

Tradicionalmente, o tema da imparcialidade judicial passa muito pela apreciação das atividades, relações ou posturas que retiram do juiz a necessária isenção para apreciar o caso em julgamento,[143] de modo que as considerações doutrinárias sobre o tema, a par dessa reflexão negativista, não costumam divergir substancialmente quanto à noção abstrata da imparcialidade, tal como esboçada por Goldschmidt, como sendo um princípio fundamental do processo que impõe: "colocar entre parênteses todas as considerações subjetivas do julgador", de modo que o móvel da decisão judicial "deva ser o desejo de dizer a verdade", de resolver o caso de forma justa e sob os parâmetros legais.[144] Trata-se de uma qualidade ou valor que busca inserir o julgador na melhor situação psicológica e anímica para formar objetivamente seu juízo na solução da controvérsia, ao menos apartado de estreitas vinculações com as partes ou com o objeto litigioso.[145]

Ao lado dessa concepção natural e subjetivística do princípio, que se poderia considerar universal e imutável, há, nos distintos sistemas jurídicos, regras próprias destinadas a assegurar sua operatividade, e que levam em consideração os caracteres do sistema jurisdicional e a estrutura concreta do procedimento, de modo que a alteração dessas regras de uma época para outra, de um país para outro, ou de ordem

---

[143] Ao menos a doutrina processualística, ao abordar o tema da imparcilidade, correlaciona-o com as causas de recusa ou abstenção do julgador, mesmo porque a legislação costuma estabelecer uma relação objetiva das situações em razão das quais o juiz converte-se em suspeito de parcialidade, sem questionar o ânimo do julgador em cada caso; cf. MONTERO AROCA, Juan. *Principios del proceso penal*: una explicación basada en la razón. Valencia: Tirant lo Blanch, 1997, p. 88.

[144] O autor esclarece que *"el principio de la imparcialidad conota una relación entre los móviles de una persona y un acto procesal (declaración o resolución)"*, de modo que não importa se a decisão seja justa ou legal, senão que o ato se inspire neste desejo, nesta *"recta intentio"*. Cf. GOLDSCHMIDT LANGE, Werner. *La imparcialidad como principio básico del proceso*: la "partialidad" y la parcialidad. Madrid: Instituto Español de Derecho Procesal, 1950, p. 28-30.

[145] PICÓ I JUNOY, Joan. *La imparcialidad judicial y sus garantías*: la abstención y la recusación. Barcelona: J. M. Bosch, 1998, p. 23.

judicial para outra, permite variação no resguardo e nos modelos jurídicos da imparcialidade.[146]

Os aspectos ideológicos e valores ínsitos ao ordenamento, assim como a moldura do procedimento judicial, possuem significado na noção de imparcialidade, podendo antecipar-se, por exemplo, que juiz imparcial no seio de um procedimento estruturado perante tribunal do júri terá matização diversa da noção de juiz imparcial nos sistemas que não adotam o tribunal popular. Sendo assim, ao se considerar que o exame da imparcialidade relevante no controle da atuação do juiz perante o método de formação da prova deve se dar pela perspectiva da dinâmica processual, o estudo acerca da iniciativa instrutória de ofício perante o direito ao juiz imparcial deverá necessariamente passar por alguma reflexão, ainda que resumida, das diferentes dinâmicas de processo penal de *civil law* e de *common law*.

1.2.1.1. A presença do júri na tradição de "common law" e sua ausência na tradição de "civil law"

Uma das variantes estruturais fundamentais que está na base das diferenças entre as dinâmicas processuais dos sistemas jurídicos de *common law* e de *civil law* centra-se na natureza de composição dos órgãos judicantes, sendo reconhecidamente marcante a influência que o instituto do júri tem nos países de *common law* na estruturação dos seus sistemas processuais.[147] O contrário já não sucede nos países de preponderante influência europeia continental, pode-se mesmo dizer que ocorre em sentido inverso, inserindo na reconhecida concepção do papel fundamental do júri[148] no desenvolvimento do sistema judicial

---

[146] ZYSMAN QUIRÓS, Diego. La garantía de imparcialidad. In: HENDLER, Edmundo S. (comp.). *Las garantías penales y procesales*: un enfoque histórico-comparado. Buenos Aires: Editores del Puerto, 2004, p. 339-359.

[147] Taruffo refere como toda a história do processo inglês, desde sua origem no século XII, é marcada pela presença do júri; assim como nos Estados Unidos enquanto colônia o júri foi considerado como fator de independência em relação ao direito de origem inglesa, o que em parte explicaria a concepção do *jury trial* entre as garantias constitucionais do cidadão americano. TARUFFO, Michele. I sistemi giudiziari nelle tradizioni giuridiche di civil law e di common law. In: OVALLE FAVELA, José (Coord.). *Administraciòn de justicia en Iberoamérica y sistemas judiciales comparados*. México: Universidad Nacional Autónoma de México, 2006, p. 446.

[148] Há mais de uma espécie de conformação dos tribunais compostos por juízes não togados, podendo-se enquadrar os juízes leigos em duas grandes categorias: aquela dos representantes do povo, como *"i giurati britannici o i giurati che seggono nelle corti d'assise francesi"*, e os representantes de estratos profissionais ou sociais para certas categorias de causas; cf. DANELIUS, Hans. L'indipendenza e l'imparzialità della giustizia alla luce della giurisprudenza della Corte Europea dei Diritti Dell'Uomo. *Rivista Internazionale dei diritti dell'uomo*, Milano, ano 5, n. 2, p. 443-452, mag./ago. 1992, p. 447. Deste modo, quando se alude a "júri" pretende-se fazer referência à natureza de composição dos órgãos judicantes enquanto gênero de cortes de julgamento compostas

anglo-saxônico, modo a completá-la pela contraface da determinância que o afastamento da cultura do júri teve na conformação da justiça nos países de *civil law*.[149]

Na Europa Continental, os órgãos jurisdicionais, regra geral, sustentam-se na presença de juízes profissionais, os quais são recrutados mediante detalhada avaliação prévia do conhecimento técnico-científico e da vida pública dos candidatos.

A concepção de justiça anglo-americana sustentada na ideia de que cabe a pessoas do próprio povo a solução das controvérsias, alçada mesmo a direito individual ao julgamento pelo tribunal do júri, fez com que, por exemplo, ideias como oralidade e concentração não decorressem de desenvolvimentos doutrinários ou projeções principiológicas, mas de simples necessidades práticas advindas do fato de os jurados, membros do tribunal de julgamento, serem cidadãos comuns da época, portanto leigos e, não raras vezes, com pouca ou nenhuma instrução, exigindo que o esclarecimento dos fatos em juízo estivesse menos em documentos e mais nos depoimentos orais de testemunhas.[150] A prova deveria ser toda ela produzida no mesmo dia, não só pela restrição já aludida quanto ao registro documental dos atos do *trial*, como também pelo fato de os integrantes do tribunal necessitarem regressar aos seus afazeres, muitas vezes em locais distantes de onde transcorreu o julgamento, não podendo ficar à disposição ou serem reconduzidos várias vezes.[151]

Ainda que, atualmente, nos países anglo-americanos não possam mais ser consideradas excepcionais as situações em que o procedimento judicial desenvolve-se inteiramente perante juiz togado, ausente recurso ao tribunal do povo mesmo em matéria fática, o júri continua a influenciar decisivamente a estrutura e o funcionamento dos julgamentos no sistema de *common law*, como se estivesse de fato presente no procedimento, chegando-se mesmo a dizer que o processo anglo-saxô-

---

preponderantemente de juízes não profissionais, a quem cabe definir a matéria fática posta em julgamento.

[149] Nesse sentido: *"la presenza di organi giudiziari composti da giudici professionali, esperti di diritto, ha condizionato non solo l'evoluzione storica, ma anche la situazione attuale degli ordinamenti processuali di civil law"*; cf. TARUFFO, op. cit., p. 452.

[150] MOREIRA, José Carlos Barbosa. Notas sobre alguns aspectos do processo (civil e penal) nos países anglo-saxônicos. Revista Forense, Rio de Janeiro, ano 94, v. 344, p. 95-110, out./dez. 1998. No mesmo sentido, Taruffo destaca que a solução da contenda deveria advir de imediato, logo após os jurados terem escutado todos os testemunhos, julgando somente com base no que haviam diretamente presenciado; cf. TARUFFO, op. cit., p. 447.

[151] A respeito das opções ao longo da história do processo penal entre *giudici-magistrati* e *giudici-cittadini* e sua vinculação com a estrutura dos ordenamentos judiciários, FERRAJOLI, Luigi. *Diritto e ragione*: teoria del garantismo penale. 8. ed. Bari: Laterza, 2004, p. 588.

nico desenvolve-se *"in the shadow of the jury"*:[152] como se o júri estivesse "moralmente" presente.[153] Essa constatação permite já antecipar o que será abordado na sequência a respeito do relevo que o fator do *trial by jury* possui na atuação esperada do juiz diante do desenrolar da controvérsia judicial.

1.2.1.1.1. Algumas variantes fundamentais decorrentes do "trial by jury"

Não deixa de ser consequência natural de modelo processual *adversary*, assentado historicamente sobre o tribunal do júri, a exigência de que o juiz se deva manter alheio e passivo diante da dialética processual, uma vez que o convencimento a respeito das questões de fato é problema único e exclusivo dos jurados e das partes: é a convicção dos membros do tribunal do povo que importa na matéria fática, portanto é a eles que as partes se devem dirigir e determinar suas estratégias de convencimento, e não ao magistrado. O juiz não só não é determinante sobre essas questões, como algum envolvimento seu, em maior ou menor medida, poderia significar interferência sobre a própria convicção dos jurados,[154] atentando assim à soberania do júri.

Ainda em relação à expressiva ascendência que a concepção do modelo *adversarial* possui na forma como o juiz participa da resolução do conflito de interesses trazido a juízo, há de se destacar a ausência de fundamentação das decisões proferidas no *jury trial*, decorrência não apenas, como se poderia pensar, de se estar diante de juízes sem formação profissional, mas antes pela própria função política do júri concebido, nesse sentido, como instrumento essencial da democracia do sistema: o próprio povo, mediante cidadãos escolhidos ao acaso, é quem decide os litígios, o que, por si só, confere legitimidade às decisões.[155]

---

[152] TARUFFO, op. cit., p. 447. Nesse sentido: *"In our day, jury trial continues to occupy its central place both in the formal law and in the mythology of the law"* LANGBEIN, John H. Torture and plea bargaining. In: MORAWETZ, Thomas (Ed.). *Criminal law.*Aldershot: Ashgate, 2001, p. 361-380. (The international library of essays in law & legal theory.Second series).

[153] JOLOWICZ, J. A. L'amministrazione della giustizia civile: Inghilterra e Galles. In: FAZZALARI, Elio (a cura di). *La giustizia civile nei paesi comunitari*. Padova: Cedam, 1994, p. 143-174.

[154] Díaz Cabiale destaca o aspecto psicológico de eventual iniciativa do juiz profissional: *"en un modelo procesal en el que quien va a decidir la cuestión fáctica es el jurado, alguien distinto al Juez o tribunal, no es posible pensar que éste se dedique a tratar de practicar actividad probatoria para influir en el resultado final, mas de que de manera práctica, de forma psicológica en cuanto que el jurado tendería de forma inexorable a dar mayor importancia a los aspectos que el órgano jurisdiccional pone de relieve ante él."* DÍAZ CABIALE. José Antonio. *Principios de aportación de parte y acusatorio*: la imparcialidad del juez. Granada: Colmares, 1996, p. 294.

[155] TARUFFO, op. cit., p. 448-449; o autor recorda a existência de decisões inglesas e americanas fundamentadas com profundidade, o que, de regra, resume-se a acórdãos da Suprema Corte em matéria de direito. De Feo refere a preponderância de motivações nas *appellate courts* relacionadas com a correção e validade das instruções do juiz ao corpo de jurados, limitando-se ao controle

A situação dos países cujo sistema jurídico é influenciado marcantemente pelo Direito de tradição civil possui contornos consideravelmente diversos; a motivação das decisões judiciais possui relevância fundamental não somente como forma de demonstrar a justiça da decisão, ou ao menos sua racionalidade, como também por permitir o controle, servindo inclusive como critério importante de apreciação da imparcialidade da decisão, portanto condiciona de forma decisiva a própria legitimidade do agir estatal na figura do juiz profissional.

Nos sistemas de *civil law*, a imposição de motivação das decisões judiciais está elevada à garantia constitucional em vários ordenamentos jurídicos, figurando mesmo como projeção do artigo 6º da CEDH;[156] a obrigação de motivar é umas das implicações da garantia ao processo equitativo.[157] Os juízes profissionais precisam explicitar a correta aplicação das normas e as razões pelas quais conferiram maior credibilidade a determinadas provas e argumentos em prol dos apresentados pela parte contrária.

1.2.1.1.2. O asseguramento da imparcialidade pelo "trial"[158] anglo-americano

As considerações acima, ainda que muito sintetizadas, possuem extrema relevância por permitirem introduzir a noção de que o problema da imparcialidade do juiz no sistema judiciário de *common law* deve ser todo ele resolvido na fase do *trial*, e somente nesta fase; isso porque tanto na nomeação dos juízes como na fase de julgamento não há, de regra, nenhum mecanismo de controle ou critério que agreguem na

---

da regularidade formal do procedimento, e raramente se ocupando de questões relativas à prova da culpabilidade do imputado; DE FEO, Michael. La fase dibattimentale. In: AMODIO, Ennio; BASSIOUNI, M. Cherif (a cura di). *Il processo negli Stati Uniti d'America*. Milano: Giuffrè, 1988, p. 181-201.

[156]ARAGÜENA FANEGO, Coral. Primera aproximación al derecho a un proceso equitativo y a las exigencias contenidas en el artículo 6.1 CEDH; en particular, el derecho de acceso a un tribunal. In: GARCÍA ROCA, Javier; SANTOLAYA, Pablo (Coords.). *La Europa de los derechos*: el Convenio Europeo de Derechos Humanos. 2. ed. Madrid: Centro de Estudios Políticos y Constitucionales, 2009.p. 263.

[157] O direito a um processo equitativo exige, em regra, que os julgamentos sejam motivados, no entanto a exigência de fundamentação *"doit s'accommoder des particularités de la procédure devant les cours d'assises où les jurés ne sont pas tenus de motiver leur conviction"*; cf. VELU, Jacques, ERGEC, Rusen. *La Convention Européenne des Droits de L'Homme*: extrait du Répertoire pratique du droit belge, complément. Bruxelles: Bruylant, 1990. t. 7, p. 419.

[158] Jolowicz chama atenção à ausência de tradução precisa deste termo em outras línguas, embora se costume traduzir como "processo" ou "dibattimento", cf. JOLOWICZ, J. A. L'amministrazione della giustizia civile: Inghilterra e Galles. In: FAZZALARI, Elio (a cura di). *La giustizia civile nei paesi comunitari*. Padova: Cedam, 1994.p. 145, nota de rodapé 11.

aferição da imparcialidade do magistrado, situação esta bem diversa da usualmente verificada nos países de *civil law*.

O ordenamento estadunidense,[159] na composição estrutural da sua justiça, parte de uma escolha consciente, e não ilegítima, de política: todos os juízes federais são eleitos e nomeados pelo Poder Executivo,[160] ou seja, pelo Presidente dos Estados Unidos, cabendo ao Senado examinar as propostas com direito a veto, poderes que raramente exerce.[161] Não existe uma verdadeira carreira burocrática no sistema da América do Norte, os magistrados podem passar de uma corte judicial a outra mais elevada, numa forma de ascensão funcional, também por indicação do Poder Executivo.

Nesse contexto de composição dos tribunais americanos, surgem questões pertinentes a respeito da independência e imparcialidade do juiz frente aos interesses dos representantes do Poder Executivo que o nomeou, às pressões dos centros do poder econômico – colaboradores em eleições majoritárias aos cargos do Executivo, bem como, nos casos de juízes eleitos, em face dos financiadores das campanhas eleitorais e dos interesses dos votantes.[162] Restringindo a análise ao que interessa no presente estudo, não se podem desmerecer os efeitos que essa forma de escolha terá sobre a elaboração posterior dos instrumentos

---

[159] No sistema Inglês, até recentemente, o Rei nomeava os juízes por indicação do *Lord Chancellor* de forma política e discricional. A situação mudou radicalmente nos últimos anos a partir da introdução do *Human Rights Bill* de 1998, mas principalmente com o *Constitutional Reform Act* de 2005. O ordenamento inglês direcionou-se no sentido dos princípios adotados na União Europeia. Não é mais um membro do Governo quem indica os juízes, e sim uma *Judicial Appointement Commission* (JAC), um órgão independente instaurado em 2006, que se ocupa da seleção de juízes com atenção a critérios preestabelecidos embasados no mérito. Houve uma aproximação com os critérios dos países continentais com vista a assegurar a independência. Cf. TARUFFO, Michele. La cultura de la imparcialidad en los países del common law y del derecho continental. *Estudios de Derecho Judicial*, Madrid, n. 151, p. 95-119, 2008, p. 102 *et seq*.

[160] O simples fato de a indicação dos membros de órgão judicante ser efetuada pelo executivo, por certo, não importa em qualquer motivo de comprometimento da independência, conforme, por exemplo, afirmado pela Corte Europeia dos Direitos do Homem, caso Campbell and Fell vs. The United Kingdom, STEDH nº 7819/77, 7878/77, de 28 de junho de 1984, § 79. Harris, O'Boyle e Warbrick chegam a afirmar que é normal a nomeação de juízes pelo executivo: *"As far as 'manner of appointment' is concerned, appointment by the executive is permissible, indeed normal"*; cf. HARRIS, D. J.; O'BOYLE, M.; WARBRICK, C. *Law of the European Convention on Human Rights*. Londres: Butterworths, 1995, p. 232.

[161] TARUFFO, Michele. La cultura de la imparcialidad en los países del common law y del derecho continental. *Estudios de Derecho Judicial*, Madrid, n. 151, p. 95-119, 2008, p. 99, que acrescenta que, nos Estados membros, o sistema, basicamente, é o mesmo, uma vez que o poder de escolha e designação é dos chefes do Poder Executivo de cada Estado: os Governadores. Nos níveis mais inferiores, ocorrem eleições dos juízes locais, com são os casos dos *prosecutors, sheriff*, etc.

[162] Taruffo, após descrever a forma de nomeação dos juízes americanos, conclui que: *"En un contexto de este tipo, es lícito poner en duda que el juez pueda ser realmente imparcial, en el sentido de ser inmune a influencias procedentes del poder político, de los lobbies económicos que condicionan el poder político y, en general, de la opinión pública. En otras palabras, es poco probable que realmente exista la independencia del juez como condición necesaria de su imparcialidad"*; Idem, p. 101.

judiciais e dos papéis atribuídos aos sujeitos processuais no desenrolar procedimental.[163]

A influência dessa forma originária de composição judicial vai, de algum modo, e não desconsiderável ou insignificante, refletir na conformação de um modelo de administração da justiça assentado precipuamente na atividade das partes.[164] Em uma provável representação do sintoma que Jiménez Asensio denominou de "racionalização da parcialidade",[165] o sistema judicial dos Estados Unidos intenta garantir a imparcialidade do juiz com respeito ao concreto litígio em causa, prevendo uma série analítica de hipóteses nas quais o julgador mesmo deverá se abster de atuar quando tenha conhecido previamente do caso em qualquer situação, ou ostente algum interesse que possa ser afetado pelo resultado do processo. Insere-se nessa mesma ordem asseguradora da isenção judicial no caso em julgamento a concessão ao juiz de papel menos atuante, mais passivo, na fase de julgamento, tratando-se também de um sintoma do modelo estrutural da justiça americana.

Agregando essas considerações com a já mencionada ausência de motivação nos julgamentos anglo-americanos, esclarece-se por que nos países de processo judicial influenciado pelo sistema de *common law*, a questão da imparcialidade do julgador deve ser resolvida quase que integralmente no *trial*, mediante uma estruturação do procedimento assentada na concessão a representantes do povo do poder soberano de decidir as questões fáticas e jurídicas, apartando, por conseguinte, o juiz de maiores interferências na matéria de prova e na direção dos rumos do procedimento, não só para restringir a possibilidade de influenciar na consciência dos jurados, como também pela referida racionalização de sua tendencial parcialidade decorrente da forma de indicação.

1.2.1.2. As preocupações de "civil law" tendentemente direcionadas à nomeação dos julgadores e à técnica de decisão

O método de recrutamento dos juízes nos países de orientação europeia continental é, no geral, feito mediante detalhada avaliação

---

[163] Referindo a importância das modalidades de recrutamento e da forma de estrura da carreira do corpo judiciário como *"indice dell'indipendenza"* e *"apprendimento delle prescrizioni di ruolo"*; REBUFFA, Giorgio. *La funzione giudiziaria*: lezione introduttive. 2. ed. Torino: G. Giappichelli, 1988, p. 41 *et seq.*

[164] Rebuffa esboça a relação existente entre as técnicas de escolha apoiadas na nomeação ou na eleição direta e a estrutura processual *adversary* e, portanto, à existência do júri, cf. REBUFFA. Idem, p. 53.

[165] JIMÉNEZ ASENSIO, Rafael. *Imparcialidad judicialy derecho al juez imparcial*. Elcano: Aranzadi, 2002, p. 62.

prévia do conhecimento técnico-científico e da vida pública dos candidatos.[166] A seleção dos juízes, assente em concursos públicos, muitas vezes seguidos de cursos de formação profissional, destina-se a afastar interferências externas sobre o processo de nomeação dos magistrados,[167] refletindo uma preocupação de garantir a independência como condição necessária da imparcialidade na carreira judicial e da pessoa mesma do juiz.[168]

Apartam-se, por pressuposto, os critérios políticos de nomeação do magistrado,[169] além do que, e talvez a característica mais importante sobre o objeto de reflexão centrado na imparcialidade: mantêm-se os julgadores em uma estrutura institucionalizada desde o início até o final de suas carreiras judiciais,[170] afastando-os, ao menos, da política partidária, e impondo um estatuto funcional no mais das vezes prenhe de restrições a atuações em grupos econômicos, sindicatos, associações com ou sem fins lucrativos, cargos públicos; além de, por óbvio, coarctar a liberdade de manifestação pública e de opinião dos juízes.

Também é íntima a essa preocupação a respeito da conformidade do quadro profissional da judicatura a qualificação profissional dos julgadores frente à matéria jurídica que irão conhecer e decidir, referindo-se aqui aos aspectos técnico-jurídicos envolvidos nos conflitos que, no mais das vezes, exigirão qualificada preparação, forte conteúdo ético e grande senso de responsabilidade das funções desempenhadas.[171]

---

[166] Ferrajoli refere como desde a reforma setecentista, consolidada pela legislação napoleônica, prevaleceu na Europa continental a escolha pelos *giudici-magistrati*; cf. FERRAJOLI, Luigi. *Diritto e ragione*: teoria del garantismo penale. 8. ed. Bari: Laterza, 2004, p. 590.

[167] TARUFFO, Michele. La cultura de la imparcialidad en los países del common law y del derecho continental. *Estudios de Derecho Judicial*, Madrid, n. 151, p. 95-119, 2008, p. 104-105.

[168] A relação entre a forma de nomeação dos membros de um órgão judicial e a preservação da independência dos tribunais é mencionado pelo Tribunal Europeu dos Direitos do Homem, por exemplo, no caso Bryan vs. Reino Unido, STEDH 19178/91 de 22.11.1995, § 37.

[169] A opção entre juízes eleitos, nomeados politicamente ou mediante concurso, também reflete diretamente sobre os modelos de responsabilidade judiciária, uma vez que, em relação aos dois primeiros modelos, prevalece a responsabilidade política perante as maiorias, direta no primeiro caso, e indireta no segundo, o que não se verifica na escolha por concurso, cf. FERRAJOLI, Luigi. *Diritto e ragione*: teoria del garantismo penale. 8. ed. Bari: Laterza, 2004, p. 609 *et seq.* Claro que não significa irresponsabilidade, uma vez que os juízes respondem, em geral, ao menos por abuso de poder e prevaricação, além das fiscalizações disciplinares; cf. HOMEM, António Pedro Barbas. O perfil do juiz na tradição ocidental. In: *O perfil do juiz na tradição ocidental*: seminário internacional organizado pelo Instituto de História do Direito e do Pensamento Político, e Conselho Superior da Magistratura. Coimbra: Almedina, 2009, p. 53-70.

[170] Larenz relaciona a nomeação do juiz em caráter vitalício com as regras de direito asseguradoras da imparcialidade, no"sentido de dejar libre al juez de cualquier influencia de arriba"; LARENZ, Karl. *Derecho justo*: fundamentos de etica juridica. Madrid: Civitas, 1985, p. 182.

[171] JIMÉNEZ ASENSIO, Rafael. *Imparcialidad judicialy derecho al juez imparcial*. Elcano: Aranzadi, 2002, p. 61.

De alguma forma, esse valor do profissionalismo judicial insere-se também na preocupação dos sistemas de *civil law* em configurar na origem um quadro judicial no qual se possa presumir a independência dos seus membros como condição essencial da imparcialidade.[172] Soma-se a isso a criação de órgãos que detêm a função também de controlar os processos de seleção de juízes para o ingresso na carreira e de acompanhar as progressões funcionais, fazendo com que o desempenho da vida profissional esteja da mesma forma tutelado quanto a interferências externas na autonomia judicial.[173]

1.2.1.3. O influxo das dinâmicas adversarial-inquisitorial na manutenção da imparcialidade do julgador no desenrolar do procedimento judicial

O exposto até então serve para sustentar a ideia de base no sentido de que a atuação imparcial expectada do julgador frente à dialética desenvolvida pelas partes em juízo depende antes de se correlacionar o juiz com o contexto processual característico de ordenamentos jurídicos anglo-saxônicos ou romano-germânicos. Tentar responder à indagação a respeito da função legítima de ser desenvolvida pelo juiz no processo penal[174] de modo a não prejudicar sua imparcialidade, questão proposta no início, dependerá do cenário diante do qual o juiz se movimenta,[175] ou seja, da estrutura processual na qual o magistrado está inserido.

---

[172] *"La présence de magistrats professionnels au sein de l'organe en question est une marque de son indépendance [...] Il n'est, cependant, pas requis que l'organe soit exclusivement composé de magistrats"*; cf. VELU, Jacques, ERGEC, Rusen. *La Convention Européenne des Droits de L'Homme*: extrait du Répertoire pratique du droit belge, complément. Bruxelles: Bruylant, 1990. t. 7, p. 454. No entanto: *"Lo esencial es que los miembros gocen de un estatuto legal o constitucional que los preserve de eventuales presiones externas"*; cf. GARCÍA ROCA, Javier; VIDAL ZAPATERO, José Miguel. El derecho a un tribunal Independiente e Imparcial (art. 6.1): una garantía concreta y de mínimos antes que una regla de la justicia. In: GARCÍA ROCA, Javier; SANTOLAYA, Pablo (Coord.). *La Europa de los derechos*: el Convenio Europeo de Derechos Humanos. 2. ed. Madrid: Centro de Estudios Políticos y Constitucionales, 2009, p. 365-407. No mesmo sentido: DANELIUS, Hans. L'indipendenza e l'imparzialità della giustizia alla luce della giurisprudenza della Corte Europea dei Diritti Dell'Uomo. *Rivista Internazionale dei diritti dell'uomo*, Milano, ano 5, n. 2, p. 443-452, mag./ago. 1992, p. 447.

[173] Não se pode, por certo, desconsiderar que cada vez mais *"nas sociedades modernas, fragmentadas, multiétnicas, multiculturales y globalizadas, las situaciones en las que el juez puede verse condicionado pueden ser muchas otras y mucho más numerosas que las que los legisladores han previsto ahora"*. Cf. TARUFFO, Michele. La cultura de la imparcialidad en los países del *common law* y del derecho continental. *Estudios de Derecho Judicial*, Madrid, n. 151, p. 95-119, 2008, p. 107. Tampouco os cuidados na seleção e evolução profissional dos juízes inibirão todas as influências de diversos fatores sobre a atividade judicial.

[174] Aqui o termo processo refere-se à denominada fase de julgamento no modelo processual português, ou ao *trial* dos anglo-americanos.

[175] TARUFFO, op. cit., p. 459.

Iniciativa Probatória de Ofício e o Direito ao Juiz Imparcial no Processo Penal

Tendo em vista o que foi mencionado quanto aos dois grandes modelos processuais ocidentais, no que refere aos países influenciados pelo sistema de *common law*, a iniciativa processual é legada às partes, restando ao juiz um papel de evidente passividade, tendo por principal função controlar a disputa processual entre os contendores para que o procedimento se desenvolva em atenção às regras processuais. Taruffo refere que: "*Il giudice dell'adversarial system tende in realtà a formulare la sua decisione sulla base dell'attività processuale svolta dalle parti, sostanzialmente scegliendo la soluzione della controversia proposta da una di esse*".[176]

Por outro lado, o juiz inserido em países de marcante influência europeia continental tende a atuar de forma mais ativa no procedimento,[177] pelos motivos já referidos, e também pelo fato de não estar em jogo no processo de *civil law* tão somente a definição da contenda: a justiça da decisão a ser proferida ostenta aspecto relevante e que está para além do exercício persuasório desenvolvido pelos interessados. Se é que se possa pretender resumir o substrato dessa ideia diferenciadora em uma frase, poder-se-ia dizer que o critério de justiça nos países de *common law* assenta-se, precipuamente, na correção do procedimento;[178] enquanto a justiça do julgamento nos países de *civil law* decorre, primordialmente, da correção da resposta jurisdicional, tema que será retomado no capítulo seguinte.

O contraste intencionalmente conciso entre os dois modelos, conquanto íntimo à imprecisão, permite se busque o que se pretende, que é aclarar a distinção quanto à postura idealizada do juiz imparcial no âmbito do esquema processual *adversarial*, que pressupõe sempre preservar seu substrato assentado na livre disputa entre os contendentes, única forma de não serem afetados os incentivos à própria competição e, mais importante, de não se colocar em suspeita "*the impartiality of the conflict resolver*".[179] O contrário disso, e a partir da premissa de que

---

[176] TARUFFO, op. cit., p. 460.

[177] Illuminati refere que, embora o processo penal italiano inspire-se nas regras do princípio acusatório, está muito apartado das exigências do processo *adversary*, no qual a passividade do julgador é um pressuposto essencial, cf. ILLUMINATI, Giulio. El sistema acusatorio en Italia. In: BACHMAIER WINTER, Lorena (Coord.). *Processo penal y sistemas acusatorios*. Madrid: Marcial Pons, 2008, p. 135-160.

[178] "A legitimidade pelo procedimento e pela igualdade das probabilidades de obter decisões satisfatórias substitui os antigos fundamentos jusnaturalistas ou os métodos variáveis de estabelecimento do consenso"; cf. LUHMANN, Niklas. *Legitimação pelo procedimento*. Brasília: Universidade de Brasília, 1980, p. 31 *et seq*. Mais adiante, ao relacionar a importância da imparcialidade com a força impulsionadora do procedimento oriunda da imprevisibilidade, o autor refere que nos procedimentos ingleses alcança-se essa intenção pela regra de que o juiz aparece no *trial* "totalmente não preparado e todos os detalhes têm de lhe ser comunicados verbalmente".

[179] DAMAŠKA, Mirjan R. *The faces of justice and state authority*: a comparative approach to the legal process. New Haven: Yale University, 1986, p. 102.

o processo anglo-americano é moldado a fazer prevalecer a posição da parte mais hábil, que se tornará vencedora da competição, sem que se almeje a realização de algum valor independente deste, qualquer interferência do juiz indicaria que tomou partido do perdedor, daí a quase imposição de juiz espectador.

1.2.2. Reflexos da dicotomia sobre o controle da incompatibilidade de funções judiciais no processo

As diferentes concepções até então esboçadas a respeito da forma de compreender o processo judicial possuem determinante influência sobre a atuação esperada do juiz face à discussão jurídica desenvolvida no processo, sobretudo no esclarecimento do *thema decidendum* e na composição do substrato fático sobre o qual deverá recair a decisão da causa, por isso terão reflexos também sobre o controle da compatibilidade das atividades do juiz no processo.

Provavelmente, o maior impulso nas reflexões sobre a relação direta entre manutenção da imparcialidade judicial e as funções desempenhadas pelo julgador ao longo de todo o procedimento tenha sido dado pelo Tribunal Europeu dos Direitos do Homem ao inserir, na consciência da dogmática ocidental, e, por consequência, nos estudos sobre o tema, a concepção qualitativamente distinta entre imparcialidade subjetiva e imparcialidade objetiva.

O artigo 6º, 1, da CEDH reconhece a toda a pessoa um direito frente às Partes Contratantes, o qual está compreendido na ampla garantia a um processo equitativo: direito a que o tribunal que julgue sua causa seja imparcial.[180] A jurisprudência da Corte Europeia de Proteção dos Direitos Humanos trouxe não só reforço à noção da imparcialidade também como direito subjetivo que, deste modo, pode ser singularmente reclamado pelo cidadão mediante instrumentos próprios, como também colaborou no refinamento deste controle, e por consequência, na sua efetividade ao estruturar sua doutrina a partir da distinção entre o significado subjetivo e o objetivo da imparcialidade judicial. Atualmente, qualquer estudo que se proponha sobre independência e imparcialidade do juiz deve fazer referência e reflexionar sobre a jurisprudência do TEDH no tema.[181]

---

[180] MONTERO AROCA, Juan. *Proceso (civil y penal) y garantía*: el proceso como garantía de libertad y de responsabilidad. Valencia: Tirant lo Blanch, 2006, p. 659.

[181] Mesmo autores que contestam as ideias do TEDH, debruçam-se sobre elas ao tratar da imparcialidade judicial, conforme se verifica, por exemplo, na obra de Montero Aroca, que refuta a distinção entre controle objetivo e subjetivo da imparcialidade: *"esta concepción descansa en un*

A análise da ampla variedade dos casos provenientes de diversos ordenamentos jurídicos nos quais a Corte de Estrasburgo vem há décadas apreciando com detalhes a observância do direito ao julgamento por tribunal imparcial não levará a certezas absolutas ou soluções prontas, tampouco permitirá elaborar-se conceito unitário de juiz imparcial;[182] portanto, o que se busca é prosseguir na análise do exercício de substancialização da imparcialidade, destacando os elementos considerados fundamentais a partir da ampla jurisprudência do TEDH na matéria: referencial básico para "fundar-se uma teoria das fontes da imparcialidade".[183] De qualquer forma, entende-se que o assunto se deve manter sempre presente na pauta das preocupações dos juristas, de modo a que permaneça continuadamente vivo e latente o valor da imparcialidade nos julgamentos: somente por isso a reflexão desenvolvida neste item já se justificaria.

1.2.2.1. As ideias de força firmadas pelo TEDH em matéria de imparcialidade judicial

Passa-se adiante de questões meramente teórico-conceituais no tema do direito ao juiz imparcial, a partir da consideração de que as maiores dificuldades não estão propriamente na elaboração de definições na matéria, mas sim no esforço de estabelecer os parâmetros entre o que é e o que não é tolerável em termos de manutenção da imparcialidade judicial; mais difícil é traçar uma linha limítrofe entre uma conduta que viola a exigência ao tribunal isento e o comportamento aceitável.[184] Talvez por isso a construção jurisprudencial do Tribunal europeu esteja mais afeta ao controle em concreto de eventuais violações, concebendo uma doutrina demasiado apegada ao caso real, efetivo.[185]

De qualquer modo, conforme sinalizado por Jiménez Asensio é possível extrair-se do conjunto de decisões, em decorrência da consis-

---

error de partida evidente", no entanto dedica ao menos um capítulo da sua obra para refletir sobre os posicionamentos do TEDH em matéria de imparcialidade judicial; cf. Montero Aroca. Ibidem, p. 659 *et seq.*

[182] JUAN PATRONE, Ignazio. L'imparzialità difficile: appunti sulla giurisprudenza della Corte europea dei diritti dell'uomo. *Questione Giustizia*, Milano, n. 3, p. 413-425, 2001.

[183] LOPES, José António Mouraz. *A tutela da imparcialidade endoprocessual no processo penal português.* Coimbra: Coimbra, 2005, p. 81.

[184] CHIAVARIO, Mario. Diritto ad un processo equo. In: BARTOLE, Sergio; CONFORTI Benedetto; RAIMONDI, Guido (Coord.). Commentario alla convenzione europea per la tutela dei diritti dell'uomo e delle liberta fondamentali. Pádua: Cedam, 2001, p. 181.

[185] JIMÉNEZ ASENSIO, Rafael. *Imparcialidad judicialy derecho al juez imparcial.* Elcano: Aranzadi, 2002, p. 185.

tência tanto quantitativa como qualitativa da jurisprudência no tema, algumas linhas de força da elaboração interpretativa feita pelo TEDH a respeito da noção de imparcialidade judicial.[186]

Às três ideias-força cunhadas pelo autor espanhol com base nos entendimentos exarados pelo Tribunal europeu, García Roca e Vidal Zapatero incluem uma mais e concebem na jurisprudência da Corte europeia quatro pautas orientadoras básicas a respeito do direito ao juiz imparcial, assim resumidas: a) a imparcialidade judicial tem duas dimensões: uma subjetiva e outra objetiva; b) as aparências são importantes para valorar se um tribunal é imparcial; c) a resposta sobre se existe violação à imposição de imparcialidade não pode se dar senão mediante análise das peculiaridades do caso concreto; d) rejeita-se uma interpretação restritiva da imparcialidade.[187]

Os autores buscam, assim, expor de forma resumida e ordenada a linha doutrinária que a Corte de Estrasburgo elaborou progressivamente no momento de apreciar os distintos assuntos em que se questiona a imparcialidade do julgador, nortes esses que se vão reproduzindo sucessivamente nos posicionamentos posteriores com algumas graduações que não impedem se apresente o panorama teórico nessa reflexão sobre as quatro linhas-força. Na sequência do estudo, partir-se-á dessa orientação sistematizada pelos autores citados com base na linha interpretativa do Tribunal europeu.

1.2.2.1.1. A dupla dimensão da imparcialidade judicial e a teoria das aparências

O TEDH inseriu na consciência da dogmática ocidental, e, por consequência, nos estudos sobre o tema, a concepção qualitativamente distinta entre imparcialidade subjetiva e imparcialidade objetiva, relacionando a primeira, grosso modo, à consciência ou predisposição subjetiva do julgador em relação aos sujeitos processuais e ao interesse em litígio; e a segunda, sinteticamente, à ideia de que ao julgador não basta ser imparcial, deve parecer sê-lo no processo, sob pena de, ausente essa aparência, ou seja, emanando desconfianças de parcialidade tanto às partes como ao meio social, ver-se colocada em discussão a

---

[186] JIMÉNEZ ASENSIO, op. cit. p. 185.

[187] GARCÍA ROCA, Javier; VIDAL ZAPATERO, José Miguel. El derecho a un tribunal Independiente e Imparcial (art. 6.1): una garantía concreta y de mínimos antes que una regla de la justicia. In: GARCÍA ROCA, Javier; SANTOLAYA, Pablo (Coords.). *La Europa de los derechos: el Convenio Europeo de Derechos Humanos*. 2. ed. Madrid: Centro de Estudios Políticos y Constitucionales, 2009. p. 378.

própria legitimidade do Poder Judiciário como órgão estatal de solução dos conflitos.

O maior campo de pesquisa oriundo da análise dos julgados do TEDH está na aferição da imparcialidade pelo significado do controle objetivo, no qual se deve valorá-la, muitas vezes, diante da fisiológica presença no procedimento de diversas situações nas quais o juiz atua ou deve assumir uma valoração ou decisão, ainda que preliminar, mas suscetível de gerar questionamento quanto ao julgamento final. Na verificação subjetiva, os defeitos de isenção parecem mais notáveis, até mesmo encontrando mais facilmente solução nas normas positivas internas de abstenção e recusação de juiz comprometido subjetivamente,[188] além do que, segundo os juízes de Estrasburgo, no viés subjetivo a imparcialidade presume-se, cabendo à parte que reclama o reconhecimento da parcialidade do magistrado demonstrá-la.[189]

1.2.2.1.2. *"Justice must not only be done; it must also be seen to be done"*

No caso Delcourt contra Bélgica, de 17 de janeiro de 1970,[190] o cidadão belga Emile Delcourt, condenado definitivamente pela Justiça belga pelo cometimento de vários delitos, apresenta reclamação à Comissão Europeia dos Direitos do Homem com base na alegação de que a presença de um membro do Ministério Público na audiência de deliberação privada do Tribunal de Cassação belga consistiria violação do direito a um processo justo nos termos do art. 6º, 1, da Convenção, mais precisamente em face da ofensa ao princípio da paridade de armas entre as partes.

O TEDH, apesar de recusar a reclamação, entre outras questões, pelo fato de o procurador do Ministério Público com atuação no Tribunal de Cassação não ser propriamente parte contrária em relação ao acusado, desempenhando meras funções fiscalizatórias e opinativas quanto à observância da legislação, por isso mesmo função não acusadora, tece algumas ressalvas sobre a lei belga.

Interessa propriamente chamar atenção à ideia condutora introduzida pela Corte nesse caso no sentido de que não basta fazer justiça,

---

[188] JUAN PATRONE, Ignazio. L'imparzialità difficile: appunti sulla giurisprudenza della Corte europea dei diritti dell'uomo. *Questione Giustizia*, Milano, n. 3, p. 413-425, 2001, p. 417.

[189] ZANON, Nicolò; BIONDI, Francesca. *Diritto costituzionale dell'ordine giudiziario*: status e funzioni dei magistrati alla luce dei principi e della giurisprudenza costituzionali. Milano: Giuffrè, 2002, p. 92.

[190] Reclamação n. 2.689/65, julgado em 17.01.1970.

deve parecer que se faz, de modo que as aparências também têm importância na análise da situação e permitem levantar questionamentos sobre o sistema em vigor na Bélgica, que prevê a presença de membro do Ministério Público na deliberação em privado do colégio recursal decisório.[191] Foi a primeira oportunidade em que a Corte de Estrasburgo relacionou o tema do direito a um julgamento justo por tribunal imparcial com a importância que a aparência possui na confiança dos cidadãos na justiça.

1.2.2.1.3. Teste objetivo de imparcialidade

Em 1º de outubro de 1982, o TEDH apreciou o caso Piersack contra Bélgica,[192] decorrente da condenação do cidadão Christian Piersack pelo cometimento do crime de homicídio, o qual compareceu perante a Corte sustentando violação da garantia prevista no artigo 6º, 1, da Convenção, na parte em que assegura julgamento equitativo por tribunal imparcial, pelo fato de o membro do Ministério Público que atuou na fase de inquérito ter exercido posteriormente a função de juiz no processo no qual redundou em condenação do reclamante.

O TEDH pela primeira vez explicitou a doutrina da dimensão dupla da imparcialidade ao referir que, além da aferição subjetiva, assentada na verificação da convicção pessoal do julgador em dado caso concreto, impõe-se, igualmente, abordagem objetiva consistente em averiguar se o juiz ofereceu garantias suficientes para excluir qualquer dúvida legítima a respeito de sua imparcialidade. A Corte, assim, referiu a importância das aparências na matéria da imparcialidade e relacionou-as diretamente com o teste objetivo de imparcialidade, citando o caso Delcourt e reafirmando a confiança que os tribunais devem inspirar na sociedade em geral: "todo o juiz em relação ao qual possa haver razões legítimas para duvidar de sua imparcialidade deve abster-se de conhecer o caso; o que está em jogo é a confiança que os tribunais devem inspirar".[193]

O Tribunal asseverou que a imparcialidade subjetiva do juiz é presumida enquanto não se demonstre o contrário; no entanto, tendo em conta o exame objetivo relacionado à confiança necessária nos

---

[191] No § 31 da decisão tem-se: "As considerações feitas não devem ser subestimadas. Levando-se em conta o adágio *justice must not only be done; it must also be seen to be done*', as considerações permitem dúvidas sobre o caráter satisfatório do sistema em disputa".

[192] STEDH nº 8692/79.

[193] A tradução é livre, no original lê-se *"any judge in respect of whom there is a legitimate reason to fear a lack of impartiality must withdraw. What is at stake is the confidence which the courts must inspire in the public in a democratic society"*.

tribunais, levando-se em consideração não mais enfoque pessoal do julgador, mas critério de caráter orgânico, no qual relevam questões funcionais e de organização interna, considerou que "se alguém, após atuar em um processo como membro do Ministério Público e, posteriormente, assuma o caso na condição de juiz, os cidadãos têm o direito de temer que não ofereça as garantias suficientes de imparcialidade".[194] Em razão da violação à imparcialidade objetiva, o TEDH concluiu pela infração ao art. 6°, 1, da Convenção.

1.2.2.1.4. Análise caso a caso: o juízo concreto de imparcialidade

A linha interpretativa do TEDH sobre o tema da imparcialidade desenvolve-se com base nas conclusões até então mencionadas a respeito do duplo teste de imparcialidade; nomeadamente em relação à abordagem objetiva, que consiste em verificar se o julgador apresentou garantias suficientes para excluir qualquer dúvida a respeito de sua isenção, tendo mesmo as aparências importância nessa verificação, pois o que está em jogo é a confiança que os Tribunais devem inspirar na sociedade e no indivíduo imputado. Deste modo, o ponto de vista do acusado é importante, mas não pode ser considerado decisivo, é determinante verificar se o temor levantado pode considerar-se objetivamente justificado pelas circunstâncias específicas da situação concreta, o que, portanto, exige aferição caso a caso.[195]

A reclamação n° 10.486/83[196] envolve pedido de Mogens Hauschildt contra a Dinamarca, na qual o cidadão dinamarquês, condenado definitivamente pelo cometimento de delito de fraude e outros crimes fiscais, alegou violação do artigo 6°, 1, da Convenção. O reclamante sustentou não lhe ter sido assegurado o direito ao justo processo mediante tribunal imparcial, tendo em vista que o juiz condutor do julgamento em primeiro grau, bem como os membros do tribunal superior dinamarquês que apreciaram o recurso, tomaram, antes e durante o processo, inúmeras decisões a respeito de sua prisão cautelar, além de outras diligências investigativas e processuais de relevância envolvendo o acusado, tendo, por essas razões, perdido a confiança na imparcialidade dos julgadores.

---

[194] No julgado consta: *"If an individual, after holding in the public prosecutor's department an office whose nature is such that he may have to deal with a given matter in the course of his duties, subsequently sits in the same case as a judge, the public are entitled to fear that he does not offer sufficient guarantees of impartiality".*

[195] GARCÍA ROCA, op. cit., p. 383.

[196] Julgada em 24 de maio de 1989.

O reclamante sustentou perante a Comissão, basicamente, a circunstância de, ainda na fase prévia investigativa, os juízes da condenação já se terem debruçado por diversas oportunidades sobre a situação fática descrita na acusação ao apreciarem prisões processuais e medidas investigativas, fazendo com que já tivessem formado juízo prévio sobre a acusação, além de essa circunstância ter ensejado dúvidas legítimas no acusado acerca da imparcialidade objetiva desses julgadores ao apreciarem o mérito da acusação.

No julgado perante a Corte europeia, ficou esclarecido, inicialmente, que as funções investigativas na Dinamarca estão a cargo do Ministério Público e da autoridade policial, sendo que a atuação do juiz na fase pré-processual não é a de instruir o procedimento ou apreciar se o acusado deve ou não ir a julgamento, mas apenas decidir questões que necessitem de pronunciamento jurisdicional. Essa distinção é importante e será retomada na sequência; por ora, serve para demonstrar que a situação não se confunde com aquela retratada no caso Piersack, por não se tratar de juiz de instrução acumulando sucessivamente as funções de julgador; tanto que o Tribunal inicia por afirmar que, *a priori*, o simples fato de o juiz que presidiu o julgamento ter proferido decisões nas fases anteriores, inclusive decretando prisão preventiva em fase pré-processual, não é por si só motivo suficiente para justificar temores de ausência de imparcialidade.[197]

No entanto, e é isso que se pretende fique destacado na presente abordagem descritiva desta linha interpretativa do TEDH, circunstâncias específicas presentes no caso concreto podem levar a que a desconfiança alegada pelo acusado na imparcialidade do julgador esteja justificada. Apenas a verificação caso a caso, de forma analítica e circunstanciada, permitirá concluir se a dúvida aludida pelo réu apresenta-se fundamentada pelas circunstâncias; o ponto de vista do acusado é importante, mas não é o elemento decisivo na análise acerca da imparcialidade objetiva, há que se aferirem as peculiaridades da situação trazida a julgamento.

No caso Hauschildt, os juízes de Estrasburgo consideraram legitimamente razoáveis as dúvidas levantadas acerca da imparcialidade objetiva, tendo em vista a circunstância de o juiz responsável pelo julgamento ter, por diversas vezes, em momento anterior ao exame de mérito, proferido juízos de valor sobre a situação da prisão do acusado, além de ter apreciado outras medidas processuais ao longo das fases

---

[197] No original: *"In the Court's view, therefore, the mere fact that a trial judge or an appeal judge, in a system like the Danish, has also made pre-trial decisions in the case, including those concerning detention on remand, cannot be held as in itself justifying fears as to his impartiality"*.

investigativa e processual. O TEDH levou ainda em consideração peculiaridade do sistema legal dinamarquês, no sentido de exigir do juiz um elevado grau de clareza quanto à questão da culpa do imputado ao analisar os pressupostos para decretação da prisão preventiva, fazendo com que a diferença normalmente existente entre a matéria que o juiz tem de apreciar na imposição de medida cautelar detentiva e no julgamento, neste caso, seja demasiado tênue.[198] Concluiu pela violação do artigo 6º, 1, da Convenção por estarem justificados objetivamente, nas circunstâncias específicas e pelas peculiaridades do caso concreto, os temores quanto à imparcialidade do tribunal.

Com base nessa ideia adotada pela Corte europeia, o fato de um juiz ter conhecido previamente de determinado assunto e proferido decisão sobre alguma situação relacionada ao caso não é suficiente, por si só, para afetar sua imparcialidade; necessário será a apreciação detida de qual há sido a intensidade e a natureza dessa intervenção, modo a apreciar se efetivamente o grau da atuação judicial anterior tem influência sobre a sua imparcialidade.[199] Apenas deste modo, mediante análise caso a caso, poder-se-á "fixar analiticamente quais são as atividades cujo concurso prévio por parte do juiz afetam seu futuro juízo, e quais, pelo contrário, não representam prejuízo ou condicionamento da futura resolução".[200]

1.2.2.1.5. Interpretação extensiva

O Tribunal Europeu dos Direitos do Homem, após referir que o controle sobre violação da imparcialidade não se poderia resumir a uma análise abstrata da situação ou da legislação interna aplicável, sendo necessária abordagem atenta aos elementos envolvidos no caso, de forma concreta, sustentou que, nessa apreciação, as conclusões não se devem guiar por interpretação restritiva do artigo 6º, 1, da Convenção,

---

[198] Lê-se na decisão: *"This wording has been officially explained as meaning that the judge has to be convinced that there is "a very high degree of clarity" as to the question of guilt (see paragraphs 34-35 above). Thus the difference between the issue the judge has to settle when applying this section and the issue he will have to settle when giving judgment at the trial becomes tenuous"*.

[199] Na reclamação 12.981/87, Sainte-Marie contra França, julgada em 16.12.1992, envolvendo também participação no julgamento de juízes que se haviam pronunciado anteriormente sobre a prisão provisória do acusado, o TEDH fez referência ao caso Hauschildt e concluiu que somente condições específicas do caso concreto é que poderiam ensejar dúvida quanto à imparcialidade de juiz que havia se manifestado sobre prisão cautelar: *"the mere fact that such a judge has already taken pre-trial decisions in the case, including decisions relating to detention on remand, cannot in itself justify fears as to his impartiality. Only special circumstances may warrant a different conclusion, as they did in the Hauschildt case"*.

[200] JIMÉNEZ ASENSIO, Rafael. *Imparcialidad judicialy derecho al juez imparcial*. Elcano: Aranzadi, 2002, p. 199.

94　　　　　　　　　　　　　　　　　　　　　　*Frederico Valdez Pereira*

mormente no que se refere à observância do princípio fundamental da imparcialidade dos tribunais, pois tal não estaria em consonância com o objeto e finalidade da norma asseguradora do direito ao justo processo, nem com o papel decisivo que essa garantia possui em uma sociedade democrática.[201]

A concepção afirmada, portanto, foi a de que não cabem interpretações restritivas em matéria de imparcialidade judicial, o que não deixa de ser resultante da transcendência que a garantia do processo justo ostenta no sistema da CEDH,[202] e de como a imparcialidade é elemento fundamental na efetivação de um processo equitativo. De qualquer modo, a ideia de que se impõe uma interpretação extensiva no controle concreto do direito ao juiz imparcial será retomada mais adiante quando da análise crítica acerca da evolução do posicionamento do TEDH, mormente no seu liame com as aparências e a confiança do jurisdicionado na imparcialidade do juiz, pelo que se retoma em parte o tema na sequência.

1.2.2.2. Os ganhos na efetividade do controle da imparcialidade oriundos da jurisprudência do TEDH

Conforme referido anteriormente, a construção teórica elaborada pela Corte europeia a respeito das duas dimensões da imparcialidade dos tribunais, impondo assim que o teste se dê com base em dois âmbitos distintos de controle: um subjetivo e outro objetivo, foi dos mais sensíveis avanços no controle sobre o direito ao juiz imparcial, e tal não se deu apenas pelo maior desenvolvimento dos enfoques de controle mediante a sistematização das formas pelas quais a atividade judicial pode ver-se atingida na sua isenção. A grande evolução no resguardo efetivo da imparcialidade decorreu da circunstância de que os critérios de apreciação não dependem mais de uma análise sobre a pessoa, as convicções ou o aspecto interno do julgador: o juízo de valor afasta-se de subjetivismos que no mais das vezes poderiam ser entendidos como depreciação ou demérito profissional.

Mesmo autores que tecem críticas à construção do TEDH, considerando-a artificiosa e desarrazoada,[203] reconhecem que o plano objetivo

---

[201] § 30 da decisão no Caso De Cubber contra Bélgica (nº 9186/80)

[202] JIMÉNEZ ASENSIO, op. cit., p. 188.

[203] Nesse sentido: *"Pese a la autoridad del órgano judicial del cual emana dicha distinción, entendemos que la misma resulta incorrecta en la medida en que la imparcialidad judicial hace referencia a la consideración del juez como sujeto ajeno a lo discutido en un proceso y a las partes litigantes, por lo que su imparcialidad o parcialidad es siempre subjetiva"*; Cf. PICÓ I JUNOY, Joan. *La imparcialidad judicial y sus garantías: la abstención y la recusación.* Barcelona: J. M. Bosch, 1998, p. 51. Em sentido análogo MONTERO

de avaliação é mais cômodo, portanto tendencialmente mais eficaz na garantia da imparcialidade, tendo em vista que a invocação da imparcialidade subjetiva, muitas vezes, pode ser considerada como afronta à dignidade judicial,[204] de modo que a possível justificação real desta distinção possa decorrer da intenção de conduzir a maioria das questões suscitadas a uma análise sobre o aspecto objetivo, afastando considerações sobre a atuação pessoal ou profissional, e imputando as falhas de imparcialidade à estrutura judicial e organização dos procedimentos judiciais.[205]

A impressão de que a objetivação no controle introduzida pelo Tribunal europeu tem raízes na ideia de fuga do campo relativamente delicado da apreciação subjetivista: "o qual toca o foro interno da pessoa e configura imputação de certa gravidade do ponto de vista das regras deontológicas",[206] parece reforçar-se a partir das reiteradas afirmações da Corte no sentido de que, ao se realizar o teste sob o enfoque subjetivo, presume-se a imparcialidade do julgador enquanto não houver prova em contrário.

De qualquer forma, não parece difícil assentir com a ideia de que o direito ao juiz imparcial concebido sob a dupla dimensão, tal como elaborado pela Corte Europeia dos Direitos do Homem, agrega na tutela da exigência de imparcialidade, tanto por afastar a necessidade de comprovação de convicções pessoais do julgador no caso concreto, como pelo fato de apartar o tema de delicadas ponderações, ou imputações, sobre possível tendenciosidade do magistrado.

Por outro lado, o controle objetivo não é de todo artificial; há aspectos nesse controle relacionados mesmo com as funções desempenhadas pelo juiz, ou com a organização judiciária, as quais podem ter reflexo sobre a isenção no julgamento, sem que se tenha de passar para uma difícil apreciação dos critérios subjetivos internos do julgador, ainda que abstraído qualquer aspecto pejorativo que daí possa advir; a depuração no controle parece realmente importante avanço no trato da matéria, pelo que se entende pertinente. As ponderações que se fazem

---

AROCA, Juan. *Principios del proceso penal*: una explicación basada en la razón. Valencia: Tirant lo Blanch, 1997, p. 87 *et seq.*

[204] Massa refere que a pior acusação que pode ser feita a um magistrado é a de ser faccioso; cf. MASSA, Teresa. L'indipendenza e l'imparzialità del magistrato e le contraddizioni di Strasburgo. *Questione Giustizia*, Milano, v. 21, n. 1, p. 189-202, 2002.

[205] JIMÉNEZ ASENSIO, Rafael. *Imparcialidad judicialy derecho al juez imparcial*. Elcano: Aranzadi, 2002, p. 199.

[206] CHIAVARIO, Mario. Diritto ad un processo equo. In: BARTOLE, Sergio; CONFORTI Benedetto; RAIMONDI, Guido (Coords.). *Commentario alla convenzione europea per la tutela dei diritti dell'uomo e delle liberta fondamentali*. Pádua: Cedam, 2001, p. 153-248.

de forma mais desenvolvida na sequência é de que não haveria necessidade de agregar fundamentações com base na aparência de imparcialidade, ou de confiança dos jurisdicionados, para embasar uma aferição da imparcialidade pelo aspecto objetivo.

1.2.3. Considerações parciais a respeito da jurisprudência do TEDH perante as diferentes dinâmicas do processo penal

Umas das grandes colaborações do Tribunal europeu na densificação do direito ao juiz imparcial no âmbito do processo penal[207] está no seu esforço em determinar até que ponto a imparcialidade judicial é atingida como consequência de o julgador haver desempenhado anteriormente ao processo algumas atividades de instrução preliminar; ou de ter tido contato antecedente com o caso, quer pronunciando-se sobre prisão cautelar, quer a respeito de outra diligência investigativa que importasse restrição aos direitos do acusado; ou ainda pelo fato de haver ocupado determinado cargo que lhe tivesse proporcionado contato com o objeto litigioso em outra condição pregressa ao julgamento. Diz-se que se trata de apreciação objetiva da imparcialidade porque relacionada às funções exercidas e à organização interna do aparato judicial no qual o magistrado está inserido,[208] levando em conta considerações de caráter funcional ou orgânico,[209] portanto de aferição empírica, independentemente de questionamento sobre convicções pessoais, ideológicas, ou relações subjetivas do juiz.

O exercício de outras funções processuais ou manifestações preliminares no curso do procedimento deve sempre levar, primeiro e antes de tudo, ao próprio julgador a uma preocupação com a manutenção da imparcialidade, no sentido de aferir se o grau e natureza da atuação precedente não levam a que se ponha em risco sua isenção no momento de apreciar o mérito da causa. Não é, contudo, uma definição que se possa esgotar *a priori*, ou em tese; a dinâmica processual permite um sem número de casos nos quais terá ocorrido algum tipo de atuação, valoração ou pronunciamento do juiz antes da apreciação final do mérito da causa, e seria irrazoável imaginar que em todos essas situações

---

[207] Embora se constate que algumas das ideias expostas acerca da imparcialidade no TEDH advenham da apreciação de causas de natureza não criminal, não há dúvida da imbricação do tema e de muitas soluções comuns nas diversas searas.

[208] *"However, it is not possible for the Court to confine itself to a purely subjective test; account must also be taken of considerations relating to the functions exercised and to internal organization (the objective approach)"*; caso De Cubber contra Bélgica (n° 9.186/80, item 26).

[209] VELU, Jacques, ERGEC, Rusen. *La Convention Européenne des Droits de L'Homme*: extrait du Répertoire pratique du droit belge, complément. Bruxelles: Bruylant, 1990. t. 7, p. 459.

Iniciativa Probatória de Ofício e o Direito ao Juiz Imparcial no Processo Penal

os órgãos jurisdicionais deveriam alterar suas composições, substituindo o juiz constante e sucessivamente, o que parece mesmo *"poco compatibile con il rispetto del termine ragionevole"*.[210]

No entanto, na evolução de sua doutrina sobre o tema, o TEDH estabeleceu inicialmente uma relação muito próxima entre a apreciação das circunstâncias mencionadas no parágrafo anterior e a consideração que se deve conferir às aparências no momento de avaliar até que ponto está preservada a imparcialidade judicial; e o fez com base na ideia de que todo juiz em relação ao qual possa haver razões legítimas para duvidar de sua imparcialidade deve abster-se de julgar o caso, pois o que estaria em questão é própria a confiança que os tribunais devem inspirar nos cidadãos em uma sociedade democrática.[211]

Essa noção da confiança na imparcialidade dos tribunais veio imbricada com as apreciações e temores (aparência) que a pessoa do acusado pudesse ter sobre quem lhe vai julgar: se as aparências são importantes, se a confiança na justiça também o é, isso é consequência da preeminência que tem a garantia do juiz imparcial na noção de juízo justo e equitativo, o que deve impedir alguma interpretação restritiva do direito à imparcialidade judicial.[212]

O maior problema desse posicionamento inicial do TEDH estava em conferir demasiado valor às apreciações pessoais que o acusado pudesse ter acerca da imparcialidade do julgador,[213] e, mais que isso, relacionando essas apreciações com a aparência de imparcialidade como elemento importante na apreciação da violação do direito ao juiz imparcial. Assim, o que era para ser um juízo objetivo de imparcialidade (centrado nos fatos, funções e estrutura a que o julgador tivesse desempenhado ou feito parte – funções e organização interna) passou a ser ameaçado por sobrevalorização do aspecto subjetivo da confiança do jurisdicionado no juiz do caso, maximizado a partir da relevância dada à aparência nesse aspecto. Com base nesse quadro inicial, quase se pode considerar que a análise subjetiva da imparcialidade que se pretendia superar não fez mais do que passar do foro interno do juiz para o da pessoa julgada.

---

[210] CHIAVARIO, op. cit., p. 187.

[211] Nesse sentido, p. ex., o já citado § 26 do caso De Cubber vs. Bélgica.

[212] JIMÉNEZ, op. cit., p. 188.

[213] No caso De Cubber contra Bélgica consta a seguinte afirmação no § 26: *"What is at stake is the confidence which the courts in a democratic society must inspire in the public and above all, as far as criminal proceedings are concerned, in the accused..."*.

Não que a questão da aparência não deva ser valorizada,[214] e em alguma medida até mesmo a aparência frente ao próprio acusado, na sua aspiração a confiar na justiça e no juiz da causa. O problema está em sobrevalorar esse aspecto, alçando-o do plano abstrato ou filosófico de fundamento ou razão de ser da exigência de imparcialidade para critério concreto de controle, o que aparenta ou indicia uma influência do direito anglo-americano de excessiva preocupação com a aparência e imagem exteriorizada como condições necessárias aos julgamentos, até porque daí, no *jury trial*, mais do que da legitimidade interna pela fundamentação da sentença, é que se legitimariam as decisões.

O fato de o julgador já ter tido contato anterior com o caso em julgamento leva necessariamente a que se deva verificar a natureza e intensidade da sua ligação com o objeto do juízo, a fim de analisar se a condição na qual conheceu o caso, ou então a relevância e/ou acentuada atuação anterior não permitam que se questione legitimamente sua isenção em apreciar a matéria pelo fato de já poder ter firmado juízo sobre a causa; em outras palavras, se não pairam dúvidas legítimas quanto à imparcialidade, no caso dúvidas objetivas, porque decorrentes das funções e organização interna da justiça. Para essa apreciação, não é necessário colocar em primeiro plano as apreciações subjetivas do acusado, ou mesmo do público em geral, a respeito da aparência de imparcialidade do julgador.

Tanto que a Corte europeia, na sequência de suas manifestações, teve de abrandar a interpretação inicial, ainda que de forma tênue e disfarçada, pois em algumas oportunidades em que o TEDH deparou-se com situações nas quais, sob a base da interpretação de que as aparências relevam mesmo na confiança do próprio acusado, não admitindo nesse aspecto interpretação restritiva, teria de ter concluído pelo reconhecimento da violação do art. 6º, 1, da Convenção, no entanto não o fez sob o pressuposto de que as desconfianças do acusado deveriam ser aferidas com atenção às circunstâncias do caso concreto, a fim de atestar a legitimidade da dúvida por ele levantada.

---

[214] A aproximação entre imparcialidade e confiança na resposta jurisdicional não é estranha à doutrina processualística, Manzini aduziu a importância em afastar do processo juiz suspeito quanto à sua isenção, não só para prevenir decisões injustas e preservar o magistrado, mas também para *"mantenere la fiducia della polazione nell'amministrazione della giustizia... Anche le apparenze devono essere curate, quando si tratta della giustizia"*; cf. MANZINI, Vicenzo. *Trattato di diritto processuale penale italiano*. 6. ed. Torino: Utet, 1968. v. 2, p. 199-200. Figueiredo Dias, em sentido análogo, asseverou ser relevante defender o juiz da suspeita de imparcialidade de modo a não deixar dúvida de a ter conservado, "por esta via reforçando a confiança da comunidade nas decisões de seus magistrados"; cf. DIAS, Jorge de Figueiredo. *Direito processual penal*. Coimbra: Coimbra, 1974, p. 315.

Os juízes de Estrasburgo viram-se compelidos, de alguma forma, a mitigar suas próprias ideias de modo a evitar prosseguir aplicando sua primeira linha interpretativa na matéria,[215] pois constataram que levaria potencialmente a inúmeros casos de necessário reconhecimento da imparcialidade acaso prosseguissem afirmando que as aparências são decisivas até mesmo sob a base da desconfiança pessoal do acusado, a qual estaria igualmente sob o crivo de uma interpretação extensiva acerca da exigência do artigo 6º, 1, da Convenção Europeia dos Direitos do Homem.

Não é difícil identificar o ânimo do acusado diante de juiz que houvesse anteriormente decretado sua prisão preventiva, ou determinado sua permanência no cárcere pela manutenção dos pressupostos da medida cautelar; do mesmo modo, por exemplo, em face de julgador que já tivesse proferido juízo condenatório do mesmo réu em processo antecedente envolvendo fatos completamente diversos: não é exagerado vislumbrar nessas circunstâncias motivos suficientes para alegada desconfiança do processado frente à imagem particular do julgador. O Tribunal pecaria pela contradição se prosseguisse afirmando um "objetivo" teste de imparcialidade, interpretado extensivamente na base também do sentimento pessoal do acusado a respeito da aparência de imparcialidade do juiz, e não afirmasse violação do artigo 6º da CEDH em todas as situações desse jaez.[216]

A dissidência neste ponto ficou muito nítida na decisão do caso Kress contra França na qual o fio condutor da conclusão do TEDH pela violação do direito ao juiz imparcial esteve na consideração da aparência de imparcialidade analisada sob o crivo pessoal do sujeito processado.[217] A posição majoritária que guiou a decisão sofreu críti-

---

[215] Jiménez Asensio refere o caso Hauschildt como um marco indicativo de *"un antes y un después en los asuntos relativos a la imparcialidad judicial"*, tendo em vista importar alteração substancial na doutrina inicialmente firmada nos casos Piersack e De Cubber, concluindo por considerar que a linha interpretativa do TEDH sofre excessiva oscilação, dificultando a elaboração dogmáica do conteúdo efetivo do direito ao juiz imparcial. JIMÉNEZ, op. cit., p. 200 *et seq.*

[216] Cf. abordado no item 1.2.2.1.4, o TEDH já assentou sua jurisprudência no sentido de que a anterior atuação do juiz decidindo sobre medidas cautelares ou investigativas, inclusive de prisão preventiva, não prejudica sua imparcialidade para apreciar a causa. Nesse sentido, por ex., afirmação no caso Sainte-Marie vs. França constante no § 32: *"the mere fact that such a judge has already taken pre-trial decisions in the case, including decisions relating to detention on remand, cannot in itself justify fears as to his impartiality [...]. Only special circumstances may warrant a different conclusion, as they did in the Hauschildt case"*; STEDH 12981/87, de 16.12.1982.

[217] STEDH 39594/98, de 07.07.2001. A situação envolvia a jurisdição administrativa e a atuação do *Conseil d'Etat* francês, tendo redundado em reconhecimento da violação do art. 6º, 1, da CEDH em virtude da presença do Comissário do Governo na deliberação secreta do Conselho de Estado, principalmente com lastro na aparência, ou ausência dela, de imparcialidade: *"the doctrine of appearances must also come into play. (…) In the Court's view, a litigant not familiar with the mysteries of administrative proceedings may quite naturally be inclined to view as an adversary a Government Com-*

cas explícitas nos sete votos vencidos, os quais manifestaram não apenas sua perplexidade pela circunstância de sequer ter sido questionada a imparcialidade subjetiva dos membros do *Conseil d'Etat* ante a presença do Comissário do Governo na deliberação,[218] como concluíram a dissidência de forma contundente ao afirmar que seria desejável no futuro o "Tribunal reconsiderar no conjunto sua jurisprudência no ponto em que confere excessiva importância às aparências em detrimento de respeitáveis tradições nacionais e, finalmente, do real interesse dos litigantes".[219]

Provavelmente, não há como o TEDH voltar atrás refazendo amplamente as premissas de sua linha interpretativa a respeito da apreciação da imparcialidade sob o crivo objetivo, o qual deveria levar em consideração, de forma preponderante, aspectos verdadeiramente materiais, externos, atestados objetivamente, sem recorrer a alegações subjetivas de aparência ou confiança como elemento definidor da presença ou não de juiz imparcial no caso concreto. Essas questões referentes à imagem da justiça devem ter alguma importância no tema, mas como circunstâncias que estão no substrato do princípio da imparcialidade, como razão de ser abstrata da afirmação e valorização desse princípio pelos Estados Democráticos de Direito, e não como critério concreto de aferição.

Podem, outrossim, ser argumentos agregados como consequência subjacente à necessidade de controle efetivo sobre a presença de tribunal imparcial, portanto servindo de base para justificar os fundamentos da fiscalização da imparcialidade tanto objetiva como também subjetiva, uma vez que igualmente nesta tem-se como uma das razões de ser do controle a preservação da aparência de legitimidade das instituições julgadoras, de forma a assegurar a confiança da sociedade e dos jurisdicionados. A preservação da confiança e da aparência de legitimidade do atuar judicial não são elementos de apreciação aptos a distinguir o controle objetivo do subjetivo, pela simples razão de que, na dimensão subjetiva da imparcialidade, tem-se também preocupação de fundo com a questão da aparência de imparcialidade e com a confiança da sociedade nas instituições.

---

missioner who submits that his appeal on points of law should be dismissed. Conversely, a litigant whose case is supported by the Commissioner would see him as his ally. The Court can also imagine that a party may have a feeling of inequality if, after hearing the Commissioner make submissions unfavourable to his case at the end of the public hearing, he sees him withdraw with the judges of the trial bench to attend the deliberations held in the privacy of chambers".

[218] JIMÉNEZ ASENSIO, Rafael. *Imparcialidad judicialy derecho al juez imparcial*. Elcano: Aranzadi, 2002, p. 191.

[219] § 13 da parte dissidente do acórdão.

O fato é que não podem ser argumentos que estejam na base do controle concreto de imparcialidade, não podem servir como fundamento definidor da apreciação analítica da imparcialidade no caso concreto, tampouco como critério diferenciativo das fiscalizações subjetiva e objetiva: as origens e razão de ser do controle não podem ser transformadas em elementos concretos para analisar a existência de tribunal imparcial em um caso concreto; ao menos não na jurisprudência de Tribunal supranacional, o qual não se destina a aferir a manutenção da imparcialidade apenas nos processos judiciais de *common law*, mas pretende conformar a matéria também em países de influência romano-germânica.

Trata-se de uma chamada à reflexão diante de posicionamentos doutrinários que conformam um modelo de manutenção da imparcialidade do juiz muito provavelmente com as lentes focadas no processo jurídico anglo-americano, sem atentar, no entanto, ao fato de que o observador segura as suas lentes circundado por um ambiente de *civil law*,[220] pretendendo, para além disso, inserir esse padrão alienígena no domínio ideológico e estrutural de um sistema de administração da justiça moldado pelos valores e princípios europeu-continentais.[221]

Não se está pretendendo sustentar que práticas e tradições oriundas de outros sistemas judiciais não possam, acaso adotadas, significar avanços importantes com vista à correção de rumos. É preciso, contudo, aferir não só as razões pelas quais se conformaram as determinadas dinâmicas processuais nos sistemas estrangeiros,[222] como também as consequências de ordem valorativa e eficacial aí constatadas.[223] Pon-

---

[220] A advertência é de Barbosa Moreira, feita a partir da constatação da crescente inserção de institutos típicos do processo anglo-americano em reformas processuais conduzidas em países inseridos na cultura jurídica romano-germânica, consequência da visão de juristas com os olhos voltados aos sistemas jurídicos inglês e americano. O problema não reside na simples influência, mas em reflexões e mesmo incorporação de institutos sem a análise ampla do contexto estrutural e funcional no qual está compreendido. Cf. MOREIRA, José Carlos Barbosa. Notas sobre alguns aspectos do processo (civil e penal) nos países anglo-saxônicos. *Revista Forense*, Rio de Janeiro, ano 94, v. 344, p. 95-110, out./dez. 1998, p. 95-97.

[221] Exemplo destacado dessa situação tinha-se no projeto de reforma do Código de Processo Penal brasileiro em andamento no Senado Federal (Projeto de Lei nº 156/2009), o qual pretendia conformar um juiz passivo, sem iniciativa probatória complementar, conforme a redação que estava prevista ao artigo 162, em flagrante contrariedade à tradição nacional inspirada nos princípios e valores do modelo europeu continental de administração da justiça.

[222] Segundo Giuliani, as razões das divergências entre o modelo inglês e o europeu continental *"sono costituzionali, istituzionali e culturali"*, cf. GIULIANI, Alessandro. Prova in generale: a) filosofia del diritto. In: *Enciclopedia del Diritto*. Milano: [s.n.], 1988. v. 37, p. 519-579.

[223] Amodio refere, entre as reservas à posição que acredita possível alcançar-se um modelo processual penal comum a todos os países europeus, *"la portata diversificante o frenante delle vicende storiche e delle sedimentazioni culturali proprie di ciascuno dei Paesi"*; cf. AMODIO, Ennio. *Processo penale, diritto europeo e common law*: dal rito inquisitorio al giusto processo. Milão: Giuffrè, 2003, p. 149.

derações que sobrelevam de importância a partir da percepção das influências que os tribunais transnacionais cada vez mais têm nas concepções de direito interno, ainda que ao custo de desconsiderar a força das tradições arraigadas nas estruturas básicas de Justiça europeia-continental ou anglo-americana, bem como nos países que receberam sua influência.

Nesse particular, questionou-se a aspiração de uniformidade no trato do tema, afastando-se a ideia de que a postura de um juiz imparcial para fins de país influenciado pelo sistema jurídico anglo-americano possa servir de norte ou de baliza orientadora a processo judicial conduzido sob os princípios, valores e esquema processual de país influenciado pelo direito de tradição civil. Tal questionamento explicita as dificuldades em se conferir tratamento uniforme a fenômenos jurídicos demasiado influenciados por modelos de justiça que se separam não somente por distintas tradições e ideologias mas, nomeadamente, quanto a aspectos estruturais e de dinâmica procedimental.

O fato é que o respectivo controle da imparcialidade a partir da análise da incompatibilidade de funções e posturas dentro do mesmo processo deve levar em consideração as distintas dinâmicas processuais oriundas dos diferentes modelos da administração da justiça. E nesse ponto está o que se poderia chamar de "limitações" do Tribunal de Estrasburgo, ao ter de lidar com o tema da imparcialidade em atenção às peculiaridades de variados ordenamentos jurídicos, os quais refletem concepções ideológicas e estruturais distintas, e que devem, em alguma medida, ser preservadas pela Corte transnacional. Esse problema é, por certo, inerente às Cortes supranacionais de justiça, de modo que não será uma questão posta apenas no trato da matéria da imparcialidade judicial pelo TEDH, devendo, à partida, conforme se fez quando da concepção originária desses órgãos, racionalizar a questão para que não se torne um impasse na evolução do estudo.

Repita-se, há de se levar em consideração as aparências e a confiança do acusado com base nessa imagem; no entanto uma apreciação eminentemente objetiva pode alcançar as mesmas conclusões na maior parte dos casos sem que se tenha de conferir demasiada importância às aparências e à subjetivação do cidadão processado, tampouco elevá-las a critérios "objetivos" de controle. A construção de uma doutrina de controle da imparcialidade com base nas aparências e na confiança ajusta-se melhor à concepção da dinâmica processual de *common law*, mas acaba por gerar algumas perplexidades nos países de tradição europeia-continental.

Como se pode inferir da jurisprudência do TEDH, a imparcialidade subjetiva embasa-se em uma perspectiva primordialmente estática, diferente do exame da imparcialidade objetiva que se remete ao interior da dinâmica procedimental, observando a relação entre o juiz e a formação da prova, levando em conta os contornos do sistema judicial no qual o julgador está inserido. Essa consideração advinda da doutrina do Tribunal europeu reforça o questionamento sobre se o tema da imparcialidade exige tratamento idêntico em ambos os sistemas judiciais de *common law* e de *civil law*; ou se, pelo contrário, recomenda conferir algum relevo às diferentes idealizações e dinâmicas de administração da justiça encontradas nos dois grandes modelos de processo.

O sistema jurídico no qual o juiz está inserido consente formular concepções relativamente distintas quanto à exigência de manutenção da imparcialidade judicial vista pela dinâmica processual penal, relacionando-se, deste modo, com a postura expectada do juiz diante do embate dialético desenvolvido pelas partes, centrada a análise na vertente objetiva das funções desempenhadas pelo julgador. Como pano de fundo do tema, tem-se a indagação de se o juiz pode deixar sua tendencial passividade no curso da discussão jurídica processual de modo a orientar o procedimento e complementar o material probatório sobre o qual irá recair a decisão final, sem que daí importe prejuízo à sua isenção, afastando-se, desde logo, qualquer pretensão de que a resposta ao problema seja sempre a mesma, independentemente do sistema processual no qual se desenvolve a discussão jurídica.

Para tanto, a importância da distinção feita anteriormente entre os modelos de *civil law* e de *common law*, afora questões de ideologia e valores que guiam a conformação do sistema de administração da justiça e, portanto, as expectativas quanto à atividade do julgador na condução do processo judicial, está precisamente na diferente concepção da imparcialidade do juiz no processo penal, que terá contornos diversos conforme o sistema jurídico e as estruturas judiciais de que se esteja tratando, portanto a classificação destacada não se esgota em mero interesse comparativo ou histórico.

1.2.4. A densificação do direito ao juiz imparcial a partir da técnica do agrupamento de casos

Às críticas doutrinárias comumente feitas ao que se considera excesso de casuísmo no tratamento dado pelo TEDH na apreciação do direito ao juiz imparcial, por não permitir se extraia sistematicamente uma interpretação mais segura e elaborada acerca do conteúdo da imparcialidade como verdadeira garantia constitucional,[224] pode-se, ao menos, opor sensíveis avanços sob as perspectivas densificadora e de controle, que permitem seguir para além de abstrações formalistas acerca da exigência de imparcialidade.

A imposição decorrente da garantia da imparcialidade judicial não se pode precisar teoricamente mediante a descrição de ações (ou lesões de deveres) impostas ao juiz em todos os casos possíveis que se manifestem antes ou durante o processo judicial; a fenomenologia pode mudar nas grandes searas civil, penal e administrativa, e mesmo dentro delas há um sem número de variantes que não permitem enquadrá-las em descrições genéricas do princípio da imparcialidade. A jurisprudência da Corte europeia, para além de tudo isso, deve igualmente lidar e ter em linha de conta as variações inerentes a sistemas distintos de processo e de administração da justiça nos diversos países submetidos à sua jurisdição, de modo que não há como evoluir na pretensão de densificar o direito ao juiz imparcial sem recorrer-se ao agrupamento fenomenológico com base nas situações enfrentadas casuisticamente pela jurisprudência.

É fundamental a busca de sistematização do material jurídico fornecido pela aferição analógica evolutiva da jurisprudência do TEDH, de forma a permitir a elaboração de grupos de casos que se aproximem, pelas particularidades, da situação concreta de violação do direito à imparcialidade, agregando-se, então, às linhas reitoras abstratamente elaboradas pela doutrina, uma análise oriunda da práxis.[225] Nesse sentido, por exemplo, os juízes europeus debruçaram-se algumas vezes sobre reclamações envolvendo violação do direito ao juiz imparcial pelo fato de reunirem-se em um mesmo magistrado as funções sucessivas de instrução e julgamento da causa. A decisão de referência envolve a reclamação De Cubber contra Bélgica, que trata do exercício repetido das funções de juiz de instrução e julgamento pelo mesmo magistrado em um mesmo procedimento, e que resultou em decisão unânime da Corte afirmando a violação do direito previsto no art. 6°, 1, da CEDH.

---

[224] Javier García Roca e José Miguel Vidal Zapatero esboçam a crítica ao referir o excesso de casuísmo e a consequência no déficit de segurança jurídica e construção de categorias; GARCÍA ROCA, Javier; VIDAL ZAPATERO, José Miguel. El derecho a un tribunal Independiente e Imparcial (art. 6.1): una garantía concreta y de mínimos antes que una regla de la justicia. In: GARCÍA ROCA, Javier; SANTOLAYA, Pablo (Coords.). *La Europa de los derechos: el Convenio Europeo de Derechos Humanos*. 2. ed. Madrid: Centro de Estudios Políticos y Constitucionales, 2009, p. 387.

[225] Recorre-se deliberadamente à ideia e terminologias utilizadas por Roxin na obra: ROXIN, Claus. *Política criminal y sistema del derecho penal*. 2. ed. Buenos Aires: Hammurabi, 2006, p. 83 *et seq.*; onde o autor sustenta que as causas de justificação não permitem *"subsunción en descripciones fijadas conceptualmente"* sendo portanto exigido para as concretas causas de justificação *"proyectar una fenomenología de las constelaciones características de supuestos de hechos"*.

A partir de então, o Tribunal europeu firmou entendimento, reiterado em algumas oportunidades,[226] no sentido de configurar violação do direito ao juiz imparcial a acumulação sucessiva das funções instrutora e julgadora pelo mesmo magistrado no mesmo procedimento.[227] Esse posicionamento teve muita influência nas legislações internas de países que adotavam a figura do juiz de instrução e que, a partir da sedimentação do juízo da Corte europeia afastando a possibilidade de acumulação das funções de juiz de instrução e juiz da causa, por violação da imparcialidade objetiva, viram reforçadas as pretensões de reforma processual penal com vista a eliminar a figura do juiz de instrução.[228]

Diferente da situação anterior é o caso de o juiz da causa, na fase preparatória do processo, ter analisado e proferido decisão pela decretação ou manutenção de prisão cautelar do investigado, ou mesmo determinado outras medidas investigativas com caráter invasivo a direitos do arguido, o qual vem posteriormente suscitar infração da garantia de imparcialidade. O ponto de partida na análise dos posicionamentos do TEDH é o caso Hauschildt contra Dinamarca, de 24 de maio de 1989, no qual o reclamante sustentou perante a Corte violação da garantia de julgamento por tribunal imparcial em razão de os juízes responsáveis pela apreciação da causa terem se manifestado anteriormente, na fase investigativa, a respeito de questões processuais.[229]

A primeira consideração a se destacar na decisão do Caso Hauschildt está na afirmação de que o ofício desempenhado pelo juiz na fase investigativa na Dinamarca não se confunde com as atribuições

---

[226] *"Having regard to the Commissario della Legge's dual role as the investigating and trial judge in the impugned proceedings and, in particular, to the extent of his powers in preparing the case file, the Court concludes that the first applicant's misgivings as to the Commissario della Legge's impartiality may be regarded as objectively justified. There has therefore been a violation of Article 6 § 1 of the Convention"*. Caso Tierce e outros contra San Marino, 25.07.2000, § 83.

[227] No caso Padovani contra Itália (STEDH 13.396/87, de 26.02.1993), que envolvia atuação de juiz no chamado *Giudizio direttissimo* italiano, o qual permitia que pessoa presa em flagrante delito fosse levada diretamente ao magistrado, a quem caberia adotar medidas de apuração e julgamento imediato, o Tribunal europeu considerou que, ainda que a legislação permitisse ao juiz a adoção de medidas investigativas, na situação concreta a atuação do juiz resumiu-se a inquirir os acusados e proferir o julgamento, de modo que ele não teria, substancialmente, agido como juiz de instrução. A Corte concluiu pela inexistência de violação do artigo 6° pelas particularidades do caso concreto, reforçando a ideia de força referida no item 1.2.2.1.4 supra.

[228] A propósito das reformulações procedimentais nos sistemas jurídicos europeus tendentes a eliminar ou reduzir sobremaneira a previsão do juiz de instrução, ver: RODRIGUES, Anabela Miranda. A fase preparatória do processo penal – tendências na Europa. O caso português. In: *Estudos em Homenagem ao Prof. Doutor Rogério Soares*. Coimbra: Coimbra, 2001, p. 941-961.

[229] *"In the instant case the fear of lack of impartiality was based on the fact that the City Court judge who presided over the trial and the High Court judges who eventually took part in deciding the case on appeal had already had to deal with the case at an earlier stage of the proceedings and had given various decisions with regard to the applicant at the pre-trial stage"*, § 49, STDEH 10.486/83.

de um juiz de instrução, uma vez que ele não detém incumbência para conduzir investigação, sequer para decidir se o investigado deve ou não ser levado a julgamento; a tarefa investigativa está sob exclusivo domínio da polícia e do Ministério Público. A atuação jurisdicional, nesta fase preliminar, dá-se por provocação dos órgãos responsáveis pela repressão, manifestando-se o juiz com independência em relação aos responsáveis pela preparação prévia do caso com vista à instrução judicial.

Para além disso, o Tribunal acrescentou argumentação relevante no sentido de as questões sob apreciação do julgador na fase investigativa serem substancialmente diferentes daquelas que se põem quando da decisão no julgamento final. Ao menos em linha de princípio, ao pronunciar-se sobre a necessidade de detenção preventiva ou outras matérias processuais relacionadas à apuração dos fatos com natureza invasiva a direitos individuais, o juiz analisa sumariamente os dados disponíveis a fim de averiguar se, *prima facie*, estão presentes os requisitos autorizadores dessas medidas restritivas de ordem processual; enquanto na sentença deverá avaliar se as provas produzidas sob o crivo do contraditório permitem a condenação do acusado,[230] os requisitos da valoração e o próprio objeto da valoração são distintos.

O Tribunal europeu afirmou posição, reiterada em diversos julgados posteriores, sob a base de que o simples fato de um juiz ou tribunal ter decidido questões processuais anteriores ao início do processo judicial, ou mesmo durante a fase processual, inclusive envolvendo a decretação da prisão do acusado, não pode ser considerado motivo suficiente a justificar temores a respeito de violação da imparcialidade.

O acórdão Hauschildt prosseguiu na vertente de que circunstâncias especiais podem levar a conclusão diversa. Neste precedente, tanto o juiz condutor do julgamento em primeiro grau, como o tribunal de recurso, sustentaram várias das decisões pela manutenção da prisão preventiva de Hauschildt com base em dispositivo da legislação processual dinamarquesa que condiciona tal conclusão à existência de convencimento acerca de ter o arguido de fato cometido o delito, requisito efetivamente abordado pelas decisões dos juízes dinamarqueses conforme se constata pelo seguinte trecho: *"the judge has to be convinced that there is 'a very high degree of clarity' as to the question of guilt"*, deste

---

[230] *"When taking a decision on detention on remand and other pre-trial decisions of this kind the judge summarily assesses the available data in order to ascertain whether prima facie the police have grounds for their suspicion; when giving judgment at the conclusion of the trial he must assess whether the evidence that has been produced and debated in court suffices for finding the accused guilty"*; § 50, STDEH 10.486/83.

modo, a esvanecer a diferença entre o juízo no qual se embasa a medida cautelar e aquele concernente à decisão de mérito.[231]

A premissa firmada no julgamento pode ser considerada ideia assente na jurisprudência da Corte europeia, pois reafirmada em outras oportunidades nas quais surgiu questionamento sobre ausência de isenção pelo fato de o julgador ter já se manifestado sobre prisão cautelar.[232] No caso Sainte-Marie contra França,[233] foi dito igualmente que o simples fato de o juiz ter-se posicionado sobre os pressupostos da prisão cautelar não representa motivo suficiente a justificar o alegado receio quanto à ausência de imparcialidade objetiva do tribunal; razões também apresentadas, por exemplo, no caso Nortier contra Holanda, no qual se faz remissão aos precedentes citados acima, reafirmando que a matéria analisada na decretação da detenção preventiva relaciona-se à existência de fundadas suspeitas da acusação pendente contra o arguido, diferente do juízo a ser formulado quando da sentença de mérito.[234]

Passa também por essa ideia a resolução do caso Saraiva de Carvalho contra Portugal, no qual o cidadão português suscitou perante o TEDH reconhecimento da violação do direito previsto no artigo 6°, 1, da Convenção, em decorrência de o juiz responsável por presidir o julgamento em primeiro grau ter, anteriormente, proferido decisão pela pronúncia do acusado, o que permitiu a instauração da demanda judicial pelo acolhimento das acusações formuladas contra o reclamante e demais corréus. Desse modo, segundo arguição de Saraiva de Carvalho, o juiz teria formado, de antemão, seu juízo sobre a culpabilidade do acusado.[235]

---

[231] *"Thus the difference between the issue the judge has to settle when applying this section and the issue he will have to settle when giving judgment at the trial becomes tenuous"*; § 52, STDEH 10.486/83.

[232] Recentemente no caso Ekeberg e outros contra Noruega o TEDH reafirmou as premissas e conclusões exaradas no caso Hauschildt, inclusive a análise quanto ao desvanecimento da substancial diferença entre os motivos para a decretação da prisão cautelar e para a decisão final do processo como elemento definidor da sua decisão; STEDH 11.106/04, 11.108/04, 11.116/04, 11.311/04 e 13.276/04, decisão de 31.07.2007.

[233] STDEH 12.981/87, de 16.12.1992.

[234] *"As for his decisions on the applicant's detention on remand, they could justify fears as to the judge's impartiality only under special circumstances such as those which obtained in the Hauschildt case (see the Hauschildt v. Denmark judgment of 24 May 1989, Series A no. 154, p. 22, par. 51, and the Sainte-Marie v. France judgment of 16 December 1992, Series A no. 253-A, p. 16, par. 32). (...) In finding that there were "serious indications" against the applicant his task was only to ascertain summarily that the prosecution had prima facie grounds for the charge against the applicant (see paragraph 27 above). The charge had, moreover, been admitted by the applicant and had already at that stage been supported by further evidence"*; STDEH 13.924/88, de 24.08.1993.

[235] *"He argued that in making such an order, the judge formed a view of an accused's guilt in advance that was likely to influence him when giving judgment on the merits"*; STEDH n° 15.651/89, de 22.04.1994, § 14.

Ao apreciar a reclamação, a Corte de Estrasburgo reafirmou a premissa de que a tomada de decisão anterior ao julgamento não é motivo suficiente a justificar receios quanto à perda de imparcialidade, o importante é o alcance e natureza das medidas judiciais. Ao proferir decisão de pronúncia, o magistrado analisa e afirma ausência de irregularidades durante a investigação, bem como afasta qualquer outro impedimento à apreciação do mérito, aferindo também se está presente justa causa, ou seja, indícios suficientes para submeter alguém a julgamento: matérias com apreciação substancialmente distinta daquela a ser aferida no momento da sentença.

A natureza das funções exercidas pelo julgador, complementa o Tribunal europeu na análise do caso, são de verdadeiro juiz do processo, não se identificando com as funções de juiz de instrução, tampouco o conhecimento da causa obtido quando da apreciação dos requisitos para a decisão de pronúncia atingem sua imparcialidade para o julgamento da acusação.[236]

Quanto ao tema da prática de provas pelo órgão jurisdicional na fase de julgamento, não há manifestação específica do TEDH que permita depreender de forma segura sua posição, ao menos não se conhece nenhum julgado em que a questão tenha sido proposta de forma direta ao Tribunal. De qualquer maneira, às linhas gerais expostas acima, e que permitem avanço importante na reflexão, acresce-se ao menos a STEDH nº 10.590/83, caso Barberá, Messegué y Jabardo, julgado em 06.12.1988, no qual a Corte de Estrasburgo censurou a duração do julgamento da causa em primeiro grau de jurisdição, atribuindo responsabilidade à justiça espanhola, a qual dispõe de mecanismos legislativos autorizando a busca da verdade, mencionando expressamente a iniciativa instrutória de ofício prevista no art. 729, § 2º, da LECrim.[237]

Embora não estivesse em discussão a pesquisa *ex officio* de elementos de prova, o TEDH não só tratou com naturalidade a previsão da lei processual espanhola, como a censura realizada no julgado decorreu, em parte, de não utilização adequada pelo tribunal da autorização

---

[236] *"In producing the despacho, Mr Salvado was acting in his capacity as a judge of the Fourth Division; he took no steps in the investigation or in the prosecution. His detailed knowledge of the case did not mean that he was prejudiced in a way that prevented him from being impartial when the case came to trial"*; STDEH 13.924/88, de 24.08.1993, § 38.

[237] *"It should be noted firstly that although under Spanish legislation it is to a certain extent left to the initiative of the parties to offer and present evidence, this does not absolve the court of first instance from its duty of ensuring that the requirements of Article 6 (art. 6) of the Convention are complied with (see, inter alia and mutatis mutandis, the Goddi judgment of 9 April 1984, Series A no. 76, p. 12, par. 31). Indeed, Articles 315 and 729 par. 2 of the Code of Criminal Procedure authorise both the investigating judge and the trial court to obtain of their own motion evidence which they consider will assist in establishing the truth (see paragraphs 39-40 above)."*; STDEH 10.590/83, § 75.

legislativa de praticar provas de ofício. Ainda assim, não é possível considerar firmado um grupo de caso relativo à iniciativa instrutória complementar do juiz penal na Corte europeia apenas com base nessa passagem do precedente citado.

1.2.5. Conclusões parciais a respeito da imparcialidade judicial perante a iniciativa de ofício em matéria de prova

Nos exemplos acima mencionados envolvendo questionamento da imparcialidade judicial, seja pelo exercício anterior de funções como juiz de instrução, como pelo pronunciamento judicial prévio sobre medidas cautelares e investigativas, é possível atestar os avanços na densificação do direito ao juiz imparcial a partir da sistematização dos julgados pelo agrupamento de casos aproximados, podendo-se, da mesma forma, atestar a importância de se ter em linha de conta a estrutura judicial na qual o julgador está inserido e a normativa aplicável na operatividade da imparcialidade.

Para além disso, quer-se destacar que se trata, também, de importante aspecto a ser levado em consideração sempre que se depare com críticas mais contundentes à postura seguida pelo TEDH de algum excessivo apego à análise caso a caso, sem assumir uma linha genérica e de uniformidade a respeito do tema, tampouco permitindo a formação de conceito claro e definitivo acerca da imparcialidade judicial. Nessa linha, de algum modo reconhecendo as dificuldades do TEDH, Amodio tece reservas à posição que acredita possível alcançar-se um modelo processual penal comum a todos os países europeus em função de: *"la portata diversificante o frenante delle vicende storiche e delle sedimentazioni culturali proprie di ciascuno dei Paesi"*.[238]

Mesmo Montero Aroca, que expõe críticas à doutrina da dupla dimensão no controle da imparcialidade judicial nos termos traçados pela Corte europeia,[239] parece consentir com a noção de que as diferenças nas dinâmicas processuais podem importar também soluções distintas na análise da compatibilidade de atividades no mesmo processo, ao destacar a máxima da imposição de motivação como solução

---

[238] AMODIO, Ennio. Processo penale, diritto europeo e common law: dal rito inquisitorio al giusto processo. Milão: Giuffrè, 2003, p. 149.

[239] O autor em mais de um estudo refuta a distinção entre controle objetivo e subjetivo da imparcialidade: *"esta concepción descansa en un error de partida evidente"*; cf. MONTERO AROCA, Juan. *Proceso (civil y penal) y garantía*: el proceso como garantía de libertad y de responsabilidad. Valencia: Tirant lo Blanch, 2006, p. 659; em sentido análogo, do mesmo autor: MONTERO AROCA, Juan. *Principios del proceso penal*: una explicación basada en la razón. Valencia: Tirant lo Blanch, 1997, p. 87 *et seq.*

técnica adequada frente ao risco de contaminação de *"jueces profesionales"*, à diferença do tribunal do júri, no qual atuam decisores leigos.[240] O autor fazia referência à possibilidade de juiz que tivesse decidido acerca de prova ilícita no processo penal, determinando a sua exclusão dos autos, pudesse depois proferir a sentença, ante os riscos de ter sido contaminado quanto ao seu convencimento pela ciência dos elementos probatórios ilícitos; o problema resolver-se-ia pela exigência de fundamentação na sentença, na qual não se poderia denotar qualquer influência advinda do conhecimento a respeito da prova ilícita expurgada, motivação submetida ainda ao crivo recursal posterior, com ampla reapreciação do juízo formulado.

A hipótese é ilustrativa da ideia de que a solução a respeito da imparcialidade do julgador não pode ser uniforme em todas as situações verificadas no âmbito de países anglo-saxões e romano-germânicos. Na espécie, parece aceitável que sistema assentado sobre *trial by jury* não poderia cogitar de outra solução que não fosse de considerar contaminado o corpo de jurados que tivesse tido conhecimento de um elemento de prova ilícito com potencialidade de influenciar a convicção dos juízes do povo, aos quais a valoração da prova não se assenta em exercício expositivo da razão, *"sino en una declaración de voluntad"*.[241]

Diferente entende-se, assim como mencionado por Montero Aroca, deve ser a solução em processo judicial conduzido por juiz profissional e que deve, por essa condição, e pelos princípios processuais vigentes na estrutura jurídica na qual está inserido, apresentar, na motivação, todos os elementos do processo e respectivo raciocínio jurídico que o levaram a decidir de determinada forma;[242] nas palavras do próprio autor: *"Frente a contaminación, motivación"*, e segue: *"todo se resuelve*

---

[240] MONTERO AROCA, Juan. *Proceso (civil y penal) y garantía*: el proceso como garantía de libertad y de responsabilidad. Valencia: Tirant lo Blanch, 2006.p. 559-560, nota de rodapé n. 59.

[241] MONTERO AROCA, Juan. Principio acusatorio y prueba en el proceso penal la inutilidad jurídica de un eslogan político. In: GÓMEZ COLOMER, Juan Luis (Coord.). *Prueba y proceso penal*: análisis especial de la prueba prohibida en el sistema español y en el derecho comparado. Valencia: Tirant lo Blanch, 2008, p. 62.

[242] Aqui aparece subjacente a ideia da ideologia racional da decisão, vigente apenas nos sistemas jurídicos nos quais asdecisões judiciárias devem ser justificadas mediante motivação desenvolvida por juízes profissionais e sujeita a controle em instância superior. O tema da racionalidade da decisão é dos mais complexos e debatidos na filosofia contemporânea; pelos limites deste texto, basta dizer-se, com apoio em Wróblewski, *"che il criterio di razionalità della decisione consiste nella sua corretta giustificazione attraverso argomenti validi"*; cf. WRÓBLEWSKI, Jersy. Elementi di un modello processuale di applicazione giudiziale del diritto. *Rivista Trimestrale di Diritto e Procedura Civile*, Milano, ano 41, n. 2, p. 469-486, giug. 1987.

en el control de los elementos probatorios que han de formar la convicción judicial". [243]

Conforme foi mencionado anteriormente, o direito ao juiz imparcial isoladamente considerado até poderia, mesmo em países de *civil law*, levar a que se eliminasse a possibilidade de realização ampla de provas de ofício, pelo risco de contaminação da imparcialidade do julgador. No entanto, os sistemas jurídicos de influência europeia continental convivem, na elaboração do que se entende por processo justo ou equitativo, com outros princípios e valores que não se podem ignorar ou desmerecer, fazendo com que a reflexão sobre a iniciativa probatória *ex officio* não se esgote no questionamento do princípio da imparcialidade, o que talvez até pudesse ser o caso se estivéssemos refletindo restritamente no âmbito do processo *adversarial* típico de *common law*.

De qualquer modo, refletindo no âmbito do direito de tradição continental, tanto pela ideia clássica da imparcialidade subjetiva, como pela exposição alongada da doutrina do TEDH a respeito da imparcialidade objetiva, não há como se afirmar alguma imediata violação do direito ao juiz imparcial ante o reconhecimento de poderes de ofício em matéria de prova. Tal consequência poderia sim advir de uma concepção concreta do esquema processual como sendo uma contenda, como jogo de embate, um problema de partes em relação ao qual a posição do juiz não pode ser outra que não a de mero espectador passivo, o mais alheio possível aos interesses em questão, em uma clara opção ideológica de repelir a figura do juiz de carreira e de elaborar mecanismos que concedam ao povo a tarefa de julgar.

Apenas nesta formulação do processo, e inclusive do poder judicial enquanto administração da justiça, como desinteressado e alheio ao resultado do exercício da jurisdição, que passa a ser mero instrumento de solução de controvérsias, é que a indiferença do juiz passa a ser um valor relevante e somente garantido pela absoluta passividade na reconstrução fática pelas provas em juízo. Elaboração diversa, assentada na ideia da potestade jurisdicional como modo de exercício da soberania popular, sem encarar o processo estritamente como coisa de partes, mas que pode sim levar ao resultado justo, ao menos antevendo interesses públicos mais abrangentes como finalidade do julgamento,[244] aceita conviver com iniciativa instrutória *ex officio* como importante

---

[243] MONTERO AROCA, Juan. *Proceso (civil y penal) y garantía*: el proceso como garantía de libertad y de responsabilidad. Valencia: Tirant lo Blanch, 2006, p. 559.

[244] *"Whether adversarial features should be followed or not would therefore seem to depend primarily on whether the dispute is viewed as a conflict between parties, or whether it involves wider issues which require account to be taken of the public interest"*; JACKSON, John; DORAN, Sean. *Judge without jury*: diplock trials in the adversary system. Oxford: Clarendon Press, 1995, p. 58-59.

mecanismo de correção das decisões e de preservação do ideal de justiça, valor intrínseco ao ordenamento jurídico e, de algum modo, legitimador do sistema.[245]

Seguindo na mesma linha indicada pela *ratio* condutora da doutrina da Corte europeia ao densificar o direito ao juiz imparcial pela dinâmica processual, é possível igualmente afastar a ideia de que a imparcialidade objetiva pudesse ser atingida pelo exercício endoprocessual de poder de ofício na matéria de prova. Bastaria, para sustentar essa afirmação, reportar-se aos fundamentos dos julgados referentes à aferição prévia dos requisitos para a pronúncia, ou para a aplicação de medidas cautelares tomadas anteriormente ao juízo de mérito, ou então na referência constante no § 75 da STEDH 10590/83, referida na parte final do item anterior.

E nem poderia ser diferente, uma vez que, ao se firmar entendimento oposto, padeceria de contradição interna, levando à desarmonia sistêmica, conviver com cognição mais significativa e mesmo contígua ao convencimento, ao menos em comparação com iniciativa probatória, considerar apenas esta como violadora da imparcialidade e não aquelas. Podendo-se aqui referir, para além das cautelares penais, os juízos de verossimilhança nas liminares do âmbito civil, a que não se cogita levem ao impedimento do julgador.

Ou seja, pela ampla análise dos julgados do TEDH, conclui-se esta epígrafe afirmando que não é qualquer contato prévio com o caso, ainda que venha acompanhado de uma valoração jurídica antecipada e parcelar, que levará a se considerar violado o direito ao juiz imparcial no processo penal, inferência da qual não se afasta a iniciativa probatória *ex officio*. Conclusão que, conforme se viu, aplica-se à aferição do direito ao juiz imparcial tanto pelo aspecto subjetivo, como pelo viés objetivo.

Na sequência passa-se a apresentar a base argumentativa que sinaliza a importância da complementação de lacunas probatórias pelo julgador penal no âmbito do direito de *civil law*. Feito isso, expostas as linhas teóricas que, em tese, se opõem no tema dos poderes probatórios do juiz, no contexto, reitere-se, do sistema europeu-continental de administração da justiça, é que será possível prosseguir na tentativa de sistematização do material jurídico fornecido pela aferição analógica desses princípios e da dinâmica processual em questão.

---

[245] DÍAZ CABIALE. José Antonio. *Principios de aportación de parte y acusatorio*: la imparcialidad del juez. Granada: Colmares, 1996, p. 416-418.

2. Princípios indicativos da atividade instrutória de ofício

2.1. INDISPONIBILIDADE PROBATÓRIA E DIREITOS EM JOGO NO PROCESSO PENAL

A par das longas discussões doutrinárias a respeito do objeto do processo penal, é possível dar alguns poucos passos nesse caminho complexo ao menos até o ponto atual de interesse na abordagem localizado na consideração de que o processo penal decorre juridicamente do suposto cometimento de um crime, deste modo tem por finalidade, de um lado, a aferição de responsabilidade criminal com vistas à aplicação de uma pena[246] e, de outro, o asseguramento dos direitos constitucionais de defesa do imputado; ambos interesses que se refletem como projeções de valores constitucionais.

Para além disso, no processo penal, diferentemente do que ocorre no processo civil, a pretensão não pode ser jamais satisfeita no plano dos fatos, a relação posta em questão no procedimento judiciário criminal depende total e inteiramente, para sua realização, da decisão judiciária, o direito penal somente pode aplicar-se mediante o exercício da jurisdição no processo,[247] havendo exclusividade do Estado-juiz na realização do direito penal pelo processo. Os princípios substantivos básicos resumidos no brocardo *nulla poena et nulla culpa sine judicio* explicitam como o "processo penal é o necessário pressuposto de realização e complemento do direito penal";[248] Carnelutti chegou mesmo ao ponto de referir uma natureza constitutiva na comprovação judicial

---

[246] Utiliza-se aqui o sentido amplo conferido por Roxin do objeto do procedimento penal como sendo a questão acerca de se o imputado praticou conduta punível e, sendo o caso, que consequências jurídicas lhe devem ser impostas. Cf. ROXIN, Claus. *Derecho procesal penal*. Buenos Aires: Del Puerto, 2003, p. 159.

[247] NEVES, A. Castanheira. *Sumários de processo criminal*: 1967-1968. Coimbra: [s.n.], 1968, p. 9.

[248] DIAS, Jorge de Figueiredo. *Direito processual penal*. Coimbra: Coimbra, 1974, p. 56.

dos fatos penais, os quais não podem ser considerados crime enquanto não afirmados como tais pelo juízo penal.[249]

Importante considerar, ainda, que as discussões a respeito do suposto cometimento de um delito e, por consequência, a busca pela afirmação de uma penalidade criminal no processo, não se apresentam como reflexos de um interesse particular,[250] ainda que, não se negue, possa existir supletivamente por parte da vítima ou familiares; a pena aparece antes como sanção da lei, imposta no interesse da sociedade com vista a manter a paz, tutelar os interesses sociais, atribuindo a um acusador público o ofício de perseguir o esclarecimento dos delitos.[251] Conjuntamente se devem preservar os princípios de conformidade à justiça e garantia individual, lembrando que a valia na proteção dos direitos dos réus não se resume em mero interesse particular individualizado, sendo antes valor intangível da própria comunidade em geral que o Estado sujeite-se e proteja os direitos fundamentais dos cidadãos em todas as situações.[252]

A partir do momento em que a sociedade tomou a decisão de conferir ao Estado a exclusividade na realização do *ius puniendi* pelo processo penal, afastando o particular de interferências pela negativa da autotutela, o que fez foi erigir a discussão sobre a existência do ilícito penal a interesse social e público indisponível, retirando, assim, dos que intervêm na resolução desse conflito não só a condição de titulares dos interesses tutelados, mas também a possibilidade de disporem sobre a matéria probatória.

A conclusão de que a matéria objeto do processo penal é indisponível[253] pode ser afirmada também por princípios e valores presentes

---

[249] *"Un fatto, per quanto sembri conforme a una fattispecie penale, non è un reato prima del suo accertamento giudiziario: vi può essere, senza di ciò, un reato in senso etico, ma non secondo il diritto"*; CARNELUTTI, Francesco. *Lezioni sul processo penale I*. Roma: Ateneo, 1946, p. 94. A referência restringe-se ao intuito elucidativo; importa recordar que Carnelutti via a pena como objeto do direito penal processual, o qual, juntamente com o crime, como objeto do direito penal material, formavam o *direito penal*, op. cit., p. 33 *et seq*. Bettiol critica acertadamente a noção unitária de crime e processo apresentada por Carnelutti, a qual denomina de panprocessualismo formalista, tendo em vista que o fenômeno crime aparece antes e independente do processo, ainda que a punição dependa deste, cf. BETTIOL, Giuseppe. *Istituzioni di diritto e procedura penale*: corso di lezioni per gli studenti de scienza politiche. 2. ed. Padua: Cedam, 1973, p. 164.

[250] *"No processo criminal está imediatamente em causa o interesse público do ius puniendi*, direito que compete ao Estado enquanto representante da comunidade social", cf. NEVES, A. Castanheira. *Sumários de processo criminal*: 1967-1968. Coimbra: [s.n.], 1968, p. 12-13.

[251] MITTERMAYER, C. J. A. *Tratado da prova em materia criminal*. 3. ed. Rio de Janeiro: Jacintho Ribeiro dos Santos, 1917, p. 89.

[252] GONZALES-CUELLAR SERRANO, Nicolas. *Proporcionalidad y derechos fundamentales en el proceso penal*. Madrid: Colex, 1990, p. 245.

[253] *"del diverso oggetto dei due tipi di processo, per molto tempo base di partenza per la giustificazione di una ineliminabile differenziazione tra metodi e finalità dell'accertamento giurisdizionale in sede civile e*

no ordenamento jurídico, inclusive de ordem constitucional. Podem referir-se reflexos e projeções do princípio da obrigatoriedade da atuação penal dos órgãos responsáveis pela persecução criminal[254] como uma indicação constitucional clara da impossibilidade de se atribuir ao processo penal um princípio de disponibilidade, tanto em relação ao seu objeto, como, por consequência, no que pertine à atividade probatória.[255]

Por tudo isso se diz que uma noção do objeto do processo penal senão como indisponível contrariaria de forma decisiva a finalidade da justiça criminal compreendida como instrumento necessário e indispensável ao esclarecimento dos crimes e punição dos culpados, enfim, à realização do direito material penal e salvaguarda dos direitos fundamentais do indivíduo, portanto de conformidade à justiça e garantia individual, como forma de preservação dos interesses da sociedade e do próprio Estado perante a realidade delitiva.[256]

2.1.1. A importância da verdade como aspecto impulsionador da atividade probatória no procedimento

Como inferência endoprocessual provável derivada da natureza indisponível da *res judicanda* objeto do processo penal, surge a questão do valor da verdade em processo no qual a relação jurídica de direito material envolvida não pode ser livremente disponível às partes como seria, em princípio, no âmbito patrimonial ou privatístico de disposição dos interesses particulares dos interessados. A indisponibilidade do objeto inaugura, assim, a discussão relevante a respeito do âmbito de aplicação dos princípios dispositivo e da investigação relacionando--os ao problema da verdade para o processo penal.

Antes de tudo, que o processo, assim como a ciência e a história, deseja a busca da verdade, não pode estar em discussão. Conforme

---

penale"; cf. MARAFIOTI, Luca. L'art. 507 C.P.P. al vaglio delle Sezioni unite: un addio al processo accusatotio e all'imparzialità del giudice dibattimentale. *Rivista Italiana di Diritto e Procedura Penale*, Milano, ano 36, fasc. 2, p. 829-849, apr./giug. 1993.

[254] Nesse sentido, Cordero refere que *"l'obbligo d'agire (art. 112 Cost.) risulta vuoto quando l'attore desista consumando irrimediabili omissioni intruttorie; il primato legale (art. 101) sarebbe scosso se i giudici avessero le mani legate"*; CORDERO, Franco. *Procedura penale*. 8. ed. Milano: Giuffrè, 2006, p. 949.

[255] A propósito já se manifestou a Corte Constitucional italiana, n. 111. Pres. Redattore Borzellino, decisão em 24.03.1993, publicado em 31.03.1993. Disponível em: <http://www.cortecostituzionale.it/actionPronuncia.do>. Acesso em 25.02.2012: *"ad un ordinamento improntato al principio di legalità (art. 25, secondo comma, della Costituzione) – che rende doverosa la punizione delle condotte penalmente sanzionate – nonché al connesso principio di obbligatorietà dell'azione penale (cfr. sentenza n. 88 del 1991 cit.) non sono consone norme di metodologia processuale che ostacolino in modo irragionevole il processo di accertamento del fatto storico necessario per pervenire ad una giusta decisione"*.

[256] DIAS, Jorge de Figueiredo. *Direito processual penal*. Coimbra: Coimbra, 1974, p. 57.

salienta Ferrua, a pesquisa da verdade corresponde a uma elementar aspiração do cidadão, e o legislador se desqualificaria se anunciasse desinteresse na sua busca no processo.[257] Mas pretensão à verdade não pode significar atribuir ao processo a finalidade de buscar alguma verdade na concepção aristotélica de correspondência aos fatos, não significa pesquisa de verdade absoluta[258] ou revelativa, não se trata disso. Nem na história da ciência existe uma transposição das experiências perceptivas às construções teóricas, até mesmo os componentes mais elementares presentes na base das evidências estão interpretados categorialmente, carregados de teoria, estando também sujeitos a exame, revisão e refutação.[259]

Há de se reconhecer que a maioria da doutrina que tratou do tema da busca da verdade no processo, enquanto inspirada nos valores do sistema acusatório, qualificando-a como verdade material, o fez não para sustentar uma ideia irreal de possível correspondência do resultado do processo à realidade mesma. O qualificativo da verdade como real ou material no processo penal, nesse contexto proposto pós-inquisitoriedade, sempre foi indicativo não de uma pretensão correspondentista aos fatos históricos, mas sim com a propensão de sinalizar a impossibilidade de o processo penal simplesmente importar a noção de disponibilidade da prova advinda dos princípios reitores do processo civil.

Ou seja, o que a doutrina costumou tradicionalmente denominar de verdade material não foi no sentido de pretender a busca de uma verdade absoluta ou ontológica, mas sim com vistas a explicitar a limitação de disponibilidade probatória das partes no processo penal, em face da indisponibilidade da *res judicanda*. Portanto a exigir, assim, uma verdade não integralmente dependente da influência que, através de seu comportamento processual, as partes queiram sobre ela exercer.[260]

---

[257] FERRUA, Paolo. I poteri probatori del giudice dibattimentale: ragionevolezza delle Sezioni unite e dogmatismo della Corte costituzionale. *Rivista Italiana di Diritto e Procedura Penale*, Milano, ano 37, fasc. 3, p. 1065-1084, luglio/set. 1994.

[258] Segundo Habermas, a verdade não é formada segundo uma correspondência com a realidade, mas é resultado de um consenso fundado mediante o cumprimento de regras que possibilitem a justificação, portanto sujeita à refutabilidade. Cf. ALEXY, Robert. *Teoria da argumentação jurídica*: a teoria do discurso racional como teoria da justificação jurídica. São Paulo: Landy, 2001, p. 92-93.

[259] MCCARTHY, Thomas. *La teoria crítica de Jürgen Habermas*. 2. ed. Madrid: Tecnos, 1992, p. 349. O autor prossegue referindo que as teorias correspondentistas da verdade estão carregadas de dificuldades insuperáveis, pois buscam, em vão, sair da esfera da linguagem, o que não é possível a partir da constatação de que a correspondência dos enunciados com os fatos não é uma correspondência entre enunciados linguisticamente estruturados e uma realidade em si, linguisticamente desnuda: "os fatos com que os enunciados verdadeiros correspondem não são coisas na face da terra, presenciados, vistos ou ouvidos, são sim o que os enunciados (quando verdadeiros) enunciam", ambos os termos da relação estão na esfera da linguagem.

[260] DIAS, Jorge de Figueiredo. *Direito processual penal*. Coimbra: Coimbra, 1974, p. 193-195.

Até porque uma ideia de verdade como correspondência das afirmações feitas aos fatos históricos e reais provavelmente seja a menos exequível, mormente no seio de um método sustentado em formalidades vinculativas e articuladas quanto à investigação, assunção e valoração das provas. Aceitando-se já que a linguagem não pode corresponder ou ser adequada ao mundo real ou aos fatos históricos, bem como que inexistem critérios objetivos de verdade, nunca haveria como se garantir que são indubitavelmente verdadeiras as descrições efetuadas pelo juiz.[261]

Em tema tão controverso, é importante firmar essas premissas básicas modo a evitar mal-entendidos. De qualquer modo, não passa pelos objetivos do presente estudo estabelecer uma discussão sobre os variados problemas e teorias acerca da noção de verdade, mesmo porque qualquer pretensão séria nesse sentido exigiria extensão e aprofundamento somente compatíveis com trabalho específico no tema.

E não é de forma alguma necessário recorrer a qualquer qualificação da verdade para sustentar que a atividade probatória em juízo não pode ficar à exclusiva disposição das partes, sendo necessário, por conseguinte, encontrar um modo ou instrumento, ainda que limitado, de afastar fontes identificáveis e identificadas de incerteza quando relevantes ao julgamento da causa penal. Nesse sentido é que, entende-se, reconhecer iniciativa instrutória supletiva *ex officio* seria uma forma de inserir reforço ao controle da indisponibilidade da matéria tratada no rito penal, e, de algum modo, ressaltar também a importância desse princípio no ordenamento jurídico penalístico.

A partir disso, e por inferência correlata, mas em sentido oposto, o princípio dispositivo em matéria probatória teria que ser legitimado acaso se concluísse pela impossibilidade de qualquer atividade instrutória *ex officio*; seria essa uma das decorrências oriundas da conclusão de que o juiz não pode exercer nenhuma iniciativa probatória, em nenhuma hipótese e momento processual. Os poderes probatórios seriam de exclusividade das partes, as quais poderiam livremente requerer, deixar de requerer, desistir de meios de prova, ainda que se possa estar diante de elementos probatórios de extrema relevância ao processo; o que se diz a esse respeito é que significaria assim tornar disponível, indiretamente, a própria *res iudicanda*.[262]

---

[261] FERRUA, Paolo. I poteri probatori del giudice dibattimentale: ragionevolezza delle Sezioni unite e dogmatismo della Corte costituzionale. *Rivista Italiana di Diritto e Procedura Penale*, Milano, ano 37, fasc. 3, p. 1065-1084, luglio/sett. 1994.

[262] Conforme já decidiu a Corte Constitucional italiana, n. 111. Pres. Redattore Borzellino, decisão em 24.03.1993, publicado em 31.03.1993; Disponível em: <http://www.cortecostituzionale.it/actionPronuncia.do>. Acesso em 25.02.2012.

Nesse sentido, Cordero considera como sendo um resíduo necessário a intervenção instrutória de ofício em matéria de prova penal: *"azione obbligatoria nonchè irretrattabile; processo a oggeto indisponibile e non lo sarebbe più, almeno de facto, se a chi giudica fosse negato ogni acesso alla prova".*[263] Poderia até se considerar, de forma discutível, conforme será abordado posteriormente, que o objeto do processo e a instrução probatória não se tornariam disponíveis a partir de uma redução na possibilidade de controle do interdito à disposição no processo, havendo apenas um enfraquecimento da força valorativa da indisponibilidade do objeto do processo, a partir do momento em que se extinguisse o controle pelo magistrado.

O princípio dispositivo extraído do brocardo de origem civilística *"iudex iudicare debet secundum alligata et probata a partibus"* não pode simplesmente ser transposto para o processo penal, em decorrência, principalmente, da natureza heterogênea das funções e valores envolvidos, os quais afastam a possibilidade de os contendores assumirem amplos e ilimitados poderes sobre a formação e modificação da plataforma decisional.[264] Até mesmo no âmbito do processo civil, sustenta-se, já não haveria de se falar em uma indissolubilidade do binômio constante no brocardo, havendo mesmo independência entre o princípio da demanda, que se refere à vinculação do juízo à causa substancial alegada pelas partes no processo, e a suposta disponibilidade em matéria probatória, relacionando-a com a ligação entre o juiz e os instrumentos idôneos a resolver o *thema decidendum*.[265]

2.2. O VALOR DA JUSTIÇA COMO PRETENSÃO DE CORREÇÃO DA RESPOSTA JURISDICIONAL

É reconhecida a relativa ambiguidade e ausência de conteúdo determinável do conceito de Justiça, assentindo-se com a referência de que o justo seria, precisamente, a realização de outros valores supe-

---

[263] Mais adiante, o autor refere: *"al pubblico ministero non è permesso 'to drop the prosecution': detto banalmente, i delitti non sono materia disponibile: e le parti ne disporrebbero se fossero monopoliste della prova"*; CORDERO, Franco. *Procedura penale*. 8. ed. Milano: Giuffrè, 2006, p. 621-622, 949.

[264] BELLUTA, Hervé. Premesse per uno studio sui poteri istruttori dell'organo giudicante. *Rivista Italiana di Diritto e Procedura Penale*, Milano, ano 43, n. 4, p. 1213-1244, ott./dic. 2003; que acrescenta terem as partes prioridade qualitativa, relacionada à busca dos elementos de prova; quantitativa, referente à oferta do material probatório e temporal, que diz respeito à cadência da instrução, mas sem que disponham de exclusividade em matéria probatória.

[265] MARAFIOTI, Luca. L'art. 507 C.P.P. al vaglio delle Sezioni unite: un addio al processo accusatotio e all'imparzialità del giudice dibattimentale. *Rivista Italiana di Diritto e Procedura Penale*, Milano, ano 36, fasc. 2, p. 829-849, apr./giug. 1993.

riores como a liberdade e a igualdade, de modo que a justiça poderia até ser identificada ou confundir-se com os conteúdos materiais desses outros valores.[266] Essa noção não afasta, no entanto, que se possa considerar a justiça como *"el objetivo del Derecho para la realización de la condición humana"*,[267] não como conceito autônomo ou agregador em relação a valores concretizáveis da nossa cultura como liberdade e igualdade, âncoras importantes a se reduzirem os riscos de subjetivismo ou decisionismo que poderia decorrer da adoção de critérios particulares do justo, mas como uma pretensão de correção na resposta jurisdicional.

Por isso não se irá aprofundar, neste trabalho, alguma discussão acerca da noção teórica e abstrata de justiça, dispensando-se, desde logo, qualquer esforço em conceituá-la ante os objetivos do estudo e a impossibilidade de fazê-lo sem uma abordagem específica e demasiado alongada. A utilização da noção de justo como ideal ou objetivo a ser considerado na aplicação do direito permite circunscrever a abordagem à questão da justiça do caso concreto, no sentido de busca da melhor reconstrução fática possível à correta aplicação da lei.

Pode recorrer-se à intencional simplificação de Larez, ao se referir à justiça da decisão concreta: *"Una sentencia justa es la que da a cada uno lo que le corresponde"*,[268] permanecendo em aberto o problema da justiça da lei aplicada ao caso. O autor estabelece uma relação de reciprocidade entre os dois componentes principais da ideia de Direito: justiça e paz jurídica, a partir da consideração de que a paz jurídica não estaria assegurada quando latente, no meio social, um sentimento de injustiça oriundo da realização do próprio ordenamento jurídico: fazer justiça, mediante decisão coincidente com os fatos, é reconhecidamente um desígnio dificilmente alcançável, o que não afasta os esforços legítimos direcionados à sua obtenção.[269]

À suficiência aos objetivos do raciocínio desenvolvido de se trabalhar somente com a ideia de justiça como ideal da comunidade e meta almejada pelo ordenamento jurídico agrega-se estratégia de exposição, isso porque tal abordagem dispensa ingressar em campo de discussão complexo e marcado pelo dissenso, o que adviria acaso se propusesse uma análise sobre o significado teórico-abstrato ou o conteúdo do valor

---

[266] PECES-BARBA, Gregorio. *Los valores superiores*. Madrid: Tecnos, 1986, p. 118-119.

[267] Idem, p. 144.

[268] LARENZ, Karl. *Derecho justo*: fundamentos de etica juridica. Madrid: Civitas, 1985, p. 47.

[269] O autor complementa no sentido da manutenção da dúvida, por não ser possível responder à pergunta sobre o que é justo no caso concreto, objetivo esse mais completo: *"el Derecho se contenta con algo que es más fácilmente alcanzable, como es el mantenimiento de la paz jurídica"*; Idem, p. 51-52.

Iniciativa Probatória de Ofício e o Direito ao Juiz Imparcial no Processo Penal

justiça. Passando ao largo desse problema, acredita-se não haver maior questionamento na consideração de que há efetivo interesse público em que o resultado do processo judicial seja justo, havendo inclusive quem veja, em países compreendidos no sistema de *civil law*, a justiça da decisão a ser proferida como sendo o propósito último da função jurisdicional,[270] a partir mesmo da previsão na Norma Fundamental da justiça como valor superior do ordenamento jurídico.[271]

Admitindo-se que entre as funções primordiais do direito está a de regulação da conduta, o cumprimento minimamente razoável dessa função requer, ou deveria pressupor, que se aplicassem no processo as consequências normativas estabelecidas na legislação se, e apenas se, os fatos condicionantes dessas consequências tivessem efetivamente ocorrido.[272] A aplicação judicial do Direito fundamenta-se ou passa pela base fática sobre a qual se fará incidir a norma, e não é exagero dizer que a maioria dos casos judiciais, principalmente no âmbito penal, tratam de litígios sobre fatos.

A decisão judicial como norma apenas estaria justificada a partir da consideração não apenas das premissas normativas, mas também das premissas fáticas utilizadas na fundamentação da resolução, e não basta desenvolver qualquer raciocínio jurídico na decisão, o embasamento decisório necessita ser sólido, no sentido de correto, ou, ao menos, deve pretender essa correção, predispor-se a tanto, guiar-se por ela.[273] Ferrajoli parece partir do mesmo pressuposto ao considerar que a justificação da decisão penal depende fundamentalmente de que ela esteja embasada em uma tese provada, que decorra da verdade dos pressupostos fáticos e jurídicos, entendida a verdade *"proprio nel senso*

---

[270] PICÓ I JUNOY, Joan. *El juez y la prueba*: estudio de la errónea recepción del brocardo *iudex iudicare debet secundum allegata et probata, non secundum conscientiam* y su repercusión actual. Barcelona: Bosch, 2007, p. 119, 152.

[271] O que resta declarado no artigo 1° da Constituição espanhola. O valor da justiça é afirmado também nos preâmbulos e respectivos artigos 1° e 3° das Constituições portuguesa e brasileira. Em Portugal, fala-se de um poder-dever do juiz de tomar as medidas necessárias à correta e justa decisão da causa, no sentido de assentar a resposta jurisdicional sobre o adequado esclarecimento dos fatos relevantes à descoberta da verdade; cf. ALBUQUERQUE, Paulo Pinto de. *Comentário do Código de Processo Penal*: à luz da Constituição da República e da Convenção Europeia dos Direitos do Homem. 3. ed., atual. Lisboa: Universidade Católica, 2009, p. 851-852. Vê-se aí influência do sistema germânico, no qual vige um verdadeiro postulado de pesquisa da verdade real, como projeção direta do princípio de investigação da verdade a cargo do juiz; cf. JARVERS, Konstanze. Profili generali del diritto processuale penale tedesco. *Rivista Italiana di Diritto e Procedura Penale*, Milano, ano 46, nova série, fasc. 3, p. 930-949, luglio/sett. 2003, p. 931 *et seq.*; no mesmo sentido: ROXIN, Claus. *Derecho procesal penal*. Buenos Aires: Del Puerto, 2003, p. 100.

[272] FERRER BELTRÁN, Jordi. *Prueba y verdad en el derecho*. 2. ed. Madrid: Marcial Pons, 2005, p. 72.

[273] Idem, p. 99.

di 'corrispondenza' il più possibile aprossimativa della motivazione alle norme applicate e ai fatti giudicati".[274]

2.2.1. A preocupação com a justiça da decisão no âmbito do justo processo

Mencionou-se no capítulo anterior a importância de se meditar sobre o processo a partir da passagem para um modelo de atuação judicial embasado na interação de princípios e garantias constitucionais legitimantes da resposta jurisdicional, os quais decorrem, primordialmente, do grau de civilidade jurídica alcançado, de uma nítida opção cultural por valores que servem como balizamento e critérios de aceitação da dinâmica procedimental em juízo. A fórmula do justo processo compreende uma série de princípios legitimantes da atividade jurisdicional, reunindo postulados explícitos e implícitos ditados pela Constituição de maneira a ordenar o exercício da jurisdição.

A noção advinda do *giusto processo* pressupõe a observância das garantias processuais fundamentais das partes, mas não se esgota aí, do contrário a fórmula se resumiria a refletir os direitos fundamentais do processo tal como recebidos há décadas pela doutrina e jurisprudência constitucional, sendo, portanto, mera repetição de princípios já conhecidos e reconhecidos amplamente.[275] Na compreensão multifacetada do processo justo e equitativo, deve-se inserir ao menos o problema da justiça da decisão, ou, na linha proposta acima, da pretensão a que a resposta jurisdicional seja justa, isto é, que se aproxime o mais possível da correção na interpretação e aplicação das normas de direito envolvidas, o que sempre dependerá, para além das exigências de conformidade da decisão às garantias constitucionais e à lei, que se proceda à adequada reconstrução fática sobre a qual se irá aplicar a legislação.

Compreendendo-se o devido processo como um feixe de princípios incorporados nas constituições das sociedades modernas, os quais decorreriam de uma tomada de posição cultural e histórica orientada a consagrar algumas ideias-chave da atuação judicial como critérios de credibilidade e aceitação da atividade jurisdicional, não há como rejeitar se insira o ideal de justiça na realização do direito como fazendo parte da fórmula do justo processo. Não é preciso muito para explicitar

---

[274] FERRAJOLI, Luigi. *Diritto e ragione*: teoria del garantismo penale. 8. ed. Bari: Laterza, 2004, p. 43.

[275] TARUFFO, Michele. *La semplice verità*: il giudice e la costruzione dei fatti. Bari: Laterza, 2009, p. 117.

essa afirmação, bastaria mencionar que entre as finalidades do Estado Democrático, como valores supremos da sociedade, consta a busca pela justiça,[276] ou então se indagar qual seria a aceitação ou credibilidade de uma prestação jurisdicional orientada sistematicamente a emitir decisões injustas.

Para se considerar equitativo, o processo deve ser concebido de forma tal que leve em conta o anseio à produção de decisões justas, ainda que se reconheçam seus limites e sua falibilidade na consecução dessa aspiração, daí dizer-se que o processo ideal *"è quello che, nel rispetto delle garanzie difensive e di altri valori, assicura con maggiore probabilità un risultato giusto"*;[277] em outras palavras, o processo será justo na medida em que seja estruturado, também, de modo a valorizar, ou não desmerecer, a justiça de seu resultado.[278] Para que se possa falar de decisão justa, no sentido adotado, depender-se-á não apenas da observância das regras processuais, dos requisitos mínimos de equidade e da correta qualificação jurídica dos fatos, será necessário que o enunciado histórico formulado pelo juiz a respeito dos fatos seja correto; e ainda que se afirme a ausência de certeza definitiva quanto a esta última exigência, não há como negar que se trata de um ideal de justiça essencial, como critério regulativo, conforme será retomado na sequência.

Por isso, concorda-se com a afirmação de que a dimensão do justo processo tem a ver diretamente com a justiça de seu resultado, ou seja, a fórmula do *processo equo* exige uma preocupação não de se assegurar a certeza ou verdade material da decisão, mas sim de eliminar fontes identificáveis e identificadas de incerteza, que possam ser afastadas sem pôr em risco as demais garantias constitucionais incidentes na dinâmica probatória, como contraditório, paridade de armas e imparcialidade.[279] Nesse sentido, a observância do justo processo requer preocupação efetiva com o esclarecimento dos fatos em juízo, com a formulação de regras do processo que levem em consideração o ideal de justiça da decisão, ao menos se partindo da premissa de que os or-

---

[276] Cf. preâmbulos das Constituições portuguesa e brasileira.

[277] FERRUA, Paolo. *Il giusto processo*. Bologna: Zanichelli, 2009, p. 67.

[278] Em sentido análogo, Braccialini questiona: *"Quando diciamo 'giusto processo', ci riferiamo solo a regole processuali a garanzia del contradditorio, oppure abbiamo anche in mente gli obiettivi sostanziali del processo e ci preme che esso sia reale strumento di realizzazione dei diritti e non solo il sistematico strumento per renderli ineffettivi?"*; BRACCIALINI, Roberto. Garanti o nel del risultato sostanziale? Spunti tardivi sul giusto processo. *Questione giustizia*, Milano, n. 6, p. 1208-1217, 2005.

[279] CHIARLONI, Sergio. Giusto processo, garanzie processuali, giustizia della decisione. *Rivista Trimestrale di Diritto e Procedura Civile*, Milano, ano 62, n. 1, p. 129-152, mar. 2008.

denamentos jurídicos conferem especial relevância a um conceito de justiça que transcende a mera legalidade.[280]

2.3. PRETENSÃO DE CORREÇÃO NA RESPOSTA JURISDICIONAL NOS DOIS MODELOS BÁSICOS: PREPONDERÂNCIA DO PROCEDIMENTO OU DO CONTEÚDO DA DECISÃO NA IDEIA DE JUSTIÇA PELO PROCESSO

Importante retomar em parte a noção exposta no item 1.2.1.3 a respeito da distinta ascendência que o ideal de justiça na resolução do caso concreto possui nos ordenamentos jurídicos europeu continentais, em comparação com os sistemas anglo-saxônicos. Mencionou-se que a correção do julgamento no modelo processual de *common law* possui íntima relação com a observância das regras procedimentais, diferente da pretensão de *civil law*, orientada também pela correta reconstrução fática em juízo com vista à justa solução da demanda, chegando a se resumir da seguinte forma a dissensão: o critério de justiça nos países de *common law* assenta-se, precipuamente, na correção do procedimen-to,[281] enquanto a justiça do julgamento nos países de *civil law* decorre, primordialmente, da correção da resposta jurisdicional,[282] valor este almejado com relevância[283] pelo ordenamento jurídico-constitucional dos sistemas de influência europeia continental.[284]

---

[280] Cf. Ferrua, que, referindo-se à decisão penal, acrescenta: "*in entrambi i casi – condanna dell'innocente o assoluzione del colpevole – il concetto di sentenza giusta implichi anche la verità dell'enunciato a causa del quale si è assoti o condannati*"; FERRUA, op. cit., p. 71.

[281] Faz-se intencional simplificação tomando-se em conta um modelo *adversary* puro, no qual o juiz estaria "*unconcerned about the issue under discussion*", porquanto os julgamentos tendem a ser justificados procedimentalmente, em um "*ambience with supports the procedural legitimation of judgments*", até o limite em que "*procedural questions almost totally eclipse substance*"; DAMAŠKA, Mirjan R. *The faces of justice and state authority*: a comparative approach to the legal process. New Haven: Yale University, 1986, p. 101-102.

[282] O processo é concebido como instrumento para fomentar valores mais amplos do que a mera resolução de uma disputa particular, portanto vislumbrando o julgador uma solução justa quanto ao mérito, mais estará inclinado a ver esta solução "*incorporated in the judgment notwithstanding the vagaries of the litigants procedural fortunes*", mesmo porque a imagem de um juiz indiferente às questões debatidas seria quase repulsiva; idem, p. 103.

[283] Mesmo Kelsen destaca existência, ao menos, de uma justiça relativa, na qual , segundo o autor, se destaca o estímulo da pesquisa da verdade. Após reconhecer não existir resposta para o que é a Justiça absoluta a que anseia a humanidade, considera possível uma Justiça relativa; segundo palavras do autor: "*la Justicia, para mí, se da en aquel orden social bajo cuya protección puede progresar la búsqueda de la verdad*"; KELSEN, Hans. *Qué es la Justicia?* Barcelona: Ariel, 1991, p. 63.

[284] O ideal de justiça enquanto correção na solução do caso concreto não seria essencial à ideia da *sporting theory of justice* anglo-americana, cf. COMOGLIO, Luigi Paolo. Regole deontologiche e doveri di verità nel processo. *La Nuova Giurisprudenza Civile Commentata*, anno XIV, 2. parte, p. 128-136, magg./giug. 1998, p. 129.

Os anseios a uma decisão justa, porque embasada na correta aplicação do direito sobre uma reconstrução fática verdadeira em juízo,[285] não aparecem com relevância nos ordenamentos jurídicos de *common law* a ponto de orientar suas técnicas processuais e aconselhar a postura dos sujeitos do processo; a verdade não se afigura como escopo essencial do processo *adversary*, tampouco ostenta função incentivadora importante na dialética processual ou na atuação do juiz.[286] A visão teórico-ideológica tradicional do processo como espaço de embate dialógico, desenvolvido em condições de paridade entre os interessados, modo a convencer os julgadores leigos com base nos argumentos e na estratégia persuasiva, parece, em certa medida, inconciliável com a assunção da pesquisa da verdade como desígnio prestigioso do processo, ou como elemento de estímulo, instigador.

É possível encontrar o substrato dessa concepção na obra de Rawls na referência que faz ao *pure procedural justice*, o qual poderia ser identificado, conforme exemplo dado pelo próprio autor, na ideia da loteria corretamente gerida, a qual seria indiferente a respeito de seu resultado: tendo a loteria sido desenvolvida corretamente, não importa quem vence; o modo de resolução é condicionado a prevalecer sobre o tipo de resolução.[287] Por outro lado, o *imperfect procedural justice* apresentar-se-ia sempre que os procedimentos judiciários fossem orientados a procurar e definir a verdade, pois haveria então um critério independente para o resultado correto (a verdade),[288] e não existe qualquer processo prático que possa garantir a sua obtenção.[289]

---

[285] Na intencional simplificação de Larez, referindo-se à justiça da decisão concreta:"*Una sentencia justa es la que da a cada uno lo que le corresponde*", ficando, no entanto, em aberto o problema da justiça da lei aplicada ao caso, cf. LARENZ, Karl. *Derecho justo*: fundamentos de etica juridica. Madrid: Civitas, 1985, p. 47.

[286] COMOGLIO, Luigi Paolo; ZAGREBELSKY, Vladimiro. Modello accusatorio e deontologia dei comportamenti processuali nella prospettiva comparatistica. *Rivista Italiana di Diritto e Procedura Penale*, Milano, ano 36, fasc. 2, p. 435-492, 1993, acrescentando que, na lógica da *sporting theory of justice*, o que realmente importa "*non è certo l'esito del giudizio, o l'attendibilità intrinseca della verità ..., bensì la correttezza procedimentale dello scontro dialettico tra le parti contrapposte*".

[287] COMOGLIO, Luigi Paolo; ZAGREBELSKY, Vladimiro. Modello accusatorio e deontologia dei comportamenti processuali nella prospettiva comparatistica. *Rivista Italiana di Diritto e Procedura Penale*, Milano, ano 36, fasc. 2, p. 435-492, 1993, p. 439.

[288] "*The characteristic mark of imperfect procedural justice is that while there is an independent criterion for the correct outcome, there is no feasible procedure which is sure to lead to it*"; cf. RAWLS, John. *A theory of justice*. Cambridge: Harvard University Press, 1971, p. 85.

[289] O exemplo dado pelo autor é exatamente o do julgamento em processo criminal, no qual o resultado almejado é de que o réu seja condenado se, e somente se, tenha de fato cometido o crime do qual é acusado; portanto é um procedimento direcionado à busca e ao estabelecimento da verdade. Mas é aparentemente impossível definir as regras de forma a que sempre se alcance o resultado correto, ainda que o procedimento seja rigorosamente conduzido, pode chegar-se a um resultado errado, por isso trata-se de uma justiça processual imperfeita. Cf. Idem, p. 85-86.

Quando não há critério independente para o resultado justo, tem-se então a manifestação do *pure procedural justice*,[290] assentado, portanto, apenas na existência de *a correct or fair procedure*, a permitir que o resultado, seja ele qual for, também se considere *correct or fair*, desde que o procedimento tenha sido rigorosamente observado. Não há critérios autônomos ao próprio procedimento para aferir se uma decisão é ou não justa, todo veredito é justo enquanto seguiu-se como consequência de um procedimento justo.[291]

Seguindo-se nessa linha, e retomando as ideias de Radbruch quanto à essência do processo anglo-americano assentado no *fair*,[292] ao juiz, como a qualquer instituição verdadeiramente imparcial, é atribuída apenas a observância das regras do procedimento quando se realizam as provas e quando se estabeleçam, na sentença, os resultados da lide: o experimento das provas compete às partes.[293] O rito judicial é concebido como uma prova desportiva diante de um público interessado e competente, *"di fronte al quale ciascuna delle parti vuole fare la migliore figura"*,[294] ideologia que foi antigamente identificada pela expressão *sporting theory of procedure*: o mecanismo de solução do conflito estava fundado na livre competição entre as partes diante de um juiz passivo, sem particular interesse com a verdade histórica.[295]

Exemplo da dissonância de premissa entre os dois sistemas parece ficar bem nítido a partir da perplexidade, de ordem mais moral que jurídica, exposta por juristas de *civil law* em relação ao que chamam de uma concepção "mercantil" da justiça penal americana, a qual decorreria da ampla contratação entre as partes do processo, uma vez que a

---

[290] *"A distinctive feature of pure procedural justice is that the procedure for determining the just result must actually be carried out; for in these cases there is no independent criterion by reference to which a definite outcome can be known to be just"*; RAWLS, op. cit., p. 86.

[291] O Estado se preocupa que as garantias se respeitem e se cumpram, *"sin una inquietud muy profunda por el resultado mismo de la justicia. Como en el duelo, una vez observadas las formas, bien vence el que vence"*; COUTURE, Eduardo J. *Estudios de derecho procesal civil*. Buenos Aires: Ediar, 1989. t. 1, p. 310.

[292] Segundo o autor, não é uma palavra (*fair*) que possa ser traduzida à língua germânica, uma vez que seus diversos significados (correto, cavalheiresco, equo, justo) se fundem em uma compreensão conjunta; cf. RADBRUCH, Gustav. *Lo spirito del diritto inglese*; a cura di Alessandro Baratta. Milano: Giuffrè, 1962, p. 13.

[293] RADBRUCH, Gustav. *Lo spirito del diritto inglese*; a cura di Alessandro Baratta. Milano: Giuffrè, 1962, p. 13.

[294] Idem, p. 14.

[295] CHIARLONI, Sergio. Riflessioni microcomparative su ideologie processuali e accertamento della verità. In: *Due iceberg a confronto: le derive di common law e civil law*. Milano: Giuffrè, 2009, p. 101-117. (Quaderni della Rivista Trimestrale di Diritto e Procedura Civile).

grande maioria dos casos penais resolve-se pela *plea bargaining*.[296] E o fenômeno não é recente, para explicitar a constatação de que o sistema processual estadunidense atribui apenas mínima parte dos casos criminais ao *jury trial*; basta mencionar que, nas *Federal Courts*, a declaração de culpa da parte do imputado, evitando o assim debate público diante dos jurados, passava de 50% sobre o total das condenações em 1908, chegava a 72% em 1916, alcançando 90% em 1925.[297]

É possível começar a compreender por que o papel essencial do juiz tido por imparcial no *adversarial system* seja o de árbitro com atenção voltada à observância das regras do procedimento, permitindo, assim, que as partes desenvolvam suas estratégias de convencimento sem interferências oficiosas pretensamente direcionadas a aproximar o resultado do processo à verdade ou à justiça da decisão. E, por inferência correlata, entende-se igualmente os motivos pelos quais o juiz do modelo europeu continental está investido, tradicionalmente, de maior ascendência em um processo judicial impulsionado, também, pelo anseio de justiça enquanto correção da resposta jurisdicional.

Os países inspirados pela cultura de *civil law* costumam atribuir à resolução do processo judicial relevância que segue para além dos interesses individuais contrapostos, o que decorre de uma percepção claramente publicística da função jurisdicional, da consideração de que a definição da demanda terá projeção mais abrangente do que a esfera limitada em debate, e que se poderia relacionar com o ideal de realização dos valores ou princípios do Estado de Direito, pelo que não poderia ficar restrito ao livre jogo de disponibilidade das partes. Ao menos no âmbito das causas penais, ante a *res judicanda*, parece, não haveria como se questionar essas afirmações, a definição das lides penais não pode ficar na dependência de ocasionais atividades ou inércia das partes.

Nessa resumida abordagem das distintas concepções de realização da justiça pelo processo judicial nos dois modelos de referência, não se poderia deixar de mencionar o autor que se dedicou ao estudo comparado e conferiu o devido valor às influências que as distintas bases culturais e de tradição possuem na conformação dos ordenamentos processuais, de seus institutos e estruturas. Cappelletti expõe como, não só nas matérias do processo, mas em todos os campos do direito, emergem implícita ou explicitamente, nas soluções dadas pelos juris-

---

[296] Cf. GREVI, Vittorio. Riflessioni e suggestioni in margine all'esperienza nordamericana del-plea bargaining. In: AMODIO, Ennio; BASSIOUNI, M. Cherif (Coord.). *Il processo negli Stati Uniti d'America*. Milano: Giuffrè, 1988, p. 299-322.

[297] FINKELSTEIN, Michel O. A statistical analysis of guilty plea practices in the Federal Courts. *Harvard Law Review*, Harvard, v. 89, n. 2, p. 293-315, Dec. 1975.

tas, *"considerazioni e valutazioni di carattere lato sensu culturale, politico, ideologico"*,[298] portanto seria um equívoco desprezar tais influxos, descontextualizar o ambiente cultural de onde emerge a reflexão, ou pior, confundir os ordenamentos de modo a argumentar com razões ideológicas e culturais anglo-americanas para encaminhar soluções nas estruturas judiciais europeia continentais, ou vice-versa.

2.3.1. Indispensabilidade e limitações da técnica do contraditório

Feita a exposição contrastiva, por se tratar da forma mais simples de aclarar a distinção entre os modelos de processo de influência anglo--americana e europeia ocidental, não se poderia deixar de mencionar a crença de muitos autores, em parte correta, no sentido de que a concepção dialética da prova e a estrutura do procedimento em contraditório seria a melhor forma de esclarecimento dos fatos relevantes e, portanto, de busca da verdade em juízo. Entre as razões, figuraria a maior proximidade das partes contrapostas com seus direitos e interesses, em última análise, com os fatos que lhes dariam sustentação, fazendo com que tivessem maior capacidade em demonstrar *"quella parte di verità che le giova"*.[299]

Seria de fato um equívoco, mais do que descuido de simplificação, entender o princípio do contraditório como uma mera garantia individual em favor do acusado que, de algum modo, entraria em conflito com a busca de reconstrução correta dos fatos em juízo; daí a se sustentar uma tendencial oposição entre o contraditório e busca da verdade seria o próximo passo, inferência tão correlata quanto errônea. Ao contrário disso, o mais provável é que, sem o contraditório, o primeiro valor que seria sensivelmente prejudicado seria o da verdade, conforme, aliás, é testemunha a própria história do processo penal.[300]

A técnica do contraditório, inegavelmente, configura um dos princípios fundamentais do processo penal, e se nessa afirmação a conotação de garantia do imputado ostenta aspecto essencial, igualmente está

---

[298] O autor afirma que as estruturas do processo são fortemente ancoradas a partir de premissas prejurídicas ou metajurídicas, no entanto reconhece a relatividade histórica e variabilidade dessas premissas no tempo; CAPPELLETTI, Mauro. Iniziative probatorie del giudice e basi pregiuridiche della struttura del processo. *Rivista di Diritto Processuale*, Padova, ano 22, II série, p. 407-428, 1967.

[299] CALAMANDREI, Piero. Il giudice e lo storico. *Rivista di Diritto Processuale Civile*, Padova, v. 16, parte 1, p. 105-128, 1939.

[300] FERRUA, Paolo. *Studi sul processo penale*: anamorfosi del processo accusatorio. Torino: Giappichelli, 1992. v. 2, p. 47-48.

no seu substrato a pretensão de veracidade na pesquisa dos fatos em juízo, por isso parte-se da premissa de que o contraditório é importante e, talvez, possa ser considerado até hoje o mais eficaz método epistêmico direcionado a prevenir erros judiciários. Não se há como refutar a relevância de um processo dialógico, submetido ao controle inter-subjetivo pelas partes, à verificação e falsificação lógica e empírica das afirmações inseridas no procedimento judicial, essência da técnica do contraditório, como mecanismo significativo de pesquisa da verdade.

Seguindo nessa linha, a definição pelo método dialético de formação da prova não significa uma imposição de que a reconstrução fática somente possa ser extraída do confronto entre as partes, de que os interessados dispõem de poderes excludentes e exclusivos no esclarecimento dos fatos. Assentir que o critério dialógico foi escolhido como técnica mais idônea ao conhecimento judicial dos fatos não significa se converta em instrumento de disponibilidade no processo; assegurar o pleno contraditório dos sujeitos não significa eliminar a iniciativa do juiz em matéria de prova, sobretudo quando se conclui que algum dos sujeitos interessados permaneceu inerte no esclarecimento de ponto relevante ao julgamento da matéria fática objeto do juízo.

Nesse sentido, para evitar uma simplificação exagerada, necessário mencionar que há inegáveis práticas judiciárias nos sistemas de *common law* que favorecem a busca da verdade,[301] como o caso da *cross--examination*, tido por autores anglo-americanos como *"un metodo particolarmente efficace di accertamento della verità"*, ou ainda como a única salvaguarda contra a sistemática parcialidade dos testemunhos.[302] No entanto, os próprios autores reconhecem a possibilidade de os membros do júri sequer conhecerem completamente o caso que devem julgar, uma vez que: *"solo le parti devono decidere quali fatti sono controversi e quali prove debbono essere sottoposte al giudizio della giuria"*,[303] e que o

---

[301] No excelente estudo sobre a prova no processo penal português e norte-americano, Dá Mesquita chama atenção a como o Código federal de direito probatório estadunidense declara explícita preocupação com a descoberta da verdade e com a justiça da decisão: "As *Federal Rules of Evidence* constituem um sistema normativo com assumidas preocupações funcionais de descoberta da verdade, revelada em várias fases do processo legislativo"; MESQUITA, Paulo Dá. A *prova do crime e o que se disse antes do julgamento*. Coimbra: Coimbra, 2011, p. 207.

[302] LANGBEIN, John H. The German advantage in civil procedure. In: GALLIGAN, D. J. *Procedure*. Aldershot: Dartmouth, 1992, p. 253-296.

[303] Cf. JOLOWICZ, J. A. L'amministrazione della giustizia civile: Inghilterra e Galles. In: FAZZALARI, Elio (a cura di). *La giustizia civile nei paesi comunitari*. Padova: Cedam, 1994.p. 151, 173. Langbein considera a *cross-examination* como paliativo frágil e vacilante que não desfaz as consequências da instrução prévia das testemunhas, além de originar *"fresh distortion when brought to bear against truthful testimony"*; LANGBEIN, John H. The German advantage in civil procedure. In: GALLIGAN, D. J. *Procedure*. Aldershot: Dartmouth, 1992, p. 263.

monopólio das partes no debate não é a melhor forma de se alcançar esclarecimento quanto aos fatos.[304]

Não se poderia deixar de mencionar ainda o vigoroso sistema de normas deontológicas vigentes em países do seio anglo-saxão, como nos Estados Unidos há pelo menos algumas décadas, assentadas em imposições técnicas e formais dos comportamentos aceitos e vedados em juízo, e que são complementadas pela implantação de uma série de sanções disciplinares e processuais, internas e externas, de modo a ditar as condições mínimas de desenvolvimento e aceitação moral do esquema *adversary* de justiça.[305] Pode exemplificar-se com a previsão, nas *Federal Rules of Civil Procedure*, de sanções cominatórias, pecuniárias e não pecuniárias, aplicadas inclusive e principalmente aos advogados, por ordem do juízo, e que visam a impedir a formulação de deduções consabidamente falsas, ou apenas com o propósito de dilatar o curso do procedimento, que muitas vezes se resume na fórmula da *law of lawyering*.[306]

Para além disso, também não se nega a premissa de que os interessados possuem, à partida, vantagens na defesa de seus interesses e na busca de esclarecer os fatos relevantes ao julgamento. Mesmo aceitando-se essa ideia, não haveria porque extrair daí, como consequência lógica, uma exigência de passividade do julgador, pela simples razão de que o exercício de iniciativa probatória pelo órgão jurisdicional tendente ao esclarecimento de incompletude no material probatório não traria nenhuma perturbação ao contraditório já desenvolvido, ou à posição privilegiada das partes quanto à prova dos fatos trazidos a juízo,[307] ao mesmo tempo em que agregaria na tutela do interesse público que se ventila no processo.

As ressalvas feitas não afastam o substrato básico de diferenciação quanto ao escopo da dinâmica processual entre a justiça anglo-ameri-

---

[304] *"The claim is, however, difficult to accept: that cross-examination can discover and reveal untruth is certain; that it can actually reveal the hitherto unrevealed truth is much more doubtful. It is also the case that many people would be surprised to learn that a court operating the adversary system has no duty to the truth.";* JOLOWICZ, J. A. Adversarial and inquisitorial models of civil procedure. *International and Comparative Law Quarterly*, Oxford, vol. 52, n. 2, p. 281-295, Apr. 2003.

[305] COMOGLIO, Luigi Paolo. Regole deontologiche e doveri di verità nel processo. *La Nuova Giurisprudenza Civile Commentata*, anno XIV, 2. parte, p. 128-136, magg./giug. 1998.

[306] Ante a ausência de poder sancionatório do juiz direto sobre os defensores que descumprem normas deontológicas básicas no processo brasileiro, uma comparação restrita com o *law of lawyering* estadunidense de garantia dos deveres de *candor and fairness* levaria a concluir que a preocupação com a verdade ou justiça dos julgamentos seria maior, ou mais eficaz, no processo *adversary*.

[307] DÍAZ CABIALE. José Antonio. *Principios de aportación de parte y acusatorio*: la imparcialidad del juez. Granada: Colmares, 1996, p. 69.

cana e processo dos países de direito continental,[308] isso porque, ainda que se reconheça a preocupação do sistema *adversary* com a verdade nos julgamentos,[309] bem como a imperiosidade de o juiz do sistema inquisitorial estabelecer judicialmente quem deve vencer a causa, isso não impede a afirmação de que o processo e o órgão jurisdicional de *civil law* buscam, como objetivo ideal, a realização da justiça, e apenas mediatamente outorgar razão a uma ou outra parte, ou, na linha de Díaz Cabiale, que *"la iniciativa probatoria judicial responde al modelo tradicional continental que establece como una finalidad del proceso penal el alcanzar la verdad"*.[310]

2.3.2. Inferência contrastiva que segue para além do contraditório

Impende essa relativa ampliação da análise para permitir esclarecimento importante, sem o qual o paralelo desenvolvido entre os dois sistemas básicos pode levar a desentendimentos e mesmo perplexidade, tendo em vista a inegável relevância do contraditório em ambos os modelos. Assim, ainda que o fator primordial de impulso do processo penal *adversarial* seja a disputa em contraditório pelos interessados, aspecto marcante e traço singular da dinâmica do processo anglo-americano, não se pode resumir apenas nesse enfoque, isoladamente, o contraste com o processo europeu continental, em relação ao qual o contraditório, da mesma forma, apresenta-se como traço característico e como imposição de legitimidade constitucional do procedimento.

À expressão do processo de *common law* como um espaço primordial de embate entre sujeitos com igualdade de oportunidades agre-

---

[308] Releva anotar a consideração de Dá Mesquita no sentido de que os sistemas acusatórios continental e anglo-americano possuem objetivos comuns de busca da verdade, a diferença não está na finalidade, e sim, no método: "O antagonismo entre os sistemas centra-se na articulação entre as opções políticas e as metodologias preferidas, em cada um deles, para a aproximação à *verdade factual*. Existindo objectivos comuns de veracidade..."; MESQUITA, Paulo Dá. A *prova do crime e o que se disse antes do julgamento*. Coimbra: Coimbra, 2011, p. 244-245.

[309] Questionamento interessante levantado por Díaz Cabiale, nomeadamente para a concepção de que o processo *adversary* também buscaria, em última análise, a verdade ou a justiça da decisão, é a de que, se o escopo é este, seria difícil negar a atuação probatória do órgão jurisdicional tendente ao esclarecimento desta verdade: *"puede rechazarse su carácter primario y puede presentársela de manera complementaria respecto de la de las partes, pero nunca rechazarla"*

[310] O autor, igualmente, reconhece a indiferença do julgador quanto ao resultado final no modelo adversarial: *"En el juego, propriamente no existe justicia, sino triunfo de la parte dotada de mayor habilidad... la noción de verdad desaparece absolutamente como finalidad intrínseca de cualquier proceso que se sustente en esos postulados, y pasa a ser algo contingente"*; DÍAZ CABIALE. José Antonio. *Principios de aportación de parte y acusatorio*: la imparcialidad del juez. Granada: Colmares, 1996, p. 249-250, 311.

ga-se, por exemplo, a natureza de ampla disponibilidade do órgão de acusação em relação tanto à atividade instrutória, ao conteúdo da imputação ou à própria persecução penal em si. Basta visualizar, para além da hipótese mais comum dos *plea agreements*, que acompanham um *guilty plea*, as possibilidades existentes de se retirar a acusação (*nolle prosequi*); de não se apresentar provas em juízo, de modo a alcançar-se a absolvição (*offering no evidence*); ou ainda de conceder imunidade ao *accomplice evidence*.[311]

Essa discricionariedade quase ilimitada, conjuntamente com a amplitude de poderes do *prosecutor*,[312] deve também fazer parte do pano de fundo sob o qual se afirma que o modelo processual anglo-saxônico concebe, tradicionalmente, uma forma de processo embasado na ideia de que a disputa judicial é coisa de interesse e livre disponibilidade das partes interessadas, sem que a pretensão de correção pelo conteúdo da decisão apresente aspecto relevante a ponto de amenizar a lógica do livre confronto entre os contendores. A partir desta ampliação da conjuntura de abordagem é possível referir-se, até mesmo, uma verdadeira dispensabilidade, ao menos no sistema estadunidense, de se assentar a administração da justiça em procedimento judicial.[313]

Outro elemento que permite a suposição da ausência de estímulo à verdade no processo anglo-americano está na dispensa do órgão de acusação de comprovar a culpabilidade do acusado a partir de quando este se declara culpado, abrindo mão do *privilege against self incrimination*, o que leva à imposição de um juízo condenatório, ainda que o juiz não esteja convencido; situação esta não incomum nas causas levadas a julgamento, tendo sido já mencionada a frequência com que o acusado

---

[311] Isso dentro do quadro legal ou jurisprudencial; Cuerda-Arnau alude ainda às modalidades informais de *arrangements* possibilitadas pela estrutura do sistema anglo-americano, que ocorrem tanto entre polícia e investigados, como entre *district attorney* e advogados de defesa, CUERDA-ARNAU, Maria Luisa. *Atenuación y remisión de la pena en los delitos de terrorismo.*Madrid: Ministerio de Justicia e Interior, Centro de Publicaciones, 1995, p. 153.

[312] A esse respeito, Fanchiotti fala mesmo em abandono, na práxis, do modelo processual focalizado no *jury trial*, tornando o prosecutor protagonista indiscutível, em substituição ao juiz; FANCHIOTTI, Vittorio. Origini e sviluppo della "giustizia contrattata" nell'ordinamento statunitense. *Rivista Italiana di Diritto e Procedura Penale*, Milano, ano 27, nova série, fasc. 1, p. 56-101, genn./mar. 1984.

[313] LANGBEIN, John H. Understanding the short history of plea bargaining. *Law & Society Review*, Amherst, v. 13, n. 2, special issue on plea bargaining, p. 261-272, Winter, 1979, p. 261-262; o autor cita uma passagem de julgado da Suprema Corte americana (Santobello v. New York, 404 U.S. 257, 260, 1971) mencionando a imprescindibilidade do modelo de dispensa do procedimento judicial na administração da justiça: "*Chief Justice Burger explained there that plea bargaining 'is to be encouraged' because '[i]f every criminal charge were subjected to a full-scale trial, the States and the Federal Government would need to multiply by many times the number of judges and court facilities'*".

se declara culpado com vistas a uma tratativa sobre a qualificação dos fatos ou sobre a pena postulada.[314]

A posição sustentada encontra guarida mesmo em juristas anglófonos, que, a par de reconhecer a existência de técnicas e garantias do esquema processual estadunidense que auxiliam no esclarecimento da verdade dos fatos, como a ampla publicidade do *jury trial* e exposição dos depoimentos orais à *cross-examination*, não deixam, por outro lado, de atestar a natureza processual de manifesto embate entre acusação e defesa, com o consequente sacrifício da verdade e da realidade objetiva dos fatos: valores sacrificados em prol da teoria esportiva da justiça.[315]

Mais do que a simples referência ao contraditório, o contexto de análise deve incluir os diferentes escopos do processo penal em cada um dos esquemas processuais cotejados, os quais estão marcadamente sob influxo dos ambientes histórico-sociais e político-ideológicos das nações nas quais foram desenvolvidos. A ideologia dos Estados de matriz eminentemente liberal, inspirada na realização ampla do *laissez-faire*, concebe o delito como fenômeno de um conflito social circunscrito aos indivíduos singulares ou grupos concretamente envolvidos, concepção esta que se projeta ao processo penal, o qual passa a ser visto então como técnica de resolução de controvérsias individuais, refratário a valores superiores e, em parte, apartados dos interesses em questão.[316]

Somente partindo-se de uma concepção do processo penal como verdadeiro espaço de duelo, no qual o que importa é a vitória sobre o oponente, fazendo prevalecer as razões e a linha de estratégia da parte mais hábil, é que se negaria por completo a iniciativa probatória de ofício, evitando assim qualquer risco de que a atividade judicial possa favorecer a um dos contendentes ou, o que acaba por ser o mesmo,

---

[314] A possibilidade de aplicação de penalidade com base apenas na confissão do investigado fez com que *"this nontrial system"* assumisse a condição de procedimento regular, usual, em substituição ao *"trial procedure envisaged by the Framers"*; LANGBEIN, John H. Torture and plea bargaining. In: MORAWETZ, Thomas (Ed.). *Criminal law.*Aldershot: Ashgate, 2001, p. 361-380. (The international library of essays in law & legal theory.Second series). A esse respeito, Fanchiotti fala mesmo em abandono, na práxis, do modelo processual focalizado no *jury trial*, tornando o prosecutor protagonista indiscutível, em substituição ao juiz;. FANCHIOTTI, Vittorio. Origini e sviluppo della *"giustizia contrattata"* nell'ordinamento statunitense. *Rivista Italiana di Diritto e Procedura Penale*, Milano, ano 27, nova série, fasc. 1, p. 56-101, genn./mar. 1984.

[315] DE FEO, Michael. La fase dibattimentale. In: AMODIO, Ennio; BASSIOUNI, M. Cherif (a cura di). *Il processo negli Stati Uniti d'America*. Milano: Giuffrè, 1988, p. 181-201.

[316] FIANDACA, Giovanni. *Modelli di processo e scopi della giustizia penale. Il Foro Italiano*, Roma, parte I, vol. II, p. 2023-2026, 1992. O autor refere como o órgão judicante, neste modelo ideal de Estado, assume papel de assegurar a observância das regras do procedimento, *"non è tenuto in primo luogo ad affermare quella che gli sembra la soluzione 'giusta' da ponto di vista del diritto sostanziale"*.

prejudicar a estratégia de convencimento adotada por um dos duelistas. Relativizar tal concepção a partir da assunção do valor do justo no expediente jurisdicional, e do aspecto de importante estímulo deste valor sobre a dinâmica probatória, permitiria acolher atuação de ofício em matéria de prova sem a necessária agressão à exigência de imparcialidade.

2.3.3. Atividade probatória como argumento persuasivo ou como instrumento demonstrativo

A partir do que já foi desenvolvido, é possível dizer que a atividade probatória desenvolvida pelas partes no sistema *adversarial* é preponderantemente de busca da captura psíquica do julgador, no sentido de convencer intimamente o juiz, mediante o exercício da persuasão, de que se sustenta a melhor versão entre aquelas afirmadas em juízo.[317] O adequado esclarecimento probatório dos fatos relevantes ao julgamento final, no sistema *adversary*, não se apresenta como ônus das partes direcionado à busca da verdade processual mais apta a se alcançar a justiça, no sentido de qualidade pela correção da decisão.

Recorrendo-se aos dois modelos históricos de prova propostos por Giuliani, o sistema anglo-saxônico se avizinharia ideologicamente do chamado *ordine isonomico*, no qual a prova aparece como argumento persuasivo destinado a convencer o órgão julgador da fiabilidade de uma das duas hipóteses argumentativas expostas em contraditório, o ônus da prova seria entendido como ônus da persuasão,[318] sustentado no método dialético e depreendendo a possibilidade de uma verdade prática, na qual a busca do conhecimento pressupõe a cooperação involuntária entre os participantes em uma discussão jurídica.[319] No segundo modelo probatório, designado assimétrico, a prova aparece mais como instrumento demonstrativo, portanto peculiar ao raciocínio científico voltado à demonstração dos fatos incertos: o processo não

---

[317] Mittermayer, após referir que acusador e acusado buscam, neste modelo, conquistar a seu favor a opinião do julgador, sendo que a atividade de persuasão desenvolvida "tem por terreno a consciência do juiz, que os dois adversários se esforçam a convencer e conquistar", sintetiza, dentre os caracteres especiais do júri, o fato de os julgadores não terem obrigação de motivar, visto estarem livres e obedecerem somente a suas convicções pessoais. MITTERMAYER, C. J. A. *Tratado da prova em materia criminal*. 3. ed. Rio de Janeiro: Jacintho Ribeiro dos Santos, 1917, p. 70, 151.

[318] GIULIANI, Alessandro. Prova in generale: a) filosofia del diritto. In: *Enciclopedia del Diritto*. Milano: [s.n.], 1988. v. 37, p. 521 *et seq.*

[319] *"la concezione della prova come argumentum; in opposizione al metodo dimostrativo, peculiare del ragionamento scientifico, l'argumentazione – valida nel dominio del contingente, dell'opinione, della verità pratica – non può prescindere dal momento della persuasione"*; cf. Giuliani. Ibidem, p. 525.

seria o lugar preponderante da comunicação, mas sim, da informação destinada ao alcance de uma verdade material ou formal.[320]

Ainda que a elaboração dos mencionados modelos básicos de prova esteja inserida no domínio de uma reflexão acerca do conflito histórico entre lógica e retórica, principalmente quanto às suas influências sobre o direito probatório,[321] é possível vislumbrar uma repercussão, ainda que superficial, do ponto de vista do direito comparado.[322]

A prova, como instrumento persuasivo, aproximar-se-ia do sistema de *common law*, uma vez que estaria em jogo primordialmente o convencimento íntimo dos julgadores entre duas hipóteses reconstrutivas dos fatos apresentadas em igualdade de oportunidades pelos contendores:[323] *"il processo é cosa delle parti, il giudice deve controllare..., senza peró sostituire il próprio giudizio alle due alternative che gli vengono proposte"*.[324] Por outro lado, a prova concebida como instrumento demonstrativo de busca do conhecimento científico dos fatos relacionar-se-ia com os sistemas de *civil law*, nos quais se assente com uma suplência do juiz na matéria fática sob o fundamento da pesquisa da verdade.[325]

2.3.4. A relevância da dualidade de concepções quanto à atividade probatória em juízo

A partir dessa percepção, entendem-se algumas confusões doutrinárias no sentido de que a prova, como resultado do conjunto da atividade probatória, teria caráter subjetivo, equiparando-se ao convencimento do julgador; segundo essa tese, considerar que determina-

---

[320] O autor esclarece haver fundamento comum aos sistemas procesuais de busca da verdade formal ou material, e que está tanto na aceitação do conceito moderno de prova, como no recurso à probabilidade objetiva, *"valutata in un caso preventivamente dal legislatore e nell'altro dal giudice"*; portanto o verdadeiro contraste dá-se com os sistemas probatórios baseados no *ordine isonomico;* cf. Giuliani. Ibidem, p. 526 *et seq.*

[321] O conceito clássico é o que concebe a prova como *argumentum,* elaborado pela retórica em conexão com a técnica do processo grego, assentado no provável, e concebendo a relevância da prova em termos negativos, cf. GIULIANI, Alessandro. Il conceto classico di prova: la prova come "argumentum". In: *La preuve*: premiere partie. Antiquite Bruxelles: Libraire Encyclopedique, 1964, p. 357-388. (Recueils de la Societe Jean Bodin Pour L'Histoire Comparative des Institutions).

[322] Em sentido análogo, TARUFFO, Michele. Modelli di prova e di procedimento probatorio. *Rivista di Diritto Processuale*, Padova, v. 45, n. 2, p. 420-448, apr.-giug. 1990.

[323] Aproximações quanto ao modelo probatório amplo que aparecem na obra de Giuliani tanto em *Il conceto classico...*, p. 360, como em *Prova in generale ...*, p. 542, 547 *et seq.*

[324] GIULIANI, Alessandro. Prova in generale: a) filosofia del diritto. In: *Enciclopedia del Diritto*. Milano: [s.n.], 1988. v. 37, p. 533.

[325] *"Nell'ordine asimmetrico vengono privilegiate, invece, le operazioni solitarie della mente del giudice, (...): un tale ordine legittima la supplenza del giudice, il quale pilota il processo (iudex potest in facto supplere), e ripartisce l'onere della prova"*; cf. GIULIANI, idem, p. 521.

do fato está provado significa que o juiz chegou à convicção de que é verdadeiro. Essa parcela da doutrina confunde a existência da prova de uma proposição fática, que depende da presença de elementos probatórios suficientes nos autos, com a convicção do juiz, no que se poderia denominar de tese subjetivista, por assimilar a prova de uma proposição à convicção interna do julgador.[326]

É possível supor-se o que a corrente doutrinária subjetivista, quanto à prova, faz é misturar, confundir o modelo de *ordine isonomico*, no qual a finalidade da atividade probatória é de convencer o órgão julgador de que se sustenta a melhor versão, com o modelo histórico assimétrico, em que a finalidade da prova é preponderantemente de demonstração dos fatos alegados.

Raciocinando no âmbito do sistema probatório e da estrutura de *civil law*, as regras de racionalidade e lógica na valoração das provas trazidas ao processo prescrevem que apenas se declarem provadas aquelas proposições fáticas que estejam comprovadas de acordo com aferição racional dos elementos de juízo. Nesse sentido, as regras limitativas da decisão judicial decorrentes da lógica e da racionalidade podem ser entendidas como imposições à emissão de juízos verdadeiros, ou se preferível, corretos por estarem corroborados pelas provas do expediente judicial; inexistindo correspondência entre a prova dos autos e o enunciado probatório que o juiz teve por provado, pode-se dizer que esta proposição admitida pelo julgador é falsa ou incorreta.[327]

O que importa é analisar a suficiência dos elementos incorporados aos autos, verificar se, efetivamente, existem no expediente elementos de juízo suficientes para se afirmar a comprovação do fato. A partir dessa análise, se poderá avaliar se os enunciados fáticos, tidos pelo julgador como provados, estão provados, com base em um critério racional de correção da decisão.

A prova, enquanto instituição jurídica, e restringindo o raciocínio à tradição judicial e estrutura do processo de *civil law*, deve ser entendida como o meio pelo qual o direito pretende determinar a verdade das proposições fáticas no âmbito do processo judicial, a finalidade da atividade probatória é a averiguação da verdade de determinados fatos relevantes para a aplicação do direito.[328] Em razão das limitações ou

---

[326] Tese subjetivística muito mais aproximada do modelo anglo-americano de *ordine isonomico*, que não se preocupa tanto com a demonstração de fatos incertos, e sim em convencer o julgador acerca da melhor versão dentre as trazidas pelas partes em juízo.

[327] FERRER BELTRÁN, Jordi. *Prueba y verdad en el derecho*. 2. ed. Madrid: Marcial Pons, 2005, p. 43.

[328] A relação entre prova e verdade em juízo é teleológica, o propósito último da atividade probatória é de permitir alcançar o conhecimento acerca da verdade sobre enunciados de fatos que se converterão em base do raciocínio decisório acaso sejam tidos por verdadeiros pelo juiz, o que

imperfeições deste meio, deve-se concordar com a afirmação de que a utilização do meio não garante a realização do fim, ou seja, da atividade probatória não estará assegurada a obtenção da verdade, mas essa conclusão não afasta a afirmação de que o objetivo da prova, enquanto resultado probatório decorrente dos elementos de juízo produzidos nos autos, é de fornecer dados indispensáveis para o conhecimento da verdade dos fatos ocorridos e que são relevantes para a aplicação do direito.[329]

Por outro lado, convencer os jurados acerca da melhor versão dos fatos entre as duas apresentadas em juízo não pressupõe a adoção de dinâmica procedimental ou estratégia probatória mais apta à busca da correção ou justiça do julgamento, por isso se considerar que a correção importa ao modelo processual de *common law* enquanto valor concernente à estrita observância das regras procedimentais, e não como algum valor ou critério de justiça assentado na melhor decisão da controvérsia, ideia mais íntima ao sistema judiciário do continente europeu. Por isso, também, afirma-se o contraponto da relevância da busca da verdade no processo de *civil law*, enquanto critério básico de afirmação da justiça, não como propensão a se alcançar alguma verdade que não a processual, mas partindo da ideia de que o acerto da decisão mesma, para além da exatidão do procedimento, é um valor a orientar o resultado do julgamento para que se possa considerá-lo justo,[330] portanto, figurando a verdade como fator de estímulo da atividade probatória dos sujeitos do processo, entre os quais, o juiz.

Subjacente a esses aspectos, como valor que está nas bases da concepção dos ordenamentos jurídicos de *civil law*, tem-se o que se denominou de pretensão a que a resposta jurisdicional seja justa, ou, ao menos, aproxime-se o mais possível da correção na aplicação do di-

---

decorrerá de sua conclusão pela existência de elementos de juízo suficientes a reputar determinado fato como provado; cf. FERRER BELTRÁN, Jordi. La valoración de la prueba: verdad de los enunciados probatorios y justificación de la decisión. In: FERRER BELTRÁN, Jordi *et al*. *Estudios sobre la prueba*. México: Universidade Nacional Autónoma de México, 2006, p. 1-45.

[329] Conforme sinala Ferrer Beltrán, está-se tratando da relação entre a prova e verdade enquanto instituição jurídica inserida na teoria do processo, não se podendo pressupor que as partes ou o juiz compartilhem do mesmo propósito: a finalidade principal da prova na ciência do direito não pode ser equiparada aos motivos individuais dos sujeitos do processo; FERRER BELTRÁN, Jordi. *Prueba y verdad en el derecho*. 2. ed. Madrid: Marcial Pons, 2005, p. 56.

[330] Concepção já encontrada em Garofalo, ao afirmar que o sistema inquisitório foi indiscutivelmente um progresso perante modelo processual que se afirmava pelo antagonismo entre privados, o qual não buscava definir inocente ou culpado, mas sim, o vencido, assemelhando-se, deste modo, mais a uma questão privada do que a um interesse social. O sistema inquisitório representou um progresso porquanto introduziu no processo "un'indagine critica ed imparziale della verità, ciò che è appunto l'obbietto del processo razionale e legittimo". Cf. GAROFALO, R. *Criminologia*: studio sul delitto e sulla teoria della repressione. 2. ed. Torino: Fratelli Bocca, 1891, p. 410.

reito, o que exige, para além de todas as exigências de legitimidade e adequação da decisão aos princípios e às garantias constitucionais, que se esclareça o substrato fático sobre o qual será aplicada a lei. Simplificando no que importa ao presente estudo, uma decisão penal, ainda que tenha observado estritamente os direitos fundamentais do acusado e as prerrogativas processuais das partes, não terá alcançado o ideal de justiça acaso o levantamento dos fatos tenha sido de tal forma incompleto ou omisso que indique haver-se, provavelmente, proferido decisão injusta, mormente por incompletude, facilmente identificável na atividade probatória.

A correção da decisão a ser proferida no sistema de *civil law* ostenta aspecto relevante e que está para além do exercício persuasório desenvolvido pelos interessados, ao contrário, conforme mencionado acima, da concepção *adversary* do processo como um jogo de retórica destinado à captura psíquica do decisor. Parece que nesta concepção do valor do justo como elemento importante do resultado da manifestação do poder estatal pela função jurisdicional, maximizado que é pela natureza dos interesses atuantes no processo penal, ficam mais compreensíveis os motivos pelos quais a assunção da pesquisa da verdade figura como desígnio prestigioso do processo, apartando soluções que importariam em conceber, de fato, quase que uma disponibilidade probatória no procedimento penal.

Para além disso, entende-se também discutível que se possa pretender, com ideia de busca da verdade, alcançar a relativização de princípios constitucionais incidentes sobre a qualidade da verificação processual; em outras palavras, argumentando em sede de juízo sobre constitucionalidade, é questionável que se aceite, em nome do valor da verdade ou da justiça, devam alijar-se do ordenamento jurídico quaisquer normas que restrinjam a perseguição da verdade no processo. Por isso é que se diz que a reconstrução do fato, ou se preferir, a busca da verdade deve, de qualquer maneira, ocorrer pelos modos e formas estabelecidas nas leis processuais compatíveis formal e materialmente com a Constituição.[331]

Em todo caso, tendo sido já afirmada a valoração constitucional que o princípio da imparcialidade ostenta, não seria razoável recorrer-se a um singelo argumento que sinalizasse a pretensão de verdade como condição suficiente a afastar o postulado restritivo e de garantia da imparcialidade. Ao menos se admitindo, o que parece incontestável,

---

[331] FERRUA, Paolo. I poteri probatori del giudice dibattimentale: ragionevolezza delle Sezioni unite e dogmatismo della Corte costituzionale. *Rivista Italiana di Diritto e Procedura Penale*, Milano, ano 37, fasc. 3, p. 1065-1084, luglio/sett. 1994.

a premissa de que o julgador que assumisse *a priori* poderes investigativos para além dos limites de supletividade e secundariedade estaria muito próximo de figurar como protagonista ou inquisidor, e, portanto, emasculando a pretensão de imparcialidade.

A discussão passa a ser a forma como se deve tentar compatibilizar esses interesses no processo penal, o que será objeto de apreciação no capítulo seguinte. Nessa tentativa de se firmarem algumas linhas gerais no tema, se recorrerá também ao tratamento da matéria no direito comparado, de modo a buscar mais elementos que possam auxiliar nesta parte final do estudo destinada a refletir sobre o possível balanceamento entre os dois polos em latente tensão.

3. Tentativa de compatibilização: busca da harmonização entre os princípios com tendências opostas no tema da iniciativa instrutória *ex officio*

Conforme assentado na primeira parte do estudo, é na consideração basilar da exigência de imparcialidade que a matéria da iniciativa instrutória de ofício ingressa em maior campo de iminente tensão. Não se tem como negar que a atribuição ao juiz de um amplo papel ativo na obtenção de provas no processo tende a refletir negativamente sobre a imparcialidade, nomeadamente quando a iniciativa oficial venha a substituir ou igualar-se à atuação dos contendores.

Por isso, segundo alguns, haveria somente duas alternativas possíveis acaso se acolha a pretensão de fazer valer única e inteiramente o princípio da imparcialidade do julgador no processo penal, sem nenhum risco de alcançá-lo: a) alijar o órgão que exerce o poder decisório dos debates perante o colégio judicante (modelo anglo-americano do júri); b) aceitar o risco de lacunas na atividade desenvolvida pelas partes, vedando ao juiz qualquer intervenção sobre o terreno da prova, inclusive retirando-lhe a possibilidade de conduzir interrogatórios e direcionar perguntas às testemunhas.[332] Isso porque alguma contradição haveria, decorrente da preocupação em evitar risco de parcialidade, em negar toda e qualquer possibilidade de integração de prova *ex officio judicis* e, ao mesmo tempo, aceitar maiores poderes na prática judicial probatória, ao ponto de o julgador ter a possibilidade de denegar ou acolher um meio de prova, ou mesmo dirigir perguntas às testemunhas, peritos e ao próprio réu.[333]

---

[332] FERRUA, Paolo. I poteri probatori del giudice dibattimentale: ragionevolezza delle Sezioni unite e dogmatismo della Corte costituzionale. *Rivista Italiana di Diritto e Procedura Penale*, Milano, ano 37, fasc. 3, p. 1065-1084, luglio/sett. 1994.

[333] PICÓ I JUNOY, Joan. *El juez y la prueba*: estudio de la errónea recepción del brocardo *iudex iudicare debet secundum allegata et probata, non secundum conscientiam* y su repercusión actual. Barcelona: Bosch, 2007, p. 149-151.

No entanto, ambas as alternativas acima enumeradas não se conciliam com o sistema de processo penal preponderante nos países do modelo europeu continental nos quais, comumente, tem-se a figura do juiz profissional que preside a instrução judicial de modo a preservar a correção do procedimento e, do mesmo modo, talvez com igual importância, tutelar de alguma forma a correção da decisão, a partir do pressuposto já assentado de que a matéria probatória não está à inteira disponibilidade das partes, como consequência da essencial indisponibilidade do objeto da decisão penal. Conforme foi abordado nos capítulos anteriores, a tradição ideológico-cultural, a forma de estruturação do esquema processual e os valores reinantes no sistema jurídico de *civil law* não convivem com o processo entendido como mera *dispute resolution*, de monopólio das partes na solução da controvérsia.

Por isso, considera-se que a abordagem do tema concernente à atribuição ao juiz de papel ativo na colheita de provas importa refletir a respeito da inserção da matéria em uma eventual zona de equilíbrio entre dois polos tendencialmente opostos relacionados: de um lado, à preservação da imparcialidade, à qual os poderes instrutórios parecem propensos, de algum modo, a incidir; de outro, à completude da instrução probatória, como forma de correção de lacunas em atenção à indisponibilidade da matéria penal, que a iniciativa judicial supletiva inclina-se a reforçar. Acolher-se uma concepção do sistema tal como sugerida nas opções "a" e "b" acima, não permitiria nenhuma concessão a critérios de balanceamento valorativo e funcional no processo, desconsiderando qualquer possibilidade de refletir sobre a harmonização: seja porque negue, *a priori*, a existência de eventual conflito de valores e interesses; seja por partir da ideia de que a relação existente é de antagonismo e incompatibilidade, não de tensão ou balanceamento; ou ainda por entender pela necessária precedência, em qualquer hipótese, da garantia de imparcialidade, como reflexo de uma prioridade absoluta.[334]

Conforme acurada síntese apresentada por Castanheira Neves, os princípios fundamentais do processo penal não formam um sistema de lógica coerência, no sentido de todos convergirem no mesmo sentido finalístico normativo, pelo contrário, concorrem muitas vezes em

---

[334] Alexy denomina como sendo uma solução sustentada em relação de precedência incondicionada, podendo falar-se também de relações "abstratas" ou "absolutas" de precedência, ALEXY, Robert. *Teoria da argumentação jurídica*: a teoria do discurso racional como teoria da justificação jurídica. São Paulo: Landy, 2001, p. 92. Chama-se atenção à referência de Canotilho, na mesma linha de Alexy, no sentido de que: "a pretensão de validade absoluta de certos princípios com sacrifício de outros originaria a criação de princípios reciprocamente incompatíveis, com a destruição da tendencial unidade axiológico-normativa da lei fundamental"; cf. CANOTILHO, J. J. Gomes. *Direito constitucional e teoria da Constituição*. 4. ed. Coimbra: Almedina, 2000, p. 1146.

uma relação de contraposição, cabendo ao processo real buscar uma transação entre esses postulados orientadores das opções normativas fundamentais. A noção de que "cada um desses princípios será concretamente limitado pelos termos em que tiver sido reconhecido o princípio oposto" é fundamental para evitar o "erro de se pretender realizar qualquer um deles tal como o exigiria a sua admissão pura", que importaria em aceitá-lo plenamente e em todos os seus desenvolvimentos lógicos.[335]

De qualquer modo, conforme anteriormente assentado, é preciso ter sempre em conta que, surgindo perigo à imparcialidade em decorrência da extensão ou grau de atuação dos poderes probatórios de ofício, não deve haver dúvida de que a restrição deve incidir sobre a iniciativa do juiz em matéria de prova, mantendo hígida e segura a imparcialidade judicial.[336] Ainda que a garantia do ideal de justiça ou de correção dos julgamentos possa estar representada por um juiz que disponha de poderes probatórios de modo a complementar eventual lacuna do material cognoscitivo sobre o qual deverá pronunciar-se, sem perder sua neutralidade gnosiológica, não se há como ignorar os riscos que a assunção de ilimitados poderes probatórios *ex officio* tem de vulnerar a imparcialidade; nas palavras de Caraceni: "*si deve cercare di conferire all'organo della decisione il massimo dei poteri probatori compatibile con l'irrinunciabile esigenza di non pregiudicarne l'imparzialità*".[337]

3.1. PROBLEMA DE COMPATIBILIZAÇÃO CONSTITUCIONAL OU DE ESCOLHA INFRACONSTITUCIONAL

Conforme abordado anteriormente, a matéria objeto do processo penal, *res iudicanda*, é indisponível; conclusão que se pode extrair de princípios e valores presentes no ordenamento jurídico, inclusive de ordem constitucional. Há uma clara indicação na normativa constitucional da impossibilidade de se atribuir ao processo penal um princípio de disponibilidade, o que se refletirá, também, na regulação da atividade probatória em juízo. Reconhecer iniciativa instrutória supletiva *ex officio* seria forma de inserir reforço ao controle da indisponibilidade da matéria tratada no rito penal, e, de algum modo, ressaltar também a importância desse princípio no sistema penal.

---

[335] NEVES, A. Castanheira. *Sumários de processo criminal*: 1967-1968. Coimbra: [s.n.], 1968, p. 29-30.

[336] CARACENI, Lina. *Poteri d'ufficio in materia probatoria e imparzialità del giudice penale*. Milano: Giuffrè, 2007, p. VIII.

[337] Idem, p. IX.

A primeira questão a se propor é se incidiria vício constitucional de ilegitimidade acaso houvesse opção legislativa direcionada a impedir iniciativa judicial em matéria de prova. Uma primeira avaliação possível, raciocinando em espaço de argumentação razoável, entenderia que tal opção do legislador, a par de censurável, não poderia ser taxada de inconstitucional, pela simples razão de que o objeto do processo e a instrução probatória não se tornariam disponíveis em decorrência de redução na possibilidade de controle da vedação originária à disposição no processo. No máximo se reconheceria o evidente enfraquecimento da força valorativa da indisponibilidade da *res iudicanda*, a partir do momento em que se extinguisse qualquer hipótese de controle pelo magistrado.

Nessa vertente primária, o objeto do processo penal permaneceria sendo indisponível, ou em outras palavras, não deixaria de sê-lo pela simples alternativa legal contrária à dinâmica probatória *ex officio*; manter-se-ia a obrigação do Ministério Público de, ausente norma legal em sentido inverso, propor a ação penal quando presentes indícios para tanto, bem como exercer os atos de prova necessários a assegurar no processo a indisponibilidade do material probatório.[338] Caberia ao órgão de acusação, e somente a ele, garantir e assegurar a observância do princípio da indisponibilidade; para preservar unicamente a imparcialidade do juiz, retirar-se-ia qualquer possibilidade de efetuar controle sobre a concreção da inalienabilidade da operosidade probatória, atribuindo tão somente ao MP o impulso e controle sobre a indisponibilidade da *res iudicanda*.

Tal interpretação afetaria apenas aos contendores toda a responsabilidade processual pela realização e controle da efetiva indisponibilidade, o que deveria pressupor a previsão da aplicação de sanções funcionais ao órgão do Ministério Público acaso descurasse da sua obrigação de velar pela concretização integral das possibilidades probatórias direcionadas à reconstrução dos fatos, ao esclarecimento das responsabilidades, e à punição dos culpados.[339] A questão principal, portanto, estaria na inexistência de norma constitucional impondo que

---

[338] Em sentido análogo ao exposto, Ferrua refere que: *"Dire che l'obbligatorietà dell'azione penale non è tutelata nel migliore dei modi non equivale ad affermare che l'azione penale abbia cessato d'essere obbligatoria"*, FERRUA, Paolo. I poteri probatori del giudice dibattimentale: ragionevolezza delle Sezioni unite e dogmatismo della Corte costituzionale. *Rivista Italiana di Diritto e Procedura Penale*, Milano, ano 37, fasc. 3, p. 1065-1084, luglio/sett. 1994.

[339] Idem, p. 1081. Eduardo Correia não consente com esta solução, considera que estimular as partes a produzirem em juízo todos os elementos probatórios indispensáveis ao esclarecimento dos fatos não pode chegar "a ponto de as ameaçar com a sanção", por isso se imporia no processo penal conceder ao juiz poderes de atuar para além da vontade instrumental das partes; CORREIA, Eduardo Henriques da Silva. *Teoria do concurso em direito criminal*: caso julgado e poderes de cognição do juiz. Coimbra, Atlântida, 1948, p. 18-19.

o controle da observância da indisponibilidade do objeto do processo penal deva ser assegurado supletivamente pelo juiz, e uma lei que expungisse essa possibilidade não poderia ser reputada inconstitucional ou ilegítima.

Ainda nesta linha, e à guisa de complementação, questão importante é se essa escolha seria a mais adequada e propensa à preservação dos princípios da obrigatoriedade e da legalidade, bem como à manutenção do relativo equilíbrio dos demais valores tutelados pelo processo com relevância, assim como aos direitos de defesa dos acusados; em suma, a busca da correção e da justiça da atuação estatal na acepção esclarecida no capítulo anterior.

Não obstante, ao contrário disso, concorda-se com a tendência que considera se tratar de expediente necessário à preservação da indisponibilidade do objeto do processo e à pesquisa da justiça a previsão de iniciativa judicial em matéria de prova, como forma de afastar fontes identificáveis e identificadas de incerteza em pontos relevantes ao julgamento da causa.[340] A presença do órgão oficial do Estado, o acusador público, no processo, afasta sim que se possa afirmar que a imposição de absoluta passividade do julgador implique necessariamente conceber uma privatização do processo penal, a oficialidade, parece, aparta consideração desse gênero.

Por outro lado, retirar qualquer atuação probatória do juiz, ou, em última análise, eliminar o controle judicial sobre a indisponibilidade probatória significaria assegurar um espaço de discricionariedade do Ministério Público, por retirar toda possibilidade de correção endoprocessual de displicência na preservação de interesses públicos não disponíveis. A expansão do espaço de discrição, de fato, do MP seria ainda maior a partir do momento em que, embora vigente o princípio da obrigatoriedade, bastaria ao órgão de acusação ingressar com a inicial acusatória e, em seguida, permanecer passivo no que deveria ser uma busca judicial de comprovação da imputação, sem que os rumos pudessem ser controlados pelo julgador inerte. Conforme já foi dito, não se pode conceber um princípio dispositivo sequer no plano probatório *"perché ciò significherebbe rendere disponibile, indirettamente, la stessa res iudicanda"*.[341]

---

[340] CORDERO, Franco. *Procedura penale*. 8. ed. Milano: Giuffrè, 2006, p. 621-622.

[341] Conforme afirmou a Corte Constitucional Italiana – 24-26 marzo 1993, n. 111. Pres. Borzellino. Disponível em: <http://www.cortecostituzionale.it/actionPronuncia.do>. Acesso em 25.02.2012; que acrescentou de forma percuciente: *"È, del resto, evidente che sarebbe contraddittorio, da un lato, garantire l'effettiva obbligatorietà dell'azione penale contro le negligenze o le deliberate inerzie del pubblico ministero conferendo al giudice per le indagini preliminari il potere di disporre che costui formuli l'imputazione (art. 409, quinto comma); e, dall'altro, negare al giudice dibattimentale il potere di supplire*

Para além disso, a primeira linha interpretativa teria por consequência nefasta – o que não ocorre nesta segunda vertente eleita – a impossibilidade de o órgão jurisdicional exercer alguma complementação na matéria probatória a favor do acusado, sob a justificativa de preencher lacuna sobre ponto que se possa mostrar favorável à defesa;[342] primeiramente, porque, neste caso, haveria flagrante ofensa aos postulados teóricos que sustentam a formulação direcionada a impor a passividade do julgador, que é a de tutelar acima de tudo, como valor soberano e com precedência absoluta, o da imparcialidade judicial. E, se não bastasse isso, haveria também a afirmação de uma deficiência na raiz dos fundamentos do processo entendido como um enfrentamento de partes, a impedir se prosseguisse na estruturação do caráter *adversariness* do procedimento, ante o reconhecimento da existência de desigualdade conceitual originária entre as partes.[343]

No plano ideal, há dois modelos de esquema processual que levam à conformação de duas estruturas de dinâmica probatória em juízo, uma de origem anglófona, e outra de ascendência nos países de tradição de direito europeu continental. Conforme analisado nos capítulos antecedentes, a versão *adversary* anglo-americana se assenta na igualdade entre os contendores, na estrita paridade de armas, e no distanciamento absoluto do julgador da *dispute resolution*, elevada a monopólio dominante da iniciativa e da atividade das partes. A derivação de *civil law*, por reconhecer à partida a existência de valores indisponíveis no processo, como a justiça na resolução dos conflitos, a indisponibilidade do objeto do procedimento e o caráter eminentemente público dos interesses em discussão, admite, com matizes de intensidade, a complementação do material probatório *ex officio*.

Nesse plano idealístico dos modelos de administração da justiça, é inconcebível a noção sustentada por alguns autores de que o julgador poderia exercer iniciativa probatória apenas em benefício da defesa. Não é uma tese que se sustenta no sistema anglo-americano, que pressupõe a plena isonomia das partes, com o afastamento do Estado-juiz do duelo argumentativo desenvolvido pelos únicos interessados

---

ad analoghe condotte nella parte pubblica. L'attribuzione di tale potere ha, anzi, un fondamento maggiore, perché i principi di legalità ed uguaglianza – di cui quello di obbligatorietà dell'azione è strumento (cfr. sentenza n. 88 del 1991) – esigono che il giudice sia messo in grado di porre rimedio anche alle negligenze ed inerzie del difensore".

[342] Em sentido contrário, por exemplo, PRADO, Geraldo. *Sistema acusatório*: a conformidade constitucional das leis processuais penais. 4. ed. Rio de Janeiro: Lumen Juris, 2006, p. 137, que sustenta ser possível complementação probatória apenas para "pesquisar de maneira supletiva provas da inocência".

[343] DÍAZ CABIALE. José Antonio. *Principios de aportación de parte y acusatorio*: la imparcialidad del juez. Granada: Colmares, 1996, p. 313-314.

na forma de solução da causa, daí por que, neste modelo, juiz imparcial seria juiz inerte. Também não se coaduna com o sistema jurídico europeu continental, que insere com relevância no processo o interesse na verdade e correção da decisão, do que resulta a admissão de iniciativa judicial complementar, portanto não para beneficiar alguma das partes, mas sim, como forma de preservar o valor da justiça e os interesses indisponíveis levados a julgamento.

A tese de que o julgador somente poderia intervir na atividade probatória a favor do réu se embasa em aferição empírica do esquema processual, é uma construção que refoge aos modelos ideais de processo e administração da justiça e recai na observância da prática, em alguma desigualdade real entre as partes supostamente identificada pelo dia a dia dos tribunais. A confirmar essa inferência, Prado sustenta que está na "dissimetria de posições, observável na prática", em face de "se encontrar defensores inaptos para a melhor forma de representação dos interesses do imputado", a possibilidade de "intervenção judicial a favor do acusado".[344]

A despeito das discordâncias quanto a se conceber a estrutura e elaboração das bases do processo penal a partir de uma visão empírica, muita vez reducionista e imperfeita, o que leva, amiúde, também a conclusões incoerentes com o sistema proposto, como esta de admitir a figura do "juiz parcial",[345] desde que em benefício do réu,[346] é possível prosseguir nessa linha, ao menos na tentativa de refutar suas conclusões. Ao observar a realidade e o cotidiano dos tribunais, ou seja, ao que ocorre de fato nos processos, não serão incomuns os casos em que o defensor estará mais preparado tecnicamente do que o membro do MP; não são tão raras as situações, mormente em processos de organizações criminosas ou envolvendo crimes financeiros, nas quais o(s) advogado(s) dos réus ostenta(m) maior experiência, formação específica e condições para explorar de forma mais acurada e hábil a matéria fática e jurídica em julgamento na comparação com o agente ministerial.

---

[344] PRADO, op. cit., p. 137.

[345] Isso porque essa tese afirma que a introdução de meios de prova no processo pelo juiz importa comprometimento psicológico do julgador, que se afasta da posição de "seguro distanciamento das partes e de seus interesses contrapostos", comprometendo sua imparcialidade; para, em seguida, concordar que o julgador "moderadamente intervenha durante a instrução, para, na implementação de poderes de assistência ao acusado, pesquisar de maneira supletiva provas da inocência". Ibidem.

[346] Ou na incongruência interna criticada por Gisbert de que "*cuando (el juez) 'defiende' no es parcial y cuando 'acusa sí'*"; GISBERT, Antonio. El artículo 729.2° de la Ley de Enjuiciamiento Criminal (Reflexiones suscitadas por algunas recientes sentencias del tribunal Supremo). *Revista del Poder Judicial*, Madrid, n. 46, p. 395-412, 1997.

Iniciativa Probatória de Ofício e o Direito ao Juiz Imparcial no Processo Penal

Assim sendo, e se o importante para definir a postura do juiz na instrução seja uma desigualdade de posições observável na prática, pela realidade dos processos, uma dissimetria empírica, a conclusão não poderia ser outra que não a de admitir a intervenção *ex officio* na atividade probatória sempre a favor da parte menos hábil, que demonstrasse concretamente no processo condições inferiores à outra de sustentar sua tese. Seria antitético a uma reflexão que se pretende empírica, embasada na realidade dos processos, presumir, à partida e genericamente, um membro do órgão de acusação sempre e genericamente mais bem preparado, mais diligente, ou mais hábil do que os defensores do acusado, quando o que se tem, muitas vezes, é o contrário, sobretudo quando se trata de criminalidade econômico-financeira ou organizada.

De qualquer modo, considera-se desaconselhável meditar sobre os problemas do processo penal, entre os quais a atuação endoprocessual do julgador, de outro modo que não partindo dos modelos de administração da justiça já esboçados, e de princípios e valores jurídico e constitucionais que se refletem e interagem na matéria. Além do que, à posição de relativa vulnerabilidade do acusado, o que se não nega, a técnica do processo resolve pelo princípio da presunção de inocência e pela regra de decisão assentada no *in dubio pro reo*, além do asseguramento efetivo do contraditório e ampla defesa técnica em todas as fases do procedimento.

Fechando o longo parêntese, passa-se para a segunda questão a ser proposta neste subitem a respeito de se haveria mácula constitucional em opção legislativa oposta, ou seja, em consentir com a iniciativa instrutória de ofício em matéria penal. Por inferência correlata ao exposto acima, não se há como apartar, pena de contradição insuperável, da consideração de que o reconhecimento da força constitucional do princípio da imparcialidade não significa impedir, por ilegitimidade, todo e qualquer tipo de iniciativa instrutória de ofício pelo magistrado.

Conforme referido, pode-se até aceitar como razoável posicionamento interpretativo que considere como melhor forma de afastar os riscos de tendenciosidade judicial, assegurando a plena observância da imparcialidade, seja alijando o julgador de toda possível ingerência, ainda que secundária e complementar, em matéria de inserção probatória, deixando, portanto, de lado o valor da verdade e da justiça na dinâmica processual penal. No entanto, passar para outro plano e afirmar que toda e qualquer forma de compatibilização da iniciativa instrutória *ex officio* com a imparcialidade seja impossível constitucionalmente é bem diferente, indo muito além e alcançando uma conclusão que, entende-se, não se coaduna com o ordenamento constitucional e os valores presentes no processo penal.[347]

Não se conhece a existência nas constituições, ao menos dos países ocidentais de *civil law*, de alguma imposição direcionada a excluir, *a priori*, toda e qualquer atuação jurisdicional voltada a complementar o campo cognoscitivo sobre o qual se deverá prestar a jurisdição, em uma atividade a ser desempenhada ante a constatação de lacuna importante na matéria de prova, seja deliberada, intencional, por simples desídia, ou qualquer outro motivo que tenha levado as partes a não completarem a instrução do processo penal. Em geral, as normas constitucionais não se ocupam do tema da iniciativa de ofício do juiz, não diretamente.[348]

Há clara indicação de preocupação constitucional com a manutenção da imparcialidade judicial, assim como também há com a preservação da indisponibilidade da atividade de instrução direcionada à busca de adequado esclarecimento dos fatos na seara penal, portanto o exercício de uma iniciativa probatória pelo juiz, delimitada e restrita, visando assegurar a justiça e a indisponibilidade da *res iudicanda*, encaminhar-se-ia na preservação desse valor constitucional. Ferrua chega a essa mesma conclusão, considerando ser irrazoável pretender derivar da norma constitucional que garante o julgamento por juiz imparcial uma propensão em matéria probatória vinculando-a a um regime oposto, fundamentado na assunção de poderes monopolísticos das partes na direção do processo.[349]

O reconhecimento, em alguma medida, da preponderância e relevância da imparcialidade, porque inerente à atividade jurisdicional, porque expressa na Constituição, ou até mesmo porque imanente ao sistema acusatório, conforme abordado anteriormente, em comparação com o poder instrutório de ofício, é até uma imposição por esses motivos mesmo arrolados, devendo servir de premissa tanto ao legislador quanto ao magistrado no momento de conformar os limites da inicia-

---

[347] "*Il costituzionalmente preferibili sta all'interno, al centro del costituzionalmente legittimo, ma non lo esaurisce; non c'è una ed una sola soluzione conforme allá costituzione, ma varie, tra le quali conviene argomentare allá ricerca della migliore*". FERRUA, Paolo. I poteri probatori del giudice dibattimentale: ragionevolezza delle Sezioni unite e dogmatismo della Corte costituzionale. *Rivista Italiana di Diritto e Procedura Penale*, Milano, ano 37, fasc. 3, p. 1065-1084, luglio/sett. 1994.

[348] Díaz Cabiale refere que o princípio de *aportación de parte*, enquanto que opção de técnica legislativa, não possui referendo expresso na Constituição; DÍAZ CABIALE. José Antonio. *Principios de aportación de parte y acusatorio*: la imparcialidad del juez. Granada: Colmares, 1996, p. 229.

[349] FERRUA, Paolo. I poteri probatori del giudice dibattimentale: ragionevolezza delle Sezioni unite e dogmatismo della Corte costituzionale. *Rivista Italiana di Diritto e Procedura Penale*, Milano, ano 37, fasc. 3, p. 1065-1084, luglio/sett. 1994, p. 1073.

tiva probatória.[350] As restrições com vistas à ponderação dos princípios devem estar tendencionalmente inclinadas a limitar o campo da iniciativa instrutória do juiz: a imparcialidade do julgador deve ser garantida sob qualquer aspecto.

Acolher o poder de ofício, no entanto, não significa concordar que se rompa a imparcialidade, passando a admitir possa se aceitar no processo um juiz parcial e comprometido. Dar o contorno aos limites dos poderes de instrução, sob as condições de supletividade e secundariedade, em casos nos quais seja possível visualizar lacuna na prova, é dizer que dessa maneira, observando-se ao menos essa forma, não se estará violando a isenção, e, ao mesmo tempo, seria preservado o valor da justiça do provimento jurisdicional.[351]

Por isso considera-se acertada a reflexão de que está centrada, primordialmente, na efetiva realização da garantia do contraditório no processo, bem como na exigência de fundamentação das decisões, e não na inércia do juiz, a salvaguarda da imparcialidade judicial no momento de proferir a decisão.[352]

3.1.1. Obrigatoriedade ou facultatividade na complementação *ex officio* da prova

Para finalizar esta epígrafe, e partindo-se da conclusão pela incompatibilidade constitucional na interdição legislativa genérica de toda e qualquer iniciativa *ex officio* no tema da prova no procedimento penal, a dificuldade que restaria abordar é se existe uma imposição ao julgador para que suplemente as lacunas probatórias identificadas na dinâmica instrutória penal desenvolvida pelas partes, ou se tais poderes complementares se constituiriam em faculdade do juiz.

---

[350] Alexy mesmo admite que o caráter *prima facie* dos princípios (como mandados de otimização) possa vir reforçado ao se introduzirem cargas de argumentação em favor de determinados princípios, mas permanecerá com sua característica *prima facie* de princípio, não se transformando em regra. ALEXY, Robert. *Teoría de los derechos fundamentales.* Madrid: CEPC, 2002, p. 67.

[351] Referindo-se à concepção da cultura processual do continente europeu no sentido de o processo não ser instrumento privado das partes *"o meglio, come bem rilevato a suo tempo da Cappelletti, degli avvocati delle parti,* Chiarloni conclui que a importância de uma solução correta sobre as questões de fato *"conduce il legislatore ad attibuire spazi all'iniziativa ufficiosa";* cf. CHIARLONI, Sergio. Riflessioni microcomparative su ideologie processuali e accertamento della verità. In: *Due iceberg a confronto:* le derive di common law e civil law. Milano: Giuffrè, 2009, p. 101-117. (Quaderni della Rivista Trimestrale di Diritto e Procedura Civile).

[352] MARAFIOTI, Luca. L'art. 507 C.P.P. al vaglio delle Sezioni unite: un addio al processo accusatotio e all'imparzialità del giudice dibattimentale. *Rivista Italiana di Diritto e Procedura Penale,* Milano, ano 36, fasc. 2, p. 829-849, apr./giug. 1993.

Alguns países da tradição europeia receberam com mais intensidade ressonância germânica no tema, fazendo com que concebessem verdadeiro poder-dever do tribunal de buscar autonomamente as provas necessárias ao esclarecimento dos fatos relevantes ao julgamento. Há o que se poderia chamar de um encargo oficioso de integração instrutória das bases fáticas necessárias à decisão, tendo por fundamento o estímulo à apreciação objetiva do caso criminal com vistas a perquirir a verdade e a justiça.[353]

Talvez seja possível resumir o substrato dessa ideia na lição de Gössel, na referência de que a sujeição constitucional dos poderes do Estado à lei e ao Direito obriga as autoridades da persecução, e, especialmente, *"a los tribunales de justicia criminal a investigar la verdad de oficio, porque de outro modo no es posible una sentencia justa"*,[354] princípio concretizado no Estatuto processual alemão[355] e denominado de investigação de ofício. Mesmo assentindo, em certa medida, com a noção de ser improvável se alcançar a verdade no processo, ainda assim referem haver uma conexão entre poder coativo estatal e legalidade, do que decorreria a imposição de busca da justiça na afirmação desse poder; e uma decisão somente será justa, aos fins constitucionais, se o pressuposto de fato sobre o qual se embasa tenha sido questionado quanto à sua veracidade.[356]

Encontram-se, no entanto, ordenamentos jurídicos que, a par de reconhecerem uma esfera de poder judicial de ofício sobre a prova, a regulam aos moldes de uma permissão judicial destinada a complementar a atividade das partes na demonstração dos fatos relevantes ao julgamento, estabelecendo verdadeira faculdade judicial no impulso instrutório. Como exemplo desse esquema processual, tem-se a previsão de titularidade de iniciativa de ofício sobre a prova constante no art. 156 do CPP brasileiro,[357] o qual faculta ao juiz o exercício de atividade subsidiária à atuação dos contendores.[358]

---

[353] NEVES, A. Castanheira. *Sumários de processo criminal*: 1967-1968. Coimbra: [s.n.], 1968, p. 18 *et seq.*

[354] GÖSSEL, Karl Heinz. *El derecho procesal penal en el estado de derecho*: obras completas. Santa Fe: Rubinzal-Culzoni, 2007. v. 1, p. 83.

[355] § 244, apartado 2º, StPO (*Strafprozzessordung*).

[356] Taruffo recorda que mesmo no âmbito civil o juiz é dotado de ampla gama de poderes relativos à prova dos fatos; TARUFFO, Michele. Poteri probatori delle parti e del giudice in Europa. *Rivista Trimestrale di Diritto e Procedura Civile*, Milano, ano 60, n. 2, p. 451-482, giug. 2006.

[357] Art. 156. A prova da alegação incumbirá a quem a fizer, sendo, porém, facultado ao juiz de ofício: I – [...]; II – determinar, no curso da instrução, ou antes de proferir sentença, a realização de diligências para dirimir dúvida sobre ponto relevante.

[358] Nesse sentido, CAMARGO ARANHA, Adalberto José Q. T. de. *Da prova no processo penal*. 7. ed. rev. e atual. São Paulo: Saraiva, 2006, p. 17.

A avaliação feita de que seria incompatível com a Constituição a vedação de todo e qualquer poder integrativo do juiz em matéria de prova no processo penal não prejudica considerar que compete ao legislador ordinário a definição do conteúdo e da dimensão dos poderes de ofício relativos à prova dos fatos, o que compreende estabelecer se trata de um dever genérico de integrar toda a prova relevante, ou se há um mero exercício discricional neste domínio. A graduação da alçada judicial em matéria de prova, para além do aspecto técnico, passa muito por uma opção ideológica quanto às funções do processo e do provimento jurisdicional, conforme foi analisado anteriormente.

Os valores ínsitos às constituições de muitos dos países de tradição europeia continental refutam se acolha uma ideologia de *procedural justice* segundo a qual a função do processo seria exclusivamente a de por fim ao conflito interpartes, portanto não se pode acolher uma solução legislativa de absoluta indiferença quanto ao esclarecimento dos fatos em juízo ou quanto à qualidade da decisão, que seria decorrência da atribuição de monopólio dominante às partes quanto à iniciativa na instrução. No entanto, a intensidade com que o esquema processual necessita se aproximar do ideal de justiça na prestação jurisdicional é uma opção a ser feita em concreto pelo legislador, inclusive pela necessidade de resguardo dos valores em tendencial oposição.

Ao longo do estudo, ficou assentado que o direito ao juiz imparcial pode sim resultar ameaçado quando o órgão judicial detém poderes instrutórios dilatados, tendo-se firmado a premissa de que a concessão de iniciativa de ofício somente pode ser aceita até o limite intransponível da preservação da imparcialidade. Dentro dessa divisa, haveria como que uma graduação na qual caberia ao legislador definir a medida com que a dinâmica processual estaria orientada a ultimar provimentos jurídicos e racionalmente corretos, porquanto mais aproximados ao esclarecimento verdadeiro dos fatos. Pela técnica do processo é que se definiria o momento processual e as modalidades deste poder instrumental do julgador de buscar alguma correção no acertamento fático, que pode ser mais ou menos numeroso e mais ou menos amplo.[359]

Pelo exposto, sobretudo pela primazia do valor da isenção judicial no processo, parece mais consentâneo com a preservação da imparcialidade a concessão ao juiz de um poder ativo discricional na matéria de prova. A imposição de um poder-dever na aquisição probatória de ofício poderia motivar o receio de se conceber um juiz quase como

---

[359] TARUFFO, Michele. Poteri probatori delle parti e del giudice in Europa. *Rivista Trimestrale di Diritto e Procedura Civile*, Milano, ano 60, n. 2, p. 451-482, giug. 2006.

dominus absoluto da tarefa de esclarecimento dos fatos, ao contrário do papel secundário e complementar que deve assumir.

Parece mais íntimo ao anseio de configurar uma iniciativa *ex officio* acessória no tema da prova, como um papel judicial puramente integrativo e marginal respeito aquele das partes, regular a matéria nos moldes de uma faculdade exercitada a partir da necessidade e oportunidade ensejadas na instrução probatória concretizada, e não como dever genérico e antecipado nos moldes do sistema germânico. A imposição legal de busca da verdade pelo julgador poderia estimular o órgão judicante a assumir um papel propulsivo de formulação de hipóteses reconstrutivas dos fatos, autônomas em relação àquelas já exploradas pelas partes na dinâmica probatória, podendo inverter o protagonismo nesta seara.

A par de preferências particulares, cabe ao legislador a predileção quanto ao caráter da iniciativa instrutória do órgão judicial,[360] se teria a feição de um poder-dever de ordenar a produção das provas relevantes para a correta decisão da causa, ostentando natureza impositiva, ou se haveria uma faculdade a ser exercida caso a caso, com base em um juízo de oportunidade.[361] Conforme dito, prefere-se o modelo brasileiro ao luso-germânico, pelo fato de este parecer menos inclinado à preservação da imparcialidade, ao atribuir ao julgador um dever antecipado de busca do melhor acertamento fático possível, mais propenso a desbordar dos lindes da secundariedade e acessoriedade no cumprimento do dever imposto de aquisição probatória, além de generalizar em demasiado a pesquisa judicial na dinâmica do processo; com os riscos de se passar de um modelo dialético preponderante de confronto entre acusação e defesa para um modelo genérico de investigação oficial, o que, de qualquer modo, pode ser evitável pela observância de princípios como a estrita correlação entre acusação e sentença, e a disciplina

---

[360] O legislador ordinário não pode ficar limitado a esferas muito reduzidas de conformação, pelo contrário, deve ser preservado um espaço amplo entre o constitucionalmente proibido e o constitucionalmente necessário, âmbito no qual o legislador pode fazer suas opções políticas; cf. BERNAL PULIDO, Carlos. *El principio de proporcionalidad y los derechos fundamentales*. 3. ed. Madrid: CEPC, 2007, p. 588; CANARIS, Claus-Wilhelm. *Direitos fundamentais e direito privado*. Coimbra: Almedina, 2009, p. 122.

[361] Em profundo e qualificado estudo sobre a matéria, Zilli deixa alguma dúvida quanto ao seu entendimento em relação à natureza da iniciativa instrutória de ofício, pois se refere, na ps. 118 e ss., que haveria um dever judicial de busca do melhor esclarecimento fático possível, resultando em um "dever-poder" no tema; na sequência, entretanto, parece concordar com a escolha feita pelo legislador brasileiro no art. 156 no sentido de que haveria facultatividade na diligência, estabelecendo acertadamente a lei um juízo de oportunidade. ZILLI, Marcos Alexandre Coelho. *A iniciativa instrutória do juiz no processo penal*. São Paulo: Revista dos Tribunais, 2003, p. 181.

legal em molde integrativo, limitando o "quando" e o "como" da atuação *ex officio*.[362]

3.2. APONTAMENTOS SOBRE A INSERÇÃO DO PROBLEMA NO DIREITO COMPARADO

O cuidado exigido no estudo dogmático sobreleva quando se busca centrar parte da análise na comparação entre sistemas e ordenamentos jurídicos estrangeiros, o que sempre será feito de forma parcial, porque a doutrina de referência não se sustenta em dados estatísticos, e faltará ao intérprete desses textos conhecimento a respeito do posicionamento dos tribunais na atuação das regras e dos problemas enfrentados pelas normas, pelos intérpretes, na sua aplicação prática. Feita essa ressalva, o que se busca na análise de ordenamentos jurídicos estrangeiros é observar, mais do que dispositivos legais, seus rumos e ideias subjacentes de sustentação, tendo em vista a forte influência que a legislação de países como Itália e Espanha, ou mesmo do sistema de *common law*, têm sobre as leis vigentes e as reformas pretendidas ou necessárias em países da América Latina, mormente no direito brasileiro.

Conseguindo se extrair do direito comparado algumas bases teóricas de sustentação das normas vigentes, já se terá alcançado o objetivo pretendido nesta parte do estudo, que, por isso mesmo, não é de analisar em detalhes as leis e os problemas específicos da jurisprudência desses ordenamentos estrangeiros. Entende-se, assim, ser possível se manifestarem na matéria pontos comuns, algumas dissensões irredutíveis, e possíveis aproximações em curso, a partir de alusões às ideias norteadoras de sistemas jurídicos comparados, sobretudo quanto a possíveis tendências reformistas.[363]

O direito processual **italiano**, em face do seu grau de desenvolvimento teórico-doutrinário, é tido como referência importante na evolução das leis processuais em grande parte dos países influenciados pelo sistema jurídico romano-germânico. Por isso não surpreende que ordenamentos processuais como os dos países ibero-americanos sin-

---

[362] O que abrange subtrair do juiz a faculdade de decidir as condições, tempo, modalidade e objetivos do exercício da iniciativa instrutória no processo. À imposição de intervento se agregaria a estrita delimitação de seus pressupostos, modo a afastar os riscos à isenção acima expostos; pior do que a exigência de atuação oficiosa se pode revelar a liberdade no seu exercício.

[363] DELMAS-MARTY, Mireille. *Processos penais da Europa*. Rio de Janeiro: Lumen Juris, 2005, p. xxxi-xxxii; a autora destaca ideia importante no sentido de que cada um dos países estudados está buscando, no interior de sua tradição, um equilíbrio entre funções contraditórias, que abarcam investigação e julgamento; tutela de direitos individuais e persecução penal efetiva; alcançando sentença apropriada; p. 509.

tam os influxos de tendências doutrinárias reformistas ou alterações legislativas substanciais verificadas originalmente na Itália; ao menos não é exagero dizer-se que tais orientações possuem aptidão premonitória e antecipatória de discussões renovativas a inserir-se em futuro breve nos países latinos inspirados pela processualística europeia continental.

O trato da matéria a respeito da iniciativa instrutória do juiz no processo penal italiano está regulado, originalmente, no que se poderia classificar como uma metanorma, ou norma de segundo grau, mais precisamente como uma norma sobre a aplicação do direito, uma vez que destinada não só ao magistrado, mas também a quem deve fazê-la atuar: o legislador ordinário.[364] O art. 190 do Código de Processo Penal italiano estabelece algumas disposições gerais acerca da disciplina probatória,[365] referindo, no segundo parágrafo do dispositivo, a possibilidade em abstrato da iniciativa do órgão judicante em matéria de prova; no entanto, sobreleva desde logo evidenciar a opção normativa feita no estatuto processual penal ao remeter ao legislador a previsão das situações, limites e possibilidades nas quais será legítima a iniciativa própria do julgador em matéria instrutória.

Ao atribuir ao legislador poderes específicos de definição das hipóteses nas quais será possível a iniciativa *ex officio* do magistrado no curso do processo penal, exsurge a preocupação do CPP italiano em ter como premissa que tal intervenção de ofício possui caráter específico e subsidiário em relação à titularidade conferida às partes, uma vez que somente será legítima nos casos taxativamente previstos em lei.[366] Pode-se dizer mesmo que há uma relação do tipo regra-exceção, uma vez que a admissão da iniciativa *ex officio* em matéria de prova é acolhida no interior do princípio geral do direito à prova conferido às partes, portanto, admitindo a integração complementária do juiz apenas de forma residual.[367]

No entanto, cabe agregar-se outra consequência normativa primária relevante que advém da disposição legal italiana concessiva, no plano abstrato, de iniciativa na instrução probatória ao magistrado, ainda

---

[364] BELLUTA, Hervé. Premesse per uno studio sui poteri istruttori dell'organo giudicante. *Rivista Italiana di Diritto e Procedura Penale*, Milano, ano 43, n. 4, p. 1213-1244, ott./dic. 2003, p. 1213.

[365] Art. 190. Diritto alla prova. 1. Le prove sono ammesse a richiesta di parte. Il giudice provvede senza ritardo con ordinanza escludendo le prove vietate dalla legge e quelle che manifestamente sono superflue o irrilevanti. 2. La legge stabilisce i casi in cui le prove sono ammesse di ufficio. 3. [...]

[366] BELLUTA, Hervé. Premesse per uno studio sui poteri istruttori dell'organo giudicante. *Rivista Italiana di Diritto e Procedura Penale*, Milano, ano 43, n. 4, p. 1213-1244, ott./dic. 2003, p. 1215-1216.

[367] CARACENI, Lina. *Poteri d'ufficio in materia probatoria e imparzialità del giudice penale*. Milano: Giuffrè, 2007, p. 121.

que subsidiária, que é exatamente a de não deixar na inteira disponibilidade das partes a matéria de prova em sede de processo penal, constituindo verdadeira limitação à disponibilidade probatória dos contendores, ainda que a iniciativa oficiosa possa ter caráter de exceção. O CPP italiano reconhece a prioritária contribuição das partes na reconstrução dos elementos de fato, sem, porém, elevar tal contributo a condição *sine qua non* de esclarecimento da causa.[368]

Apesar do caráter típico da iniciativa de ofício, com a consequente taxatividade dos casos a exigir expressa previsão legislativa, em uma breve análise do *Codice de Procedura Penale*, percebe-se não serem tão restritas as possibilidades legais de o órgão judicante exercitar prerrogativas instrutórias próprias em matéria de complementação das lacunas probatórias,[369] o que levou Belluta a falar de um certo *revirement* na diretiva manifestada pela Lei Delegada n° 81, de 1987, de circunscrever o papel ativo do juiz como excepcional respeito à atividade das partes.[370] Ao que se agrega a posição externada pela Corte Constitucional a partir da sentença n° 111, de 24-26 de março de 1993, ao interpretar os artigos 190 e 507 da lei processual italiana, e admitir que o juiz possa representar o único impulso da instrução probatória nos casos em que as partes permaneceram inertes ou perderam os prazos legais de indicação dos seus meios de prova.[371]

Na **Espanha**, o art. 728 da Ley de Enjuiciamiento Criminal (LECrim) afirma a linha de princípio seguida pelo legislador no sentido de que não se podem realizar outros meios de prova além daqueles requeridos pelas partes, denominado *principio de aportación de parte*.[372] No entanto, o art. 729 da LECrim, preceito comum às quatro seções que tratam da produção da prova no juízo oral, traz importante derroga ao contemplar poderes de ofício destinados a fazer ingressar no processo diligências de prova não propostas pelas partes e que se considerem

---

[368] MARAFIOTI, Luca. L'art. 507 C.P.P. al vaglio delle Sezioni unite: un addio al processo accusatotio e all'imparzialità del giudice dibattimentale. *Rivista Italiana di Diritto e Procedura Penale*, Milano, ano 36, fasc. 2, p. 829-849, apr./giug. 1993.

[369] Arts. 70, 1; 195, 2; 196, 2; 210, 1; 224, 1; 237; 422; 441, 5; 468, 5; 501, 2; 506, 507, 1; 511, 1 e 5; 603, 3; todos do CPP italiano.

[370] BELLUTA, Hervé. *Imparzialità del giudice e dinamiche probatorie ex officio*. Torino: Giappichelli, 2006, p. 57.

[371] *"Ma altro è assicurare la pienezza e lealtà del contraddittorio delle parti, altro è inferirne che un tale regime abbia anche un effetto preclusivo dell'introduzione ad iniziativa del giudice delle prove necessarie all'accertamento dei fatti, rispetto alle quali le parti siano rimaste inerti o dalle quali siano decadute"*. Pres. Redattore Borzellino, decisão em 24.03.1993, publicado em 31.03.1993. Disponível em: <http://www.cortecostituzionale.it/actionPronuncia.do>. Acesso em 25.02.2012.

[372] Art. 728. *No podrán practicarse otras diligencias de prueba que las propuestas por las partes, ni ser examinados otros testigos que los comprendidos en las listas presentadas.*

indispensáveis para a comprovação de qualquer dos fatos objeto dos escritos de qualificação.[373]

Assim, à regra geral de competir às partes o ônus de proporcionarem em plenário suas provas, o estatuto processual penal da Espanha ressalva com a norma de exceção contida no artigo 729, 2, com caráter subsidiário e complementar, e cuja redação permanece inalterada desde a vigência do Código em 1882.[374] Não obstante a longa duração temporal do dispositivo, a doutrina sobre o tema é corrente em destacar a instabilidade do Tribunal Supremo na interpretação e aplicação da norma concessiva de iniciativa probatória *ex officio iudicis*, que oscilou desde sua negação,[375] passando pela aceitação do papel ativo do juiz,[376] e alcançando uma quase imposição ao julgador de complementar as lacunas probatórias,[377] ao que Picó I Junoy denominou de *"penalización por la pasividad del juez penal"*.[378]

---

[373] Art. 729. *Se exceptúan de lo dispuesto en el artículo anterior: 1. Los careos de los testigos entre sí o con los procesados o entre éstos, que el Presidente acuerde de oficio, o a propuesta de cualquiera de las partes. 2. Las diligencias de prueba no propuestas por ninguna de las partes, que el Tribunal considere necesarias para la comprobación de cualquiera de los hechos que hayan sido objeto de los escritos de calificación. 3. Las diligencias de prueba de cualquiera clase que en el acto ofrezcan las partes para acreditar alguna circunstancia que pueda influir en el valor probatorio de la declaración de un testigo, si el Tribunal las considera admisibles.*

[374] ABEL LLUNCH, Xavier. *Iniciativa probatoria de oficio en el proceso civil*. Barcelona: Bosch, 2005, p. 72. Segundo Saavedra Ruiz, *"los hechos no han sido alterados, se trata de una prueba complementaria acordada por el tribunal en relación con los que están ya fijados"*; SAAVEDRA RUIZ, Juan. La iniciativa del Tribunal en el acto del juicio oral: alcance de los artículos 729 y 733 LECr. In: ———. (Dir.). *Cuestiones de derecho procesal penal*. Madrid: CGPJ, 1994, p. 13-51. (Cadernos de Derecho Judicial, n. X/94).

[375] Podendo-se citar, por exemplo, a STS 4663, de 23/09/1995: *"Ya hubo sobre esta facultad del artículo 729. 2º encontradas opiniones de los comentaristas clásicos de la Ley de Enjuiciamiento, que deben inclinarse actualmente a favor de su inanidad por exigencia del acusatorio y del mayor rigor garantista que inspira al vigente Texto Constitucional. Se advierte en dicha facultad, sin gran esfuerzo argumentativo, contradicción con el principio acusatorio que gobierna el proceso penal porque su ejercicio convierte al Tribunal en acusador o defensor según que la prueba acordada sea de cargo o de descargo"*. Jurisprudência do Tribunal Supremo disponível em: <http://www.poderjudicial.es/search/index.jsp>.

[376] Nesse norte, a STS 495, de 4/02/2009: *"Aunque los primeros comentaristas de la LECrim vieron con algún recelo esta facultad del órgano jurisdiccional, la consideraron fundada por exigencias de justicia. Para la doctrina actual es inobjetable siempre que se respeten los principios de igualdad y contradicción y no se confunda el papel del órgano jurisdiccional con el de la acusación. En el presente caso, no hubo quiebra del principio de contradicción ni fue menoscabada la imparcialidad del Tribunal"*.

[377] Conforme STS 2838, de 8/04/2009: *"el Tribunal no puede libremente buscar o no esa verdad, sino que debe siempre perseguirla como fin del proceso, ejerciendo esa facultad cuando sea necesario para ese resultado"*. ... *"haciendo ver la conveniencia de ejercitar de oficio la facultad prevista en el art. 729-2º de la LECriminal. La facilidad de su práctica, la importancia de su contenido, y la salvaguarda de la imparcialidad que tal ejercicio no alteraba, supone que en este caso la decisión contraria del Tribunal, sin beneficiar al proceso ni a ninguno de sus principios, con innecesario sacrificio de la verdad material, constituya un quebrantamiento del proceso por incorrecto ejercicio, en sentido negativo, de la facultad prevista en el art. 729-2º de la LECriminal, subsumible en el motivo casacional invocado por el recurrente"*.

[378] PICÓ I JUNOY, Joan. El derecho a la prueba en el proceso penal: luces y sombras. In: ABEL LLUNCH, Xavier; RICHARD GONZÁLES, Manuel (Dir.). *Estudios sobre prueba penal*: actos de investigación y medios de prueba en el proceso penal: competencia, objeto y límites. Madrid: La Ley, 2010. v. 1, p. 27-83.

Já o Tribunal Constitucional espanhol não estabelece formulação genérica ou apriorística a respeito do tema da iniciativa probatória do órgão judicante, deixando para apreciar caso a caso se houve afetação do princípio da imparcialidade ou do direito de defesa. De qualquer modo, costuma, no geral, admitir a validade da prova ordenada de ofício no âmbito do processo penal, desde que o julgador não empreenda *"una actividad inquisitiva encubierta"*, afirmando ainda que a faculdade judicial de inserir provas prevista no art. 729.2 não viola garantias constitucionais, uma vez que tal disposição *"sirve al designio de comprobar la certeza de elementos de hecho que permitan al juzgador llegar a formar, con las debidas garantías, el criterio preciso para dictar Sentencia"*.[379]

Na **Alemanha**, diferente dos demais ordenamentos jurídicos citados, e conforme já adiantado em parte, não se há como dizer exista linha de princípio codicístico direcionada a inserir o magistrado num papel excepcional em matéria de iniciativa probatória;[380] ao contrário, há como que uma exigência do legislador alemão para que o magistrado desempenhe poderes instrutórios no processo sempre que se revele importante na conformação da decisão,[381] consubstanciado um verdadeiro dever do juiz de esclarecimento dos fatos relevantes à decisão.[382]

Levando-se em consideração o perfil do processo penal germânico, não surpreende que haja uma imposição na lei de rito penal a que o juiz pesquise os meios de prova necessários ao julgamento da demanda; diz-se mesmo que entre os princípios concernentes ao desenvolvimento do processo e à produção probatória vige um verdadeiro postulado de pesquisa da verdade real, como projeção de um princípio

---

[379] *"con el objetivo, no de condenar o de exculpar, sino de alcanzar el grado preciso de convicción para adoptar una decisión resolutoria del conflicto, ninguna quiebra de la imparcialidad judicial cabe imputarle al juzgador y ninguna vulneración del principio acusatorio puede entenderse producida"*. Cf. STC 188, de 10/07/2000. Disponível em: <http://www.tribunalconstitucional.es/es/jurisprudencia/Paginas/Buscador.aspx>. Aceso em: 17/08/2011. No mesmo sentido STC 334, de 20/12/2005.

[380] *"In Germânia, l'influsso della Inquisitionsmaxime e dello Aufklärungspflicht é ancora più evidente: ai sensi del § 244 StPO è imposto al giudice, per la ricerca della verità, di acquisere d'ufficio tutti i mezzi di prova significativi per la decisione, anche se non richiesti né dal pubblico ministero né dall'imputato"*; cf. MARAFIOTI, Luca. L'art. 507 C.P.P. al vaglio delle Sezioni unite: un addio al processo accusatotio e all'imparzialità del giudice dibattimentale. *Rivista Italiana di Diritto e Procedura Penale*, Milano, ano 36, fasc. 2, p. 829-849, apr./giug. 1993.

[381] Art. 244, apartado 2° do StPO (*Strafprozzessordung*) dispõe: *"In order to establish the truth, the court shall,* proprio motu, *extend the taking of evidence to all facts and means of proof relevant to the decision"*; versão traduzida para o inglês disponível em: <http://www.gesetze-im-internet.de/englisch_stpo/englisch_stpo.html#p1625>. Consulta em 10/05/2012.

[382] Segundo Gössel, submeter constitucionalmente todos os poderes do Estado ao Direito traz obrigação às autoridades, inclusive a tribunais de justiça criminal, de investigarem a verdade de ofício; é consequência da sujeição do ato de autoridade à legislação e à justiça, do contrário, desconsiderando-se a busca da verdade, não será possível uma sentença justa; GÖSSEL, Karl Heinz. *El derecho procesal penal en el estado de derecho*: obras completas. Santa Fe: Rubinzal-Culzoni, 2007. v. 1, p. 22, 83.

instrutório,[383] motivo pelo qual não se pode considerar que se trate de um puro processo de partes.[384]

Desse modo, após a formulação da imputação, a cargo exclusivo do Ministério Público, sem nenhuma possibilidade de o juiz desempenhar atividade instrutória na fase de investigação preliminar, há exigência não só ao membro do MP, mas também ao julgador, a que investiguem do melhor modo possível a verdade no processo. Para pesquisar a verdade, o órgão judicante deve buscar de ofício todo meio de prova que possa contribuir para a decisão;[385] o princípio da investigação ou de instrução significa que o tribunal não está limitado pelos requerimentos de prova formulados pelas partes, não apenas podendo, mas havendo dever de pesquisa de ofício de outros meios de prova em todas as etapas do procedimento.[386]

O ordenamento jurídico de **Portugal** recebeu forte influxo do sistema germânico nos temas da pesquisa da prova de ofício e da valorização da busca da verdade como propósito relevante da instrução penal, o que é de fácil percepção a partir da leitura do art. 340°, 1, do CPP português,[387] do qual aflora nitidamente a incidência do princípio da investigação. Assim é que, inclusive na audiência de julgamento dos processos de competência do tribunal do júri, tanto o Juiz-Presidente como o Tribunal Coletivo possuem o poder de determinar a realização de provas de ofício.[388]

---

[383] Eser prefere os termos inquisitório ou instrutório a inquisitivo, evitando a ideia ligada a um juiz simultaneamente investigador e acusador, o que não corresponde ao processo penal atual; ESER, Albin. Juízes leigos no processo penal: uma comparação entre os sistemas inquisitivo e adversativo a partir da perspectiva alemã. In: CHOUKR, Fauzi Hassan; AMBOS, Kai (Coords.). *Processo penal e estado de direito*. Campinas: Edicamp, 2002, p. 1-35.

[384] JARVERS, Konstanze. Profili generali del diritto processuale penale tedesco. *Rivista Italiana di Diritto e Procedura Penale*, Milano, ano 46, nova série, fasc. 3, p. 930-949, luglio/sett. 2003. O autor tedesco sintetiza ao mencionar que o processo penal na Alemanha poderia ser descrito como um procedimento de tipo acusatório vinculado ao princípio da pesquisa da verdade material.

[385] Idem, p. 932, que assevera que tal princípio diferencia de forma substancial o processo germânico do processo italiano.

[386] SCHLÜCHTER, Ellen. *Compendio di procedura penale tedesca*. 2. ed., aggiornata. Padova: Cedam, 1998, p. 147. No mesmo sentido, denominando de princípio da investigação ou de instrução, no sentido de que o tribunal não está vinculado aos requerimentos e declarações das partes na investigação dos fatos da causa, tendo o dever de recorrer de ofício a outros meios de prova; ROXIN, Claus. *Derecho procesal penal*. Buenos Aires: Del Puerto, 2003, p. 100.

[387] Art. 340°, 1. "O tribunal ordena, oficiosamente ou a requerimento, a produção de todos os meios de prova cujo conhecimento se lhe afigure necessário à descoberta da verdade e à boa decisão da causa". O que se complementa pelos dispostos nos arts. 323°, *a* e *b*, e 354° da lei processual penal.

[388] Nesse sentido Acórdão do Tribunal da relação de Coimbra de 18/05/2011, processo n° 550/09.3GBPMS.C1: "Atribuindo o art. 340° , n° 1, do C.P.P., a competência para decidir da admissibilidade da prova que aí é requerida, ao Tribunal, então serão os três Juízes, que constituem o Tribunal Colectivo, que terão aquela competência. Já competência para ordenar oficiosamente

É constante na doutrina a referência de que a estrutura acusatória estabelecida pela Constituição de 1976, conforme texto expresso no art. 32°, n° 5, da Carta Magna, não afasta a persistência do princípio de investigação oficial;[389] diz-se que há uma opção consciente por modelo de processo orientado também à procura da verdade e restabelecimento da paz jurídica.[390] Nessa linha, o Tribunal Constitucional português já afirmou que o princípio da investigação oficiosa tem valor constitucional, aduzindo, para tanto, diversas normas fundamentais que indicariam a relevância dos valores da verdade e da justiça nos julgamentos, dentre as quais se destaca o dispositivo que atribui aos tribunais competência para administração da justiça, referência que, em matéria penal, "tem que entender-se como significando a justiça material baseada na verdade dos factos, que é indisponível".[391]

Na **França**, os arts. 310 e 463 do *Code de procédure pénale* igualmente investem o juiz que preside a fase decisória do poder de adotar todas as medidas que considerar úteis para o esclarecimento dos fatos,[392] o que abrange a produção de novos meios de provas, falando-se mesmo de uma missão do juiz de descoberta da verdade no processo,[393] consequência da relevância que ostenta o princípio da pesquisa da verdade no ordenamento processual francês.[394] A partir dessa abordagem, passa

---

a produção de prova, durante a audiência de julgamento, é não só do Tribunal Colectivo, nos termos do o art. 340°, n° 1, do C.P.P., mas também, do Juiz Presidente, por força do disposto no art. 323°, n.° 1, alíneas a) e b), do mesmo Código". Disponível em: <http://www.dgsi.pt/jtrc.nsf/>. Consulta em 14/05/2012.

[389] Por todos: DIAS, Jorge de Figueiredo. Os princípios estruturantes do processo penal e a revisão de 1998 do Código de Processo Penal. *Revista Portuguesa de Ciência Criminal*, Coimbra, ano 8, fasc. 1, p. 199-213, jan./mar. 1998, que fala do perfil do processo português como sendo de "estrutura acusatória integrada por um princípio de investigação".

[390] LOPES, José António Mouraz. *A tutela da imparcialidade endoprocessual no processo penal português*. Coimbra: Coimbra, 2005, p. 43 *et seq*.

[391] Acórdão do TC n° 137 de 2002: "o tribunal de julgamento tem o poder-dever de investigar por si o facto, isto é, de fazer a sua própria "instrução" sobre o facto, em audiência, atendendo a todos os meios de prova não irrelevantes para a descoberta da verdade, sem estar em absoluto vinculado pelos requerimentos e declarações das partes". Disponível em: <http://www.tribunalconstitucional.pt/tc/acordaos/>. Acesso em: 14/05/2012.

[392] Art. 310. "*Le président est investi d'un pouvoir discrétionnaire en vertu duquel il peut, en son honneur et en sa conscience, prendre toutes mesures qu'il croit utiles pour découvrir la vérité. Il peut, s'il l'estime opportun, saisir la cour qui statue dans les conditions prévues à l'article 316. Il peut au cours des débats appeler, au besoin par mandat d'amener, et entendre toutes personnes ou se faire apporter toutes nouvelles pièces qui lui paraissent, d'après les développements donnés à l'audience, utiles à la manifestation de la vérité. (…)*"

[393] DELMAS-MARTY, Mireille. La prova penale. *L'Indice Penale*, Padova, ano 30, n. 3, p. 609-628, sett./dic. 1996.

[394] "*A vrai dire, l'efficacité de la procédure pénale, le fait qu'elle puisse produire son effet, contient deux principes: celui de la recherche de la vérité et celui de célérité qui imprègnent profondément tout le Code de procédure pénale*"; PRADEL, Jean. *Procédure pénale*. 11. ed. Paris: Cujas, 2002/2003, p. 304-305.

a se considerar como sendo natural a atribuição de papel ativo do juiz que preside a audiência, tanto no tribunal correcional como na *cour d'assises*, tendo ambos amplos poderes com relação à produção da prova em juízo.[395]

Mesmo no ordenamento jurídico considerado paradigma de um processo penal *adversary* tipicamente anglo-saxônico, caracterizado pela responsabilidade das partes na pesquisa, seleção e apresentação das provas necessárias ao julgamento, encontra-se previsão legal no sentido de consentir ao juiz alguns verdadeiros poderes probatórios de ofício, sem a nota da insignificância que indicaria um modelo ideal no qual toda atividade do juiz pressuporia requerimento expresso das partes. As *Federal Rules of Evidence* nos **Estados Unidos** preveem iniciativa instrutória ao juiz consistente na possibilidade de dispor de ofício o depoimento de testemunha não indicada pelas partes;[396] havendo ainda permissão legislativa expressa a que o magistrado possa valer-se de assessoramento técnico para auxiliar na resolução de questões de natureza técnico-científica.[397]

No entanto, é necessário agregar a essa constatação, restrita ao plano de previsão abstrata, a advertência de que, na prática, as coisas não funcionam bem assim, tendo em vista, basicamente, serem as normas introduzidas em um contexto de sistema de processo eminentemente *adversarial*, no qual vige uma tradicional responsabilidade das partes na condução do desenvolvimento procedimental, tanto nas alegações como nos meios de prova trazidos ao juízo, e ainda na exploração das possibilidades desses meios de prova. O modelo estadunidense histórico do processo de partes importa que sejam os contendores que possuam, de fato, quase que monopólio absoluto sobre os poderes de gestão processual.

No sistema *adversary* puro, o julgador atua como "*a generally silent referee, determining the case as it is present, and leaving it very much to the parties to choose the battleground*".[398] A neutralidade do juiz depende da condição de manter-se inerte, não só para que sua atividade não influa sobre a imparcialidade do jurado, mas também para evitar interferên-

---

[395] DELMAS-MARTY, Mireille. *Processos penais da Europa*. Rio de Janeiro: Lumen Juris, 2005, p. 533.

[396] Fed. R. Evidence, 614 (a): "*the court may, on its own motion or the suggestion of a party, call witnesses, and all parties are entitled to cross-examine witnesses thus called*"; 614 (b): *the court may interrogate witnesses, whether called by itself or by a party*".

[397] Fed. R. Evidence, 706 (a): "*the court may appoint any expert witnesses agreed upon the parties and may appoint expert witnesses of its own selection*".

[398] LAFAVE, Wayne R.; ISRAEL, Jerold H.; KING, Nancy J. *Criminal procedure*. 4. ed. St. Paul: Thomson/West, 2004, p. 28.

cia negativa na perfeita paridade de partes quanto às táticas de gestão do processo que foram colocadas em prática.[399]

A consequência disso é que, na práxis do processo americano, os julgadores comumente não põem em atuação os poderes mencionados em *Federal Rules of Evidence*, apenas em raras ocasiões atuam na *examination* das testemunhas e determinam novos depoimentos; igualmente, em poucas oportunidades, os magistrados indicam assistentes técnicos. Desse modo, há uma diferença substancial na previsão abstrata de poderes ao juiz estadunidense e a realidade vivenciada no dia a dia dos tribunais,[400] ainda que a doutrina americana mencione já alguma tentativa de atenuação do *"pure adversary model"*.[401]

3.3. PRESSUPOSTOS DA COMPATIBILIZAÇÃO ENTRE OS PRINCÍPIOS COM TENDÊNCIAS OPOSTAS NO TEMA DA INICIATIVA INSTRUTÓRIA *EX OFFICIO*

Nunca é demais recordar que o aforismo processual civilístico tradicionalmente indicativo da vedação de iniciativa probatória do juiz: *"judex debet judicare secundum allegata et probata a partibus"* possui dois conceitos obstativos diversos. O primeiro consiste na proibição de o juiz ir além das alegações utilizadas pelas partes como fundamentos da própria demanda ou defesa;[402] e o segundo trata de obstar que o magistrado assuma provas de ofício. Os dois conceitos possuem natureza e consequências rigorosamente distintas, o que fica bem nítido quando se trata de visualizar a gravidade diversa que assumem a violação da primeira ou da segunda das vedações referidas.[403]

A proibição de ir além do alegado pelas partes está intimamente ligada aos princípios do dispositivo e da correspondência entre o pedido e a sentença, pois tem relação direta com a própria identificação da ação; não é dessa situação que se está tratando ao abordar o postula-

---

[399] TARUFFO, Michele. La cultura de la imparcialidad en los países del *common law* y del derecho continental. *Estudios de Derecho Judicial*, Madrid, n. 151, p. 95-119, 2008, p. 111-112.

[400] Idem, p. 113.

[401] LAFAVE, Wayne R.; ISRAEL, Jerold H.; KING, Nancy J. Op. cit., p. 28: *"It does not provide for a totally silent or inactive judge; it seeks to prohibit 'excesses' in adversary presentations"*.

[402] Alegação é o termo para exprimir o momento causal do pedido. Essa resulta de uma afirmação consistente em atribuir à circunstância alegada uma específica relevância em ordem a determinar efeitos jurídicos. Cf. CAPPELLETTI, Mauro. Iniziative probatorie del giudice e basi pregiuridiche della struttura del processo. *Rivista di Diritto Processuale*, Padova, ano 22, II série, p. 407-428, 1967.

[403] Idem, p. 410.

do da aquisição probatória de ofício, mas tão somente da sua possível projeção sobre o segundo conceito obstativo acima referido, ou seja, após vencida a fase de postulação; excluindo-se de plano, neste estudo, qualquer consideração a respeito de atuação possível do julgador na fase de investigação e delimitação do âmbito da ação penal. Esse é o primeiro limite que, apesar de facilmente intuído pelo contexto do estudo, não é exagero voltar a recordar, evitando confusões.

Há ordenamentos jurídicos nos quais se depara com uma escolha prévia do legislador codicístico, em geral, na busca de conciliar os princípios em tensão mediante regras expressas de compatibilização, determinando sobre quais circunstâncias mínimas o princípio da imparcialidade do julgador não irá ceder ou sofrer abalo ante a necessidade de completude do substrato probatório processual mediante a concessão de iniciativa complementar *ex officio iudicis*. Trata-se de uma opção legislativa de compromisso entre os dois valores referidos, buscando solução que salvaguarde o valor da imparcialidade, sem atribuir inteiramente às partes a disponibilidade sobre o material probatório destinado aos esclarecimentos dos fatos, e sobre o qual deverá formar-se a decisão judicial.

Exemplo disso encontra-se no Código de Processo Penal italiano ao regular a instrução probatória no seio do *Giudizio dibattimentale*, no qual consta opção genérica de confiar ao juiz iniciativa probatória, que fica, no entanto, condicionada a uma dupla garantia: encerramento da atividade *"dibattimentale"*, permitindo caracterizar a atividade judicial com a nota da supletividade pelo fato de atribuir prioridade às partes na apresentação dos temas e meios de provas; e exigência de submeter eventual prova inserida de ofício ao crivo do contraditório.[404] Na ótica do legislador italiano, mediante a observância dessas condições legais, será admissível conciliar a iniciativa do órgão jurisdicional com o valor tendencialmente antitético da imparcialidade.[405]

Diz-se que o mencionado dispositivo da legislação italiana agregou razoável instrumento de correção do princípio dispositivo em matéria de prova. Razoável, no entanto, enquanto se entenda de aparente excesso a solução de impedir em absoluto o juiz de dispor de ofício a

---

[404] Art. 507. Ammissione di nuove prove. 1. Terminata l'acquisizione delle prove, il giudice, se risulta assolutamente necessario, può disporre anche di ufficio l'assunzione di nuovi mezzi di prove. 1-bis. Il giudice può disporre a norma del comma 1 anche l'assunzione di mezzi di prova relativi agli atti acquisiti al fascicolo per il dibattimento a norma degli articoli 431, comma 2, e 493, comma 3.

[405] FERRUA, Paolo. I poteri probatori del giudice dibattimentale: ragionevolezza delle Sezioni unite e dogmatismo della Corte costituzionale. *Rivista Italiana di Diritto e Procedura Penale*, Milano, ano 37, fasc. 3, p. 1065-1084, luglio/sett. 1994.

aquisição de meios probatórios em caso de premente necessidade, por lacuna identificável na atividade das partes, significando que, sem tal assunção oficiosa complementar, seria de particular dificuldade alcançar decisão racional sobre os fatos em juízo.[406]

3.3.1. A premissa de supletividade da iniciativa probatória do juiz

Conclusão extraída até agora é a de que o método contraditório e dialético de produção probatória não impede o juiz de, em determinadas situações, observados limites relativamente estreitos, intervir na busca de elementos de comprovação das hipóteses trazidas aos autos pelas partes. Isso não afasta, pelo contrário, exige que se perquira sobre a forma de compatibilizar essa peculiar atuação judicial com a premissa de que não se pode retirar dos interessados o papel principal na pesquisa processual.

A exigência de protagonismo dos contendores na formação do material probatório sobre o qual o juiz deverá conformar sua decisão faz com que se atribua ao julgador papel residual e supletivo em relação à atividade das partes, evitando que haja entrecruzamento ou sobreposição nestes papéis no processo. Impõe-se deste modo enfrentar, ainda que somente se alcance um esboço, o que se está pretendendo dizer com essas expressões difusas propensas a secundar a iniciativa probatória do julgador em comparação à das partes.

A questão talvez mais complexa na matéria seja, exatamente, a de tentar traçar em abstrato, ainda que de forma aproximada, os limites e a extensão da iniciativa instrutória do magistrado no processo penal, o que sempre é facilitado quando haja um parâmetro de aferição consistente em caminho probatório já concretamente percorrido em juízo, de modo que o que se pretende é apenas indicar alguns contornos minimamente necessários na tentativa de aproximação ao ideal de subsidiariedade dos poderes do magistrado e prevalência da iniciativa probatória das partes.

Afirmar a natureza peculiar dessa atividade de busca *ex officio* de elementos de prova, inserindo-a numa posição secundária em relação à iniciativa das partes, por evidente, é o primeiro passo na tarefa, o qual já sinaliza assentir que a atuação do juiz nessa seara não pode se substituir à iniciativa dos interessados na escolha dos caminhos que se

---

[406] MARAFIOTI, Luca. L'art. 507 C.P.P. al vaglio delle Sezioni unite: un addio al processo accusatotio e all'imparzialità del giudice dibattimentale. *Rivista Italiana di Diritto e Procedura Penale*, Milano, ano 36, fasc. 2, p. 829-849, apr./giug. 1993.

deverão seguir na investigação. Ao julgador consente-se o exercício de uma função integrativa em matéria de prova, destinada a esclarecer ou então aprofundar anteriores resultados processuais já alcançados pela atuação dos contendores.[407] O juiz não pode se arrogar um papel diretivo na atividade de verificação reconstrutiva dos fatos e alegações objetos do processo, tampouco assumir de forma autônoma uma linha de pesquisa sequer indicada pela atividade instrutória dos opositores no procedimento.[408]

3.3.2. Referência ao princípio de aquisição processual

Nesse quadro, talvez seja possível recorrer-se ao princípio de aquisição processual em matéria de prova. Tradicionalmente a doutrina processual caracteriza esse princípio sob o enfoque do resultado advindo do meio de prova utilizado pelos sujeitos interessados no processo; traduzindo-o como a possibilidade de o magistrado valorar a resultante probatória inserida no processo em sentido diverso, e mesmo oposto, ao que pretendia a parte que ensejou a utilização de determinado meio de prova. O julgador tem liberdade de extrair da prova produzida efeitos valorativos diversos do que os pretendidos pelo interessado, inclusive conferindo-lhe significado valorativo em benefício da parte adversária, tendo em vista que, ao ingressar no processo, o elemento de prova passa a pertencer ao conjunto probatório processual, não estando vinculado a quem o produziu.

No entanto, além desse efeito concernente à apreciação decisória do resultado da prova em sentido diverso do pretendido pelo interessado, é possível falar-se de uma função heurística do princípio da aquisição processual;[409] tal postulado incidiria também sobre objetos ou

---

[407] Ubertis, que faz referência expressa à decisão da Corte Constitucional italiana, sent. 26 marzo 1993 n. 111; UBERTIS, Giulio. Neutralità metodológica del giudice e principio di acquisizione processuale. *Rivista Italiana di Diritto e Procedura Penale*, Milano, ano 50, fasc. 1, p. 16-30, genn./mar. 2007.

[408] Na vigência do art. 507 do CPP italiano, a interpretação jurisprudencial oscilou entre posição restritiva, admitindo integração judicial de provas somente para complementar aquisição probatória efetuada anteriormente pelas partes; posição intermediária, afastando a possibilidade de inserção probatória pelo julgador quando nenhuma prova tenha sido introduzida nos autos pelas partes; e posição extensiva, adotada pela *Sezioni Unite*, assentindo que o juiz dispusesse de meios de prova sequer deduzidos pelas partes, o que importa em admitir a hipótese de que o juiz pudesse representar o único motor da instrução probatória. Cf. MARAFIOTI, Luca. L'art. 507 C.P.P. al vaglio delle Sezioni unite: un addio al processo accusatotio e all'imparzialità del giudice dibattimentale. *Rivista Italiana di Diritto e Procedura Penale*, Milano, ano 36, fasc. 2, p. 829-849, apr./giug. 1993, p. 835, que tece severa crítica a esse entendimento predisposto ao esvaziamento do ônus probatório.

[409] UBERTIS, Giulio. Neutralità metodológica del giudice e principio di acquisizione processuale. *Rivista Italiana di Diritto e Procedura Penale*, Milano, ano 50, fasc. 1, p. 16-30, genn./mar. 2007.

temas de prova,[410] com a possibilidade, deste modo, de ser considerado em momento anterior à efetivação do resultado probatório. Já foi referido que, uma vez admitida, a fonte ou meio de prova passa a pertencer ao processo, tem-se, então, a possibilidade de manifestação do princípio da aquisição processual já quando da introdução da fonte e/ou do meio de prova no processo, pelo reconhecimento da existência de um tema inserido e assumido pelo processo.

Alguns objetos de prova gozam de potencialidade investigativa para além de sua própria inserção, podendo indicar um desenvolvimento da investigação não necessariamente no sentido do interesse da parte que originariamente propôs o *thema probandum*. Assim, uma expressão do princípio em exame pode ser entendida no sentido de admitir se reconheça que o tema de prova foi inserido no processo e para o processo, independente do uso que dele venha a fazer a parte proponente; com isso poder-se-ia desenvolver uma atividade judicial sucedânea da inércia de quem introduziu o objeto de prova, mas, posteriormente, não o realizou em todas suas possibilidades.

Nessa hipótese levantada, o princípio de aquisição processual se manifestaria não mais sobre o elemento ou resultado da atividade probatória, mas sim quando da inserção processual da fonte e/ou meio de prova, antes da fase decisória, desde que de tal introdução se identifique tema de prova insertado no processo pela iniciativa das partes.[411]

A interpretação proposta acima, do princípio da aquisição processual, a par de relevante na busca de se inserir a atividade do juiz na complexidade da matéria probatória, não permite, por si só, alcançar o objetivo pretendido de, invariavelmente, restringir a iniciativa instrutória de ofício ao ideal de subsidiariedade e complementaridade em relação ao poder probatório dos interessados. O julgador que identifique potencialidades no tema de prova para além das direções de pesquisa sugeridas pelas partes não poderá, simplesmente, em toda e qualquer situação, se substituir a elas nessa prospecção direcionada à reconstrução dos fatos, tendo, se for o caso, de limitar-se à sua indicação.

No direito processual italiano, o recurso ao princípio de aquisição probatória na concepção ampliativa proposta, estendendo sua expressão não apenas à valoração do resultado das provas na fase decisória, mas desde o momento da inserção processual das fontes e/ou meios de prova, que não ficariam restritos à disponibilidade de quem as requereu, e sim ao patrimônio do processo, tem efeitos mais restritos em

---

[410] Entendidos, resumidamente, como sendo a hipótese a se verificar no processo, CORDERO, Franco. *Procedura penale*. 8. ed. Milano: Giuffrè, 2006, p. 570.

[411] UBERTIS, op. cit., p. 23.

função de a iniciativa instrutória do juiz somente ser admitida nas situações contempladas expressamente na legislação, conforme abordado no item 3.2. supra.

O ingresso na legislação adjetiva penal italiana, neste momento, tem por finalidade identificar o contexto no qual o princípio da aquisição processual foi tomado em consideração pela doutrina daquele país em matéria de diligência probatória do julgador, mormente na preocupação expressa de não restringir a aplicação do postulado aos resultados de prova em sede decisional. Assim é que as possibilidades e limites de o juiz dar impulso à concretização dos temas de prova identificados pelas partes vêm expressamente disciplinados pela legislação italiana em todos os momentos processuais, e, diga-se, somente nestes momentos, nos quais esteja previsto o exercício de uma atividade instrutória de ofício.

De algum modo, o recurso ao princípio disciplinador em matéria de prova no processo tem por finalidade trazer embasamento dogmático à previsão legal que admite iniciativa probatória ao magistrado. Considerar a função heurística do postulado da aquisição processual manifestando-se antecipadamente, já na inserção da fonte ou meio de prova no processo, significa uma busca de embasamento dogmático, senão de justificação da previsão legal de poderes *ex officio* em matéria probatória.

E não se está dizendo que haja equívoco nessa elaboração, pelo contrário; no contexto exposto, trata-se de buscar substrato dogmático à expressa previsão legal de atribuir poderes probatórios ao juiz, bem como indagar sobre a extensão dessa iniciativa recorrendo às expressões possíveis do princípio probatório de aquisição processual.[412] É a conclusão em parte e, presumivelmente, extraída, ainda que, reitere-se, especulativa.

3.3.2.1. Complementações ao princípio de referência

De qualquer forma, em outros ordenamentos jurídicos nos quais a matéria da iniciativa probatória do magistrado não recebeu o mesmo tratamento conferido pelo sistema jurídico italiano, pode parecer arriscado partir de uma explicação ou justificativa sobre a possibilidade de

---

[412] "Em relação aos poderes do juiz de primeiro grau de dar seu impulso à concretização dos temas de prova identificados pelas partes, isso vem expressamente contemplado pelo nosso legislador em todos os momentos processuais nos quais seja previsto o exercício de uma atividade instrutória". UBERTIS, Giulio. Neutralità metodológica del giudice e principio di acquisizione processuale. *Rivista Italiana di Diritto e Procedura Penale*, Milano, ano 50, fasc. 1, p. 16-30, genn./mar. 2007.

previsão de poderes *ex officio*, recorrendo-se ao princípio da aquisição processual, ante a amplitude que se poderia daí extrair. A premissa de que o *thema probandum* introduzido no processo pelas partes poderia receber tratamento consentâneo com aquele conferido pelo julgador em matéria de resultado das provas na fase decisória é um passo importante no caminho da delimitação da iniciativa probatória pelo juiz, no entanto não esgota a questão, pela possibilidade de vir a estender sobremaneira os poderes judiciais, transbordando os lindes traçados de mera atividade subsidiária.

Não se pode admitir que o julgador tome em consideração toda e qualquer direção que as provas trazidas aos autos pelas partes venham, porventura, a indicar, pois então estar-se-ia partindo de um ponto de vista tão distante que qualquer tentativa de restrição posterior não alcançaria os limites razoáveis que a matéria exige. No entanto, ao se limitar essa interpretação possível do princípio em questão a determinado ordenamento jurídico no qual os poderes de ofício do juiz somente sejam admitidos em situações taxativamente expressas na lei, aí sim se compreende a pretensão de teorizar os fundamentos justificantes da norma que concede poderes *ex officio* e, de alguma forma, estender a iniciativa probatória do magistrado.[413]

Por esses motivos, considera-se importante, além de trazer a reflexão sobre as projeções do princípio de aquisição processual em matéria de iniciativa instrutória do julgador, identificar as bases nas quais a doutrina italiana recorreu ao princípio probatório para precisar e fundamentar a atividade instrutória desenvolvida pelo magistrado no processo penal segundo o modelo de ordenamento jurídico naquele país.

As ponderações devem, no entanto, prosseguir na direção de se averiguar o sentido que as projeções do princípio da aquisição processual sobre os temas de prova podem ter em ordenamentos jurídicos nos quais não haja uma delimitação da iniciativa instrutória do juiz às hipóteses taxativamente previstas na legislação. Reflexões que se podem tornar indispensáveis, também, em sistemas nos quais, apesar da intenção de revestir o julgador de poderes de ofício apenas nos casos pontuais previstos em lei, sempre permanecerá o risco de ampliações

---

[413] Importante manter-se a advertência de que o juiz não pode introduzir *ex officio* temas de provas novos ou mais amplos, dado que as partes permanecem titulares do poder de submetê-los ao exame jurisdicional; UBERTIS, Giulio. Neutralità metodológica del giudice e principio di acquisizione processuale. *Rivista Italiana di Diritto e Procedura Penale*, Milano, ano 50, fasc. 1, p. 16-30, genn./mar. 2007, p. 25.

demasiadas das hipóteses pela via interpretativa da jurisprudência, ou mesmo na proliferação de concessões legislativas na matéria.[414]

O que releva no tema é admitir a necessidade de que a intervenção judicial desenvolva hipótese reconstrutiva já aberta com a atividade probatória primordial das partes, sem o que não se poderá caracterizar seja como supletiva, seja como complementar.[415] Haveria nítido rompimento do equilíbrio processual, e mesmo da imparcialidade do julgador, consentir com atuar direcionado à busca de provas sobre uma autônoma hipótese reconstrutiva de fatos não introduzidos na instrução pela demanda acusatória e pela defesa.

É o que se verifica quando os interessados tenham desenvolvido uma atividade probatória completa e exauriente sobre as hipóteses por eles sugeridas no curso do processo, não deixando espaço a que o julgador, sem se converter em investigador, possa pretender desenvolver ainda iniciativa instrutória. Este somente pode ser o remédio *in extremis*, destinado à incompletude da atividade das partes, portanto incompatível com completo esgotamento das possibilidades trazidas pelos contendores.[416]

Deste modo, apenas interpretando-se restritivamente a função heurística do princípio da aquisição processual é que se poderia cogitar de sua utilização em matéria de fundamento e delimitação do poder instrutório do julgador. Ter-se-ia que entender como compreendido na atividade inicialmente desenvolvida pelas partes não qualquer possibilidade de direção ou caminho probatório que se possa abrir mediante a inserção de um meio de prova no processo; necessário será restringir sua atuação para as situações nas quais, concretamente, se tenha iniciado a comprovação de um tema de prova que, posteriormente, foi abandonado pelos interessados, que não retiraram do meio de prova toda a projeção possível que poderia e deveria ter no esclarecimento dos fatos relevantes ao julgamento do processo.

O importante é a necessidade de se estruturar a análise a partir da consideração prévia de, preservando-se a imparcialidade do julgador

---

[414] Nesse sentido Belluta, ao advertir a possibilidade de *revirement* à luz da crescente quantidade de casos na legislação italiana nos quais resulta já permitido ao órgão judicante exercitar prerrogativas instrutórias, BELLUTA, Hervé. Premesse per uno studio sui poteri istruttori dell'organo giudicante. *Rivista Italiana di Diritto e Procedura Penale*, Milano, ano 43, n. 4, p. 1213-1244, ott./dic. 2003, p. 1215.

[415] *"l'esegenza che Il giudice sviluppi la sua iniziativa, senza prevaricazioni, solo all'interno delle lacune, dei vuoti probatori lasciati dall'inerzia delle parti..."*; cf. FERRUA, Paolo. I poteri probatori del giudice dibattimentale: ragionevolezza delle Sezioni unite e dogmatismo della Corte costituzionale. *Rivista Italiana di Diritto e Procedura Penale*, Milano, ano 37, fasc. 3, p. 1065-1084, luglio/sett. 1994.

[416] Idem, p. 1080.

penal, manter algum espaço a que o juiz possa atuar, prosseguindo em uma linha de reconstrução probatória dos fatos aberta no processo, mas não encerrada pelas partes; nomeadamente quando se trate de tema relevante à decisão final da matéria submetida à jurisdição estatal.

Em aparente atenção a esse norte, Marafioti refere o que para ele seria leitura do tema dos poderes atribuídos ao juiz, a mais aproximada possível do princípio acusatório: as partes atuariam na fase instrutória indicando os temas relevantes que pretendem esclarecer nos autos, desenvolvendo atividade com vista a inserir substrato probatório a essa finalidade. Encerrada a fase da instrução probatória, restando questões pendentes ou mal esclarecidas, o magistrado, considerando-as significativamente valorosas ao esclarecimento dos fatos e à formação do seu convencimento,[417] faria a referência indicativa dos pontos obscuros; as partes teriam então a oportunidade de complementação probatória sobre as circunstâncias indicadas pelo juiz, mediante requerimento de novos meios probantes; não o fazendo, o julgador estaria autorizado pela legislação a introduzir a prova de ofício.[418]

Exemplificação extraída da prática judicial pode colaborar à explicitação da finalidade da prova de ofício como integradora de iniciativa probatória das partes, exercício de suma importância, sobretudo em temas relevantes do processo, de modo a conjugar a teoria científica com a dinâmica judicial. Assim é que, em determinado processo judicial envolvendo suposto delito de tráfico internacional de drogas, dois cidadãos, x e y, encontravam-se no interior de caminhão proveniente do Paraguai, tendo ingressado no Brasil pela tríplice fronteira na cidade de Foz do Iguaçu/PR.

O caminhão envolveu-se em acidente, tendo tombado na estrada, quando então foi identificada a presença de grande quantidade de substância entorpecente transportada no veículo. O motorista do veículo de transporte de cargas, x, fugiu do local; o outro ocupante do veículo, y, ficou preso na cabine do caminhão, com ferimentos em face do acidente, tendo sido retirado e conduzido pela Polícia Rodoviária Federal para hospital próximo. No trajeto entre o local do fato e o hospital, o telefone celular que se encontrava com o suspeito y recebeu

---

[417] Em sentido muito parecido é o posicionamento de Illuminati, referindo que a complementação de prova de ofício somente poderia se dar após o encerramento da produção das provas solicitadas pelos interessados no juízo oral, e desde que se apresente absolutamente necessário para integrar a iniciativa das partes, cf. ILLUMINATI, Giulio. El sistema acusatorio en Italia. In: BACHMAIER WINTER, Lorena (Coord.). *Processo penal y sistemas acusatorios*. Madrid: Marcial Pons, 2008, p. 135-160.

[418] MARAFIOTI, Luca. L'art. 507 C.P.P. al vaglio delle Sezioni unite: un addio al processo accusatotio e all'imparzialità del giudice dibattimentale. *Rivista Italiana di Diritto e Procedura Penale*, Milano, ano 36, fasc. 2, p. 829-849, apr./giug. 1993.

uma chamada telefônica, tendo sido atendida por um dos agentes da polícia que escoltavam o preso.

Em juízo, o policial nomeado como testemunha pela acusação relatou que, ao atender à chamada telefônica referida, deparou-se com voz masculina indagando a respeito da carga: "[...] onde está a minha carga, onde vocês estão, o que houve com o caminhão? [...]", o agente da polícia procurou manter o diálogo de forma a identificar a origem da ligação telefônica, tendo, inclusive, se feito passar por y de modo a tentar identificar outras pessoas relacionadas com o delito de tráfico. Ocorre que o réu y, no seu interrogatório, negou peremptoriamente tivesse conhecimento a respeito da presença da substância entorpecente no veículo conduzido por x, dizendo que apenas este, x, teria responsabilidade pelo conteúdo transportado, e, embora confirmasse estar em posse do celular atendido pelo agente da polícia, negou que na mencionada ligação telefônica lhe pudessem estar indagando a respeito da carga ilícita no caminhão.

Após o encerramento de toda a atividade instrutória oral em juízo, juntada de perícias, documentos e outras várias diligências, nenhuma das partes requereu fosse requisitado à companhia telefônica que informasse se o celular que estava com o acusado y havia, de fato, recebido alguma chamada telefônica no período aproximado entre o acidente com o caminhão e o atendimento médico de y; qual a duração da chamada; bem como se poderia ser identificada a origem dessa ligação e de outras porventura originadas do mesmo número telefônico. Tendo em vista a inegável relevância desses esclarecimentos na apreciação do fato em julgamento, sobreveio de ofício determinação judicial para que a referida prova ingressasse nos autos, devendo possibilitar-se às partes, em seguida, a oportunidade de se manifestarem e requererem novas provas.

Tendo em conta os parâmetros teóricos até então fixados quanto à legitimidade da iniciativa probatória de ofício, além de se estar diante, no exemplo dado, de elemento relevante na busca de esclarecimento mínimo dos fatos envolvendo o acusado y, as partes já haviam encerrado suas hipóteses probatórias, e a diligência oficiosa envolvendo tentativa de esclarecimento quanto à existência ou não de chamada telefônica no período relevante ao juízo, bem como busca de identificação de origem e histórico de chamadas provenientes do mesmo número, por certo que não importava inserção no processo de nova hipótese de reconstrução dos fatos independente daquelas assimiladas pelos interessados; tratava-se de completar o caminho trilhado de forma incompleta pelas partes, ante a conclusão de lacuna evidenciada no percurso dialético.

Iniciativa Probatória de Ofício e o Direito ao Juiz Imparcial no Processo Penal

Ao final, a diligência probatória identificou efetivamente uma chamada telefônica de cerca de um minuto exatamente no período mencionado pelo agente policial, originada de telefone móvel que já havia, anteriormente, inclusive no dia anterior, feito algumas ligações para o telefone pessoal do réu y, com durações sempre em torno de cinco minutos; chamadas telefônicas originadas, coincidentemente, apenas a partir de período aproximado com o carregamento do caminhão no Paraguai.

Ou então, ao contrário disso, o resultado da complementação de ofício na prova mostrara que o celular do acusado y recebeu apenas uma chamada no espaço de tempo identificado pelo policial, a qual durou apenas poucos segundos, sendo, portanto, incompatível com o diálogo que o agente da polícia afirmou ter mantido enquanto conduzia o réu y para o hospital, sendo que o celular de y nunca antes havia recebido qualquer chamada proveniente do número telefônico atendido pelo policial no momento imediato ao fato.

Por certo que as situações descritas nos dois parágrafos anteriores são hipotéticas, mas servem apenas para aclarar a importância de não se deixar inteiramente na disponibilidade das partes a obra instrutória em juízo. O caso aludido envolvendo a lacuna probatória efetivamente ocorreu,[419] e exemplifica como há situações em que o juiz não pode ficar totalmente inibido quanto à suficiência do material probatório trazido a juízo; o exemplo acaba até por não ser dos melhores, tendo em vista a clareza da carência probatória na espécie pendente de complementação.

Em muitas situações, não se trabalha diante dessa clarividência exposta mediante uma breve análise superficial, condizente com narrativas genéricas como a realizada acima, das hipóteses de reconstrução dos fatos em juízo; há inúmeras situações em que, aparentemente, as partes integraram o material probatório necessário à apreciação da causa. No entanto, o julgador, diante da dialética processual desenvolvida na audiência, somada a todo o conjunto de elementos sobre os quais deverá formar sua decisão, material este que, no mais das vezes, é de muito maior complexidade e extensão do que a simples prova oral produzida em juízo,[420] abre janelas de incerteza na completude do

---

[419] Ação Penal nº 2009.72.11.000072-7, em trâmite na Justiça federal brasileira, 4ª Região, estado de Santa Catarina, consulta do andamento procesual pelo endereço eletrônico: <www.jfsc.gov.br>.

[420] Suficiente referir a inúmera gama de processos penais decorrentes de crimes financeiros ou fiscais, delitos societários ou de fraudes ao patrimônio público, lavagem de dinheiro, criminalidade organizada, etc., os quais, inúmeras vezes na *práxi* judicial, abrangem volumes e mais volumes de documentos, perícias, diligências policiais e informações de variada ordem que devem ser objeto de detalhada análise judicial prévia ao julgamento.

material probatório as quais somente o decisor poderá fechar, acaso apresentem-se efetivamente indispensáveis ao julgamento. E somente poderá fazê-lo mediante recurso à iniciativa probatória complementar de ofício.

3.3.3. Imposição de juízo técnico-jurídico e a alegada carga psicológica antecipada

O caso trazido à ilustração acaba também por exemplificar a inconsistência da ideia de que o juiz, ao exercer iniciativa probatória, estará buscando a confirmação de alguma verdade particular preestabelecida, ou então expondo tendenciosidade, por assumir o benefício da posição de uma das partes em prejuízo da outra. A dificuldade de se teorizar fazendo abstração do caso concreto é exatamente o evento real, efetivo, sem o qual não é possível uma conclusão, no entanto a situação descrita permite visualizar como o julgador não poderia saber, de antemão, qual viria a ser o resultado da diligência complementar, tampouco estaria pesquisando a confirmação de alguma verdade sua, pessoal, diferente dos fatos e versões discutidas no processo, basta observar como qualquer um dos dois resultados hipotéticos da diligência oficiosa mencionados acima eram plenamente possíveis, aos quais se somam tantos outros que retiram as bases da alegação de que o julgador predispunha um resultado, indo atrás de sua confirmação mediante a iniciativa probatória desempenhada.

De qualquer modo, não se vai aprofundar a questão dos possíveis efeitos que a determinação de algum ato de prova *ex officio* possa ter sobre o convencimento do juiz a respeito da análise do conjunto probatório na solução da controvérsia. Entende-se que a superficialidade de tal linha de contestação psicológica, muito pela inexistência de quaisquer evidências empíricas, ou amplo estudo de caso que pudesse sustentá-la minimamente,[421] acabaria por reproduzir-se em uma réplica, também não assentada em levantamento empírico de dados, afirmando que o simples fato de complementar uma pesquisa jurídica não transfiguraria alguém de imparcial em parcial, ou ainda, indo mais longe, que a omissão judicial na colmatação das lacunas probatórias demonstraria completo descomprometimento do julgador com a correta instrução dos fatos relevantes ao julgamento.

---

[421] CHIARLONI, Sergio. Riflessioni microcomparative su ideologie processuali e accertamento della verità. In: *Due iceberg a confronto*: le derive di common law e civil law. Milano: Giuffrè, 2009, p. 101-117. (Quaderni della Rivista Trimestrale di Diritto e Procedura Civile), p. 106.

Mesmo porque tais argumentos, embasados em meras suposições, nada mais são do que projeções de diferentes ideologias do processo; entender o processo como um jogo, na linha da *sporting theory of procedure*, não consente, em nenhuma medida, com a possibilidade de o árbitro interferir,[422] porque de outro modo estaria arriscando favorecer o êxito de um dos jogadores.[423] Do mesmo modo que visão oposta a essa já importaria na tentativa de inserir no processo mecanismo direcionado a complementar o resultado da dialética utilizada pelos interessados, em atenção ao valor da correção da resposta jurisdicional.

Talvez se deva mesmo privilegiar argumentos de empirismo sobre as concepções ideológicas, mas para tanto é antes indispensável dispor de amplo conhecimento sobre a fenomenologia processual mediante levantamento de dados a partir dos quais se possam extrair conclusões ou tendências em termos diversos dos ideológico-valorativos. Para tanto, o primeiro passo seria ter o cuidado de desenvolver ou valer-se de precisas investigações empíricas para registrar a extensão na utilização dos poderes probatórios de ofício nos processos penais, de modo a avaliar os seus efeitos sobre a decisão final.

Somente assim seria possível verificar em quantos processos houve complementação probatória pelo juiz, quais os resultados conclusivos dessa iniciativa *ex officio* sobre o esclarecimento dos fatos relevantes ao julgamento, e em quais dessas situações a diligência oficiosa teve determinância sobre o convencimento judicial tanto em primeiro grau como em instâncias recursais sucessivas, a ponto de ser possível afirmar que as ocasionais incursões nos poderes de ofício tendem a privilegiar o resultado desta diligência em prol de outras já inseridas nos autos, ditando a solução final da demanda.

Por óbvio, nem todas as conclusões exigem amplos estudos empíricos, assim é que não parece difícil concordar com a consideração de que um juiz de instrução, condutor de toda a fase preliminar investigativa voltada para a coleta de elementos comprobatórios da responsabilidade penal do acusado, possa estar, de fato, comprometido psicologicamente com essa versão dos fatos por ele levantada, afinal de contas esboçou os contornos da própria acusação, sendo razoável

---

[422] Não é por acaso que o sistema *adversarial* foi concebido pelos mesmos advogados de *common law* que representaram os empresários na nação primeiramente marcada pela Revolução Industrial, "*Se trata esencialmente de un planteamiento del sistema penal desde las concepciones del libre mercado*"; cf. VOGLER, Richard. El sistema acusatorio en los procesos penales en Inglaterra y en Europa continental. In: BACHMAIER WINTER, Lorena (Coord.). *Proceso penal y sistemas acusatorios*. Madrid: Marcial Pons, 2008, p. 177-194.

[423] CHIARLONI, Sergio. Riflessioni microcomparative su ideologie processuali e accertamento della verità. In: *Due iceberg a confronto*: le derive di common law e civil law. Milano: Giuffrè, 2009.p. 101-117. (Quaderni della Rivista Trimestrale di Diritto e Procedura Civile), p. 107.

admitir-se uma inclinação para confirmá-la. Da mesma forma um juiz que se colocasse no processo a par e passo com as partes, pesquisando autonomamente as variadas possibilidades de reconstrução dos fatos, independentemente das trilhas percorridas pelos interessados, também poderia estar propenso a despir-se de sua isenção, tendendo a ratificar sua investigação particular.

Bem diferente é a situação de complementação das lacunas probatórias por deficiência, deliberada ou não, na obra desenvolvida pelas partes,[424] aí sim, quaisquer propensões de seguir na mesma linha de argumentação dependeria da demonstração fenomenológica, sem o que se recai em discussão meramente emotiva, partindo de argumentos psicológicos sem embasamento técnico e sem comprovação, ou mesmo conhecimento, da práxis cotidiana forense. É preciso recordar, na linha de Gössel, que é ilusória a representação de um tribunal estritamente neutro, e mesmo em modelo de julgamento anglo-estadunidense de júri passivo, não é incomum os jurados já terem adquirido pela imprensa conhecimento sobre o caso que deverão julgar, sobretudo nas questões de maior vulto ou repercussão, advindo daí uma primeira impressão ou, então, pré-noção derivada da própria exposição da imputação em juízo e das provas existentes frente ao acusado;[425] o que parece exagero é retirar disto alguma incapacidade de o julgador, sobretudo o técnico, formular veredito racionalmente técnico-jurídico sobre a matéria submetida a julgamento.[426]

Deve ficar claro que as condições de discussão do tema da iniciativa probatória do juiz foram colocadas sobre a verificação de uma lacuna probatória visível e identificável sem muitos esforços de retórica e exercício imaginativo por parte do magistrado; portanto, quaisquer diligências probatórias que venha a determinar ter-se-ão que constituir na complementação de um desenvolvimento probatório incorporado já ao

---

[424] A discussão sobre a imparcialidade teria que ser outra, uma vez que as iniciativas instrutórias *"si muovano all'interno dello schema probatorio disegnato dalle parti"*; cf. CARACENI, Lina. *Poteri d'ufficio in materia probatoria e imparzialità del giudice penale*. Milano: Giuffrè, 2007, p. 41.

[425] GÖSSEL, Karl Heinz. *El derecho procesal penal en el estado de derecho*: obras completas. Santa Fe: Rubinzal-Culzoni, 2007, v. 1, p. 126-127; segundo o autor: *"Siempre que a alguien se le confían decisiones jurídico-penales, dicha persona – irremediablemente – va a tener ciertos prejuicios, que anteceden a la búsqueda de una resolución"*.

[426] O julgador pode, já no interrogatório, seja por que motivo for, mas a partir de sinais externalizados pelo réu, convencer-se da culpabilidade, mas para a decisão final este convencimento subjetivo deve não ter valia com vistas à formação racional da decisão. E aqui vale reprisar a frase de Aschenbach, no processo O. J. Simpson, como reflexo prático da utilização da regra "para além da dúvida razoável", como limite ao convencimento do juiz: "estou intimamente convencida da culpabilidade do imputado, mas o direito me proíbe de condená-lo"; A referência consta em: STELLA, Federico; GALAVOTTI, Maria Carla. *"L'oltre il ragionevole dubbio" come standard probatorio. Le infondate divagazioni dell'epistemologo Laudan. Rivista Italiana di Diritto e Procedura Penale*, Milano, ano 48, fasc. 3, p. 883-937, luglio/sett. 2005, p. 914.

processo e que, independentemente do motivo, foi deixado incompleto pelas partes.[427] Assim é que, antes de os poderes probatórios *ex officio* destinarem-se a buscar fatos para comprovar uma tese já assumida pelo julgador, trata-se de recurso destinado a preencher uma lacuna visível relacionada à prova de um fato já inserido pelos interessados no processo; do que se poderia até mesmo, na linha de Belluta, questionar a imparcialidade de um julgador que prefira decidir apesar de identificar nítido quadro probatório incompleto, mas legalmente completável.[428]

Encerrada a atuação das partes na fase de julgamento, a legislação dos países acima mencionados é clara em atribuir ao julgador tarefa que se reputa mesmo inerente à função jurisdicional: apreciar se há nos autos elementos minimamente suficientes para a correta decisão da causa penal, ou se, ao contrário, deve complementar-se alguma lacuna identificável na reconstrução fática. O magistrado guia-se pela valoração previamente feita pelo legislador ordinário, na linha dos princípios constitucionais sobre os valores em jogo, de velar pela correção do julgamento, esclarecendo fatos essenciais para a resolução, sem levar em conta prejuízo ou benefício aos interesses particulares em jogo.

Certo que, por estarem já no processo, muito provavelmente o fato hipotético em questão e o seu elemento de prova destinam-se a produzir efeitos prejudiciais ou benéficos ao interesse de uma das partes, do contrário não haveria muito significado terem sido incorporados aos autos pelos contendores; da mesma forma, tratam-se de elementos relevantes para a decisão judicial e para o convencimento do juiz. Ao restarem já incorporados pelas partes nos autos com relevância na comprovação das hipóteses e na persuasão do julgador, a questão fundamental a se questionar é se seria admissível que permanecesse no processo uma incompletude notável nesses elementos sem que o julgador pudesse secundar a atividade instrutória determinando a complementação de uma linha probatória inserida no processo com relevância, mas não esgotada sequer minimamente.

A resposta a tal indagação seria positiva acaso se estivesse perante processo *adversarial* puro, regido pela contribuição exclusiva das partes em matéria de prova, a exigir julgador passivo diante do embate

---

[427] O Tribunal Supremo espanhol tenta identificar essa situação recorrendo ao que denomina "prova sobre prova": *"La prueba se produce para justificar la pretensión (prueba de cargo) o para desvirtuarla (prueba de descargo), que corresponden al Mº Fiscal y a las partes. La iniciativa que al Tribunal atribuye el art. 729. 2º L.E.Crim. puede ser considerada como 'prueba sobre la prueba', que no tiene la finalidad de probar hechos favorables o desfavorables sino de verificar su existencia en el proceso, desde la perspectiva del art. 741 de la L.E.Crim., por lo que puede considerarse neutral y respetuosa con el principio acusatorio"*; cf. ATS 5418 de 5 de maio de 2005. Ponente Enrique Bacigalupo Zapater.

[428] BELLUTA, Hervé. *Imparzialità del giudice e dinamiche probatorie ex officio*. Torino: Giappichelli, 2006, p. 82.

dialético, desse modo negando ao juiz qualquer iniciativa probatória complementar com vista à correção do julgamento, pelo simples fato de a verdade ficar entregue unicamente à influência endoprocessual do comportamento de acusação e defesa. Diferente tenderá a ser a solução técnica no modelo processual continental europeu que consente com atividade probatória judicial, refutando uma ressonância do princípio dispositivo no tema da prova penal.

3.3.3.1. Presunção de inocência e pretensa incapacidade do julgador

Cabe esclarecer que a solução da epígrafe anterior não tem interferência essencial sobre a regra material da carga de prova no processo: a previsão de uma esfera de poder judicial de ofício sobre a prova é independente da presunção de não culpabilidade. O princípio da presunção de inocência, no seu significado como regra de juízo, ao impor a absolvição em caso de dúvida, impende reconhecer, tem projeção relevante, para além de uma mera regra sobre a carga de prova, tratando-se de verdadeiro princípio inspirador do processo penal em seu conjunto.

A carga probatória e o princípio da presunção de inocência restam preservados em todo o tipo de processo, ainda que o julgador disponha de iniciativa instrutória, o que pode e vai se alterar é o momento em que tais técnicas de juízo entram em funcionamento. No processo de caráter *adversariness*, de monopólio dos interessados, tão logo se encerre a produção probatória das partes, o postulado tem possibilidade de entrar em ação; no esquema processual que atribui ao juiz um papel ativo na aquisição da prova relevante, a regra de juízo somente terá potencial aplicação após a atividade oficiosa;[429] em suma, a regra do ônus da prova tem aplicação sempre depois de encerrada a dinâmica probatória, não é uma norma sobre a atividade de produção probatória, e não tem interferência sobre ela a ponto de ditar seus contornos.

Mais especificamente, o estado constitucional de inocência, e o consequente postulado garantista *in dubio pro reo*, estabelecem regras para a valoração da prova, não se tratam de princípios de direito probatório, e sim de verdadeiras pautas de decisão que, por isso mesmo, somente podem ter incidência depois de concluída a tarefa de valoração da prova,[430] quando se manifestar uma carência no esclarecimento

---

[429] DÍAZ CABIALE. José Antonio. *Principios de aportación de parte y acusatorio*: la imparcialidad del juez. Granada: Colmares, 1996, p. 305 *et seq.*

[430] ALBUQUERQUE, Paulo Pinto de. *Comentário do Código de Processo Penal*: à luz da Constituição da República e da Convenção Europeia dos Direitos do Homem. 3. ed., atual. Lisboa: Universidade Católica, 2009, p. 54.

judicial quanto aos fatos para além da dúvida razoável.[431] Não há como se extrair da presunção de inocência do acusado alguma imposição de poderes monopolísticos das partes na iniciativa probatória,[432] sem que isso tenha interferência na garantia de que o réu, em nenhuma hipótese, suportará consequências negativas do *non liquet*.

Em outra vertente, parte da doutrina faz uma distinção da carga de prova no processo penal, de modo a diferenciá-la do ônus probatório na seara cível, isto porque, na seara criminal, a carga de prova pertenceria à categoria das cargas imperfeitas, ou seja, aquelas cujo descumprimento não importaria de imediato em prejuízo ao interessado,[433] a passividade da parte não acarretará, necessariamente, no fracasso de sua pretensão, característica esta da carga completa ou plena.[434] Ainda que se reconheça ao órgão de acusação um ônus de desempenhar no processo atividade probatória da culpabilidade do acusado, devendo ter a iniciativa de pôr em prática a comprovação da imputação, sem o

---

[431] Foi a partir da sentença In re Winship, Supreme Court of the United States, 397 U.S. 358 (1970), que a prerrogativa *"beyond a reasonable doubt"* ficou consagrada como direito constitucional do acusado: *"we explicitly hold that the Due Process clause protects the accused against conviction except upon proof beyond a reasonable doubt of every facts necessary to constitute the crime with wich he is charged"*; KADISH, Sanford H.; SCHULHOFER, Stephen J.; STEIKER, Carol S. *Criminal law and its processes*: cases and materials. 8. ed. Austin: Wolters Kluwer, 2007, p. 29-30. Países da Europa continental, a partir dos estudos de Stella, passaram a buscar na experiência de *common law* o estandard probatório *"oltre il ragionevole dubbio"* para complementar a garantia da presunção de inocência. Consulte-se, entre outros: STELLA, Federico.*Giustizia e modernità*: la protezione dell'innocente e la tutela delle vittime. 3. ed. Milano: Giuffrè, 2003, p. 58-59; STELLA, Federico; GALAVOTTI, Maria Carla. *"L'oltre il ragionevole dubbio"* come standard probatorio. Le infondate divagazioni dell'epistemologo Laudan. *Rivista Italiana di Diritto e Procedura Penale*, Milano, ano 48, fasc. 3, p. 883-937, luglio/sett. 2005, p. 908-911.

[432] A respeito: *"Comunque letto, l'art. 507 confuta le cabale sul puro processo-contesa. Dalle geremiadi in chiave d'onere probatorio, presunzione d'innocenza e simili, trapelano idee confuse: nessuno vuole dei colpevoli presunti; finchè esistano dubbi, l'imputato sarà assolto, ma non pretenda d'essere giudicato su materiali incompleti"*. CORDERO, Franco. *Procedura penale*. 8. ed. Milano: Giuffrè, 2006, p. 949. No mesmo sentido, FERRUA, Paolo. I poteri probatori del giudice dibattimentale: ragionevolezza delle Sezioni unite e dogmatismo della Corte costituzionale. *Rivista Italiana di Diritto e Procedura Penale*, Milano, ano 37, fasc. 3, p. 1065-1084, luglio/sett. 1994.

[433] Após considerar as cargas processuais como imperativos do próprio interesse, como condição para prevenir um prejuízo processual, Goldschmidt refere que não há frente a elas um direito do adversário ou do Estado. Pelo contrário, o adversário não deseja outra coisa senão que a parte não se desembarace de sua carga de fundamentar, provar, comparecer, etc. Em seguida, classifica as cargas em perfeitas e menos perfeitas; são perfeitas quando as consequências prejudicias de sua *rebeldía* se realizam com necessidade; já as cargas menos perfeitas são aquelas em que os prejuízos decorrentes de sua inobservância se produzem: *"sólo arbitrio iudicis"*; permitindo a lei que o juiz adote outra medida que não aquela consequência prejudicial decorrente do descumprimento da carga pela parte. O autor complementa referindo não existir uma carga completamente imperfeita, pois quando uma omissão não pode levar consigo prejuízos para o omitente, não há carga nenhuma; GOLDSCHMIDT, James. *Teoría General del Proceso*. Barcelona: Labor, 1936, p. 82 *et seq.*

[434] DÍAZ CABIALE. José Antonio. *Principios de aportación de parte y acusatorio*: la imparcialidad del juez. Granada: Colmares, 1996, p. 307; FERNÁNDEZ LÓPEZ, Mercedes. *Prueba y presunción de inocencia*. Madrid: Iustel, 2005, p. 94-95.

que, muito provavelmente, verá aumentar o risco de sucumbir ante a incerteza, a presença de faculdades probatórias residuais ao órgão jurisdicional pode amenizar tais consequências.[435]

Está claro que a atividade instrutória judicial admissível tem uma natureza integradora e supletiva, destinada a ser utilizada de forma excepcional, quando as partes não tiverem esgotado as possibilidades probatórias disponíveis. O papel ativo do juiz na obtenção de provas reserva-se às hipóteses nas quais seja relevante prosseguir na complementação da investigação da causa com base em critérios de relevância e necessidade.

O julgador não conhece *ex ante* o resultado que aquela prova poderá ter,[436] sendo discutível afirmar que a dispôs pela intenção de confirmar alguma ideia preconcebida sobre os fatos ou para favorecer uma parte, ao invés de clarificar os fatos em litígio. Não sendo aquela prova importante, em nada irá alterar o resultado do julgamento; do contrário, mostrando-se relevante e útil para o processo, ante lacuna probatória identificada, não se poderá desconsiderá-la simplesmente porque possa decorrer de uma deformada motivação puramente subjetiva do magistrado.

A possibilidade de abusos ou má aplicação, que não devem ser desconsiderados, não podem, por si só, importar na anulação por completo da iniciativa instrutória complementar do juiz, relegando-o a um espectador passivo da contenda.[437] Para tanto, os provimentos judiciais são todos passíveis de impugnação recursal prevista exatamente para esconjurar os desvios e equívocos no cumprimento da norma: a decisão da causa penal será, em última análise, aquela que sobrevier da última instância de julgamento, de modo que algum risco de desvio na utilização dos poderes de ofício em primeiro grau não pode determinar conclusão definitiva de refutação pelo receio pontual.

O entendimento contrário partiria de uma pretensa incapacidade de ser imparcial do julgador que resolvesse procurar uma fonte de informação complementar e que, por esta razão mesma, se tornaria incapaz de valorar racionalmente a força probatória do elemento inse-

---

[435] *"Esiste onere probatorio anche dove lo spettro cognitivo abbia la massima estensione, essendo acquisibile ope iudicis ogni materiale: onere imperfetto, perché l'interessato inerte non há ancora perso; forse le sue inerzie saranno compensate da mosse istruttorie ex officio"*; CORDERO, op. cit., p. 994.

[436] Cf., entre outros: FERNÁNDEZ LÓPEZ, op. cit., p. 324, para quem, a utilização desviada da iniciativa de ofício somente ocorrerá quando previamente já exista parcialidade, *"no sucede a la inversa, esto es, el ejercicio de estas facultades probatorias no genera por sí mismo una pérdida de imparcialidad"*.

[437] TARUFFO, Michele. La cultura de la imparcialidad en los países del common law y del derecho continental. *Estudios de Derecho Judicial*, Madrid, n. 151, p. 95-119, 2008, p. 115.

rido nos autos.[438] Recorrendo-se à explicitação de Taruffo: se o juiz há determinado a obtenção de um documento, tornar-se-ia incapaz de estabelecer seu valor probatório; se há disposto de ofício a obtenção de um testemunho que não venha a mostrar-se fidedigno, não passará a considerá-lo crível somente porque há decidido escutá-lo, tornando-se incapaz de apreciar a força probante desses elementos.[439]

Não se há como confundir a apreciação de que seja necessário complementar a prova de um fato, para tanto determinando a tentativa de sua obtenção, com a apreciação valorativa da força comprovativa do elemento de prova inserido nos autos. De qualquer modo, à objeção de uma incapacidade do julgador de apreciar corretamente o conjunto probatório, por suposta sobrevalorização da diligência probatória oficial, bastaria correção dos rumos pelas vias recursais ordinárias destinadas a apreciar erro de valoração da prova,[440] aspecto também fundamental de distinção do esquema processual da Europa continental em comparação com o modelo de *common law*.

Afora isso, repete-se, não se entende recomendável, do ponto de vista científico, a utilização de argumentos supostamente empíricos, escolhendo, em função disso, o norte a orientar uma renovação do sistema, sem conhecer minimamente os dados quantitativos e qualitativos do fenômeno processual.[441] Do contrário, sobrelevariam os riscos de se recair em meras discussões puramente emotivas e/ou ideológicas, embasadas em presunções psicológicas, tais como a alegação de que o juiz compromete-se com a diligência complementar por ele determinada, ou que favorece deliberadamente alguma das partes, mascarando os valores que estão por trás dessas considerações.

Por tudo isso, preferiu-se destacar, na reflexão, os aspectos ideológico-valorativos envolvidos na matéria, bem como a conjuntura organizativa do processo penal e a diversidade do aparato judiciário no qual prevalece a noção de que o julgador deve manter-se inerte, passivo diante da dialética processual a cargo dos interessados, permitindo uma integração horizontal que examina o fenômeno processual no con-

---

[438] *"l'imparzialità del giudice rischia di rimaner compromessa quando egli abbia a giudicare di una prova da lui stesso cercata e per sua iniziativa acquisita al processo"*, cf. MARAFIOTI, Luca. L'art. 507 C.P.P. al vaglio delle Sezioni unite: un addio al processo accusatotio e all'imparzialità del giudice dibatimentale. *Rivista Italiana di Diritto e Procedura Penale*, Milano, ano 36, fasc. 2, p. 829-849, apr./giug. 1993.

[439] TARUFFO, op. cit., p. 116.

[440] FERNÁNDEZ LÓPEZ, op. cit., p. 326.

[441] AMODIO, Ennio. *Processo penale, diritto europeo e common law*: dal rito inquisitorio al giusto processo. Milão: Giuffrè, 2003, p. 251.

texto mais amplo da organização judiciária.[442] A estratégia foi de expor ao longo de todo o texto, pela contraposição dos esquemas processuais, os embasamentos técnico, ideológico e de tradição jurídica que afastam a mera transposição da solução anglo-americana no tema da iniciativa probatória ao sistema judicial de *civil law*, o que passa, também, por negar solução cujo ponto de partida decorra de subestimar a capacidade do juízo técnico ou pressupor alguma incapacidade de ser imparcial do julgador tão somente por ter almejado complementar o quadro probatório.

---

[442] Ibidem, p. 191.

Conclusão

A discussão sobre a iniciativa instrutória do juiz no processo penal é dos temas mais fecundos e, por isso mesmo, interessantes da processualística ao longo dos tempos; permite, à partida, uma análise de direito comparado entre sistemas de administração da justiça que introduz questões não apenas da dinâmica processual, mas de ideologias e valores subjacentes às elaborações de *civil law* e de *common law* quanto ao papel do juiz diante dos interesses submetidos a julgamento. Os problemas perpassam também considerações a respeito das vertentes processuais criminais assentadas historicamente nos princípios acusatório e inquisitório, ao menos para permitir a conclusão de que essa ambivalência nada resolve no tema dos poderes probatórios *ex officio*, cuja reflexão deve partir sim da dicotomia *adversarial-inquisitorial*.

Conforme se procurou mostrar ao longo do texto, há nitidamente dois polos em latente tensionamento, os quais podem ser representados, por um lado, pela exigência de imparcialidade judicial e, por outro, pela pretensão de correção e justiça nas manifestações do poder público, mormente o jurisdicional, sobretudo na matéria penal. Ao desenvolvimento do objeto do estudo é recomendável, portanto, uma análise a respeito dos meios de se alcançar o almejado balanceamento entre os parâmetros conflingentes, que passa, de um lado, pela possibilidade de complementação da atividade instrutória, de modo a preencher eventuais lacunas originadas da insuficiente operosidade das partes, e, de outro, pela preservação da imparcialidade do julgador.

A matéria da prova no processo não pode ser abordada de forma absolutamente isolada dos ideais e princípios de administração da justiça que estão presentes no grupo social e na tradição histórica, atinente aos quais o estudioso pretende versar. Não se há como desmerecer o fato de que o regime da prova organiza-se a partir de técnicas de legitimação oriundas de valores latentes no meio social, que se atribuiu maior importância, e os modelos probatórios estruturados a partir

Iniciativa Probatória de Ofício e o Direito ao Juiz Imparcial no Processo Penal

desses instrumentos de legitimação organizam-se com vista a uma coerência de conjunto.[443]

No modelo processual penal dos países de *civil law*, nos quais prepondera a tradição do continente europeu, a garantia da imparcialidade não pressupõe absoluta passividade do julgador, tampouco exige monopólio dominante da iniciativa das partes no esclarecimento dos fatos em juízo. Ao contrário, consente com a possibilidade de iniciativa de ofício no tema da prova, a partir do reconhecimento de que a busca da verdade, ou do ideal de justiça, ou da correção da decisão, como se prefira, permanece como um dos fins prestigiosos do processo, e a complementação probatória *ex officio* apresenta-se como importante mecanismo a favorecer o exercício correto da função jurisdicional.

Por outro lado, a preservação do postulado da imparcialidade impõe o estabelecimento de parâmetros na atuação do órgão judicante. Ao julgador não cabe substituir as funções das partes no processo, a diligência probatória de ofício deve realizar-se sem alguma intenção de beneficiar qualquer dos interessados, mas assentando-se tão somente na busca de superar situação de incerteza decorrente da incompletude no material probatório, buscando evitar que fatos relevantes para a prestação jurisdicional permaneçam incertos, com vista ao resguardo dos interesses públicos indisponíveis inseridos no processo penal.

Na seara penal, o juízo decisório, condenatório ou absolutório, recomenda ao menos a possibilidade ao magistrado de fechar todas as janelas abertas relativas a dúvidas quanto à matéria posta em julgamento; não se deve ignorar que a multiplicidade de situações geradas pela dialética processual escancara incertezas ao julgador as quais somente ele pode preencher quando se apresentarem relevantes ao esclarecimento dos fatos em julgamento. Ao mesmo tempo, a manutenção da imparcialidade é imposição decorrente da própria concepção de Estado de Direito orientado constitucionalmente, o que não se cogita flexibilizar, de modo que o impulso oficial deve suceder a atividade dos interessados, com a finalidade de complementá-la.

Preferível será sempre que o próprio legislador ordinário estabeleça, ao menos, as linhas gerais na busca do ponto de equilíbrio entre os polos em questão, sem descurar que a exigência de imparcialidade tem, na maioria dos ordenamentos jurídicos, assento expresso em norma constitucional, o que não se dá com a iniciativa supletiva *ex officio*. Por isso considera-se como solução razoável subordinar a iniciativa probatória do magistrado a, ao menos, duas condições cumulativas: o

---

[443] DELMAS-MARTY, Mireille. La prova penale. *L'Indice Penale*, Padova, ano 30, n. 3, p. 609-628, sett./dic. 1996.

prévio esgotamento da atividade prioritária das partes na condução da investigação processual, além de limitar o desempenho da diligência suplementar do juízo ao absolutamente necessário a preencher lacuna verificável nessa tarefa dos sujeitos processuais.[444]

As preocupações sobrelevam no tema, impondo o prosseguimento das reflexões, a partir da constatação de que noções, muito provavelmente oriundas de lentes voltadas a observar o sistema jurídico anglo-saxônico de matriz *adversarial*, almejam um juiz passivo, a depender exclusivamente dos elementos de prova inseridos pelas partes, o que se pode exemplificar pela intenção manifesta no projeto de reforma do Código de Processo Penal brasileiro, atualmente em andamento no Senado Federal, nº 156, de 2009, e que pretende conformar um juiz inerte, sem nenhuma iniciativa probatória complementar.

Talvez se possa partir do ensinamento básico de Eduardo Correia de que, no processo penal, há de se averiguar a justiça de uma pretensão punitiva do Estado, retirando-se dos sujeitos a possibilidade de disporem diretamente da relação jurídica, ficando-lhes, outrossim: "impedida a legitimidade para dela disporem indiretamente através dos fatos probatórios e instrumentais", do contrário, e citando Belling, alcançar-se-ia uma *"Zivilprozessualisierung des Strafprozesses"*, resultado inconciliável com a natureza pública do objeto do processo penal.[445]

---

[444] FERRUA, Paolo. I poteri probatori del giudice dibattimentale: ragionevolezza delle Sezioni unite e dogmatismo della Corte costituzionale. *Rivista Italiana di Diritto e Procedura Penale*, Milano, ano 37, fasc. 3, p. 1065-1084, luglio/sett. 1994, p. 1079-1080.

[445] CORREIA, Eduardo Henriques da Silva. *Teoria do concurso em direito criminal*: caso julgado e poderes de cognição do juiz. Coimbra, Atlântida, 1948, p. 17 *et seq.*

Bibliografia

ABEL LLUNCH, Xavier. *Iniciativa probatoria de oficio en el proceso civil*. Barcelona: Bosch, 2005.

ALBUQUERQUE, Paulo Pinto de. *Comentário do Código de Processo Penal*: à luz da Constituição da República e da Convenção Europeia dos Direitos do Homem. 3. ed., atual. Lisboa: Universidade Católica, 2009.

ALEXY, Robert. *Teoria da argumentação jurídica*: a teoria do discurso racional como teoria da justificação jurídica. São Paulo: Landy, 2001.

——. *Teoría de los derechos fundamentales*. Madrid: CEPC, 2002.

AMBOS, Kai. *Temas de derecho penal internacional y europeo*. Madrid: Marcial Pons, 2006.

AMODIO, Ennio. Giusto processo, procès équitable e fair trial: la riscoperta del giusnaturalismo processuale in Europa. *Rivista Italiana di Diritto e Procedura Penale*, Milano, ano 46, n. 1-2, p. 93-107, gen./giug. 2003.

——. Il diritto delle prove penali nel pensiero di Mirjan Damaška. *Rivista Italiana di Diritto e Procedura Penale*, Milano, ano 50, fasc. 1, p. 10-15, gen./mar. 2007.

——. Processo penale, diritto europeo e common law: dal rito inquisitorio al giusto processo. Milão: Giuffrè, 2003.

ARAGÜENA FANEGO, Coral, Primera aproximación al derecho a un proceso equitativo y a las exigencias contenidas en el artículo 6.1 CEDH; en particular, el derecho de acceso a un tribunal. In: GARCÍA ROCA, Javier; SANTOLAYA, Pablo (Coord.). *La Europa de los derechos: el Convenio Europeo de Derechos Humanos*. 2. ed. Madrid: Centro de Estudios Políticos y Constitucionales, 2009. p. 259-275.

BACHMAIER WINTER, Lorena. Acusatorio versus inquisitivo: reflexiones acerca del proceso penal. In: ——. (Coord.). *Proceso penal y sistemas acusatorios*. Madrid: Marcial Pons, 2008. p. 11-48.

BELLUTA, Hervé. *Imparzialità del giudice e dinamiche probatorie ex officio*. Torino: Giappichelli, 2006.

——. Premesse per uno studio sui poteri istruttori dell'organo giudicante. *Rivista Italiana di Diritto e Procedura Penale*, Milano, ano 43, n. 4, p. 1213-1244, ott./dic. 2003.

BERNAL PULIDO, Carlos. *El principio de proporcionalidad y los derechos fundamentales*. 3. ed. Madrid: CEPC, 2007.

BETTIOL, Giuseppe. *Istituzioni di diritto e procedura penale*: corso di lezioni per gli studenti de scienza politiche. 2. ed. Padua: Cedam, 1973.

BRACCIALINI, Roberto. Garanti o no del risultato sostanziale? Spunti tardivi sul giusto processo. *Questione giustizia*, Milano, n. 6, p. 1208-1217, 2005.

CALAMANDREI, Piero. Il giudice e lo storico. *Rivista di Diritto Processuale Civile*, Padova, v. 16, parte 1, p. 105-128, 1939.

CAMARGO ARANHA, Adalberto José Q. T. de. *Da prova no processo penal*. 7. ed. rev. e atul. São Paulo: Saraiva, 2006.

CANARIS, Claus-Wilhelm. *Direitos fundamentais e direito privado*. Coimbra: Almedina, 2009.

CANOTILHO, J. J. Gomes. *Direito constitucional e teoria da Constituição*. 4. ed. Coimbra: Almedina, 2000.

——; MOREIRA, Vital. *Constituição da República Portuguesa*: anotada. 3. ed. Coimbra: Coimbra, 1993.

CAPPELLETTI, Mauro. Iniziative probatorie del giudice e basi pregiuridiche della struttura del processo. *Rivista di Diritto Processuale*, Padova, ano 22, II série, p. 407-428, 1967.

CARACENI, Lina. *Poteri d'ufficio in materia probatoria e imparzialità del giudice penale*. Milano: Giuffrè, 2007.

CARNELUTTI, Francesco. *Lezioni sul processo penale I*. Roma: Ateneo, 1946.

CHIARLONI, Sergio. Giusto processo, garanzie processuali, giustizia della decisione. *Rivista Trimestrale di Diritto e Procedura Civile*, Milano, ano 62, n. 1, p. 129-152, mar. 2008.

——. Riflessioni microcomparative su ideologie processuali e accertamento della verità. In: *DUE iceberg a confronto: le derive di common law e civil law*. Milano: Giuffrè, 2009.p. 101-117. (Quaderni della Rivista Trimestrale di Diritto e Procedura Civile).

CHIAVARIO, Mario. Diritto ad un processo equo. In: BARTOLE, Sergio; CONFORTI Benedetto; RAIMONDI, Guido (Coord.). *Commentario alla convenzione europea per la tutela dei diritti dell'uomo e delle liberta fondamentali*. Pádua: Cedam, 2001. p. 153-248.

——. Os direitos do acusado e da vítima. In: DELMAS-MARTY, Mireille (org.). *Processos penais da Europa*. Rio de Janeiro: Lumen Juris, 2005. p. 563-620.

COMOGLIO, Luigi Paolo. Regole deontologiche e doveri di verità nel processo. *La Nuova Giurisprudenza Civile Commentata*, anno XIV, 2. parte, p. 128-136, magg./giug. 1998.

——; ZAGREBELSKY, Vladimiro. Modello accusatorio e deontologia dei comportamenti processuali nella prospettiva comparatistica. *Rivista Italiana di Diritto e Procedura Penale*, Milano, ano 36, fasc. 2, p. 435-492, 1993.

CORDERO, Franco. *Procedura penale*. 8. ed. Milano: Giuffrè, 2006.

CORREIA, Eduardo Henriques da Silva. *Teoria do concurso em direito criminal*: caso julgado e poderes de cognição do juiz. Coimbra: Atlântida, 1948.

COUTINHO, Jacinto Nelson de Miranda. Introdução aos princípios gerais do direito processual penal brasileiro. *Revista de Estudos Criminais*, Porto Alegre, n. 1, p. 26-51, 2001.

——. O devido processo legal (penal) e o poder judiciário. In: NUNES, António José Avelãs; COUTINHO, Jacinto Nelson de Miranda (Org.). *Diálogos constitucionais*: Brasil/Portugal. Rio de Janeiro: Renovar, 2004. p. 291-300.

COUTURE, Eduardo J. *Estudios de derecho procesal civil*. Buenos Aires: Ediar, 1989. t. 1.

CUERDA-ARNAU, Maria Luisa. *Atenuación y remisión de la pena en los delitos de terrorismo*.Madrid: Ministerio de Justicia e Interior, Centro de Publicaciones, 1995.

DAMAŠKA, Mirjan R. *The faces of justice and state authority*: a comparative approach to the legal process. New Haven: Yale University, 1986.

DANELIUS, Hans. L'indipendenza e l'imparzialità della giustizia alla luce della giurisprudenza della Corte Europea dei Diritti Dell'Uomo. *Rivista Internazionale dei diritti dell'uomo*, Milano, ano 5, n. 2, p. 443-452, mag./ago. 1992.

DE FEO, Michael. La fase dibattimentale. In: AMODIO, Ennio; BASSIOUNI, M. Cherif (a cura di). *Il processo negli Stati Uniti d'America*. Milano: Giuffrè, 1988. p. 181-201.

DELMAS-MARTY, Mireille. *La prova penale*. *L'Indice Penale,* Padova, ano 30, n. 3, p. 609-628, sett./dic. 1996.

——. *Processos penais da Europa*. Rio de Janeiro: Lumen Juris, 2005.

DIAS, Jorge de Figueiredo. *Direito processual penal*. Coimbra: Coimbra, 1974.

——. Os princípios estruturantes do processo penal e a revisão de 1998 do Código de Processo Penal. *Revista Portuguesa de Ciência Criminal*, Coimbra, ano 8, fasc. 1, p. 199-213, jan./mar. 1998.

DÍAZ CABIALE. José Antonio. *Principios de aportación de parte y acusatorio*: la imparcialidad del juez. Granada: Colmares, 1996.

DINACCI, Filippo Raffaele. *Giurisdizione penale e giusto processo verso nuovi equilibri.* Milano: Cedam, 2003.

ESER, Albin. Juízes leigos no processo penal: uma comparação entre os sistemas inquisitivo e adversativo a partir da perspectiva alemã. In:CHOUKR, Fauzi Hassan; AMBOS, Kai (Coord.). *Processo penal e estado de direito*. Campinas: Edicamp, 2002. p. 1-35.

ETXEBERRÍA GURIDI, José Francisco. *Las Facultades judiciales en matéria probatoria en la LEC*. Valencia: Tirant lo Blanch, 2003.

FANCHIOTTI, Vittorio. Origini e sviluppo della "giustizia contrattata" nell'ordinamento statunitense. *Rivista Italiana di Diritto e Procedura Penale*, Milano, ano 27, nova série, fasc. 1, p. 56-101, genn./mar. 1984.

FERNÁNDEZ LÓPEZ, Mercedes. *Prueba y presunción de inocencia*. Madrid: Iustel, 2005.

FERNÁNDEZ-VIAGAS BARTOLOMÉ, Plácido. *El juez imparcial*. Granada: Comares, 1997.

FERRAJOLI, Luigi. *Diritto e ragione*: teoria del garantismo penale. 8. ed. Bari: Laterza, 2004.

FERRER BELTRÁN, Jordi. La valoración de la prueba: verdad de los enunciados probatorios y justificación de la decisión. In: FERRER BELTRÁN, Jordi et al. *Estudios sobre la prueba*. México: Universidade Nacional Autónoma de México, 2006, p. 1-45.

——. *Prueba y verdad en el derecho*. 2. ed. Madrid: Marcial Pons, 2005.

FERRUA, Paolo. I poteri probatori del giudice dibattimentale: ragionevolezza delle Sezioni unite e dogmatismo della Corte costituzionale. *Rivista Italiana di Diritto e Procedura Penale*, Milano, ano 37, fasc. 3, p. 1065-1084, luglio/sett. 1994.

——. *Il giusto processo*. Bologna: Zanichelli, 2009.

——. *Studi sul processo penale*: anamorfosi del processo accusatorio. Torino: Giappichelli, 1992. v. 2, p. 47-48.

FIANDACA, Giovanni. *Modelli di processo e scopi della giustizia penale*. Il Foro Italiano, Roma, parte I, vol. II, p. 2023-2026, 1992.

FINKELSTEIN, Michel O. A statistical analysis of guilty plea practices in the Federal Courts. *Harvard Law Review*, Harvard, v. 89, n. 2, p. 293-315, Dec. 1975.

GARCÍA ROCA, Javier; VIDAL ZAPATERO, José Miguel. El derecho a un tribunal Independiente e Imparcial (art. 6.1): una garantía concreta y de mínimos antes que una regla de la justicia. In: GARCÍA ROCA, Javier; SANTOLAYA, Pablo (Coord.). *La Europa de los derechos*: el Convenio Europeo de Derechos Humanos. 2. ed. Madrid: Centro de Estudios Políticos y Constitucionales, 2009. p. 365-407.

GAROFALO, R. *Criminologia*: studio sul delitto e sulla teoria della repressione. 2. ed. Torino: Fratelli Bocca, 1891.

GISBERT, Antonio. El artículo 729.2° de la Ley de Enjuiciamiento Criminal (Reflexiones suscitadas por algunas recientes sentencias del tribunal Supremo). *Revista del Poder Judicial*, Madrid, n. 46, p. 395-412, 1997.

GIULIANI, Alessandro. Il conceto classico di prova: la prova come "argumentum". In: *La Preuve*: premiere partie. Antiquite Bruxelles: Libraire Encyclopedique, 1964. p. 357-388. (Recueils de la Societe Jean Bodin Pour L'Histoire Comparative des Institutions).

——. Prova in generale: a) filosofia del diritto. In: *Enciclopedia Del Diritto*. Milano, v. 37, p. 519-579, 1988.

GOLDSCHMIDT, James. *Teoría General del Proceso*. Barcelona: Labor, 1936.

GOLDSCHMIDT LANGE, Werner. *La imparcialidad como principio basico del processo*: la "partialidad" y la parcialidad. Madrid: Instituto Español de Derecho Procesal, 1950.

GOMEZ ORBANEJA, Emilio; HERCE QUEMADA, Vicente. *Derecho procesal penal*. 9. ed. Madrid: [s.n.], 1981.

GONZALES-CUELLAR SERRANO, Nicolas. *Proporcionalidad y derechos fundamentales en el proceso penal*. Madrid: Colex, 1990.

GÖSSEL, Karl Heinz. *El derecho procesal penal en el estado de derecho*: obras completas. Santa Fe: Rubinzal-Culzoni, 2007. v. 1.

GREVI, Vittorio. *Alla ricerca di un processo penale "giusto", itinerari e prospettive*. Milano: Giuffrè, 2000.

——. Considerazioni preliminari sul diritto al silenzio dell'imputato nel nuovo terzo comma dell'art. 78 CPP. *Rivista Italiana di Diritto e Procedura Penale*, Milano, ano 13, p. 1119-1144, 1970.

——. Il diritto al silenzio dell'imputato sul fatto proprio e sul fatto altrui. *Rivista Italiana di Diritto e Procedura Penale*, Milano, ano 41, nova série, fasc. 4, p. 1129-1150, ott./dic. 1998.

——. Riflessioni e suggestioni in margine all'esperienza nordamericana delplea bargaining. In: AMODIO, Ennio; BASSIOUNI, M. Cherif (Coord.). *Il processo negli Stati Uniti d'America*. Milano: Giuffrè, 1988. p. 299-322.

GRINOVER, Ada Pellegrini. A iniciativa do juiz no processo penal acusatório. *Revista Brasileira de Ciências Criminais*, São Paulo, ano 7, n. 27, p. 71-79, jul./set. 1999.

HALL, Livingston *et al. Modern criminal procedure*: cases, comments and questions. 3. ed. St. Paul: West, 1969e

HARRIS, D. J.; O'BOYLE, M.; WARBRICK, C. *Law of the European Convention on Human Rights.*Londres: Butterworths, 1995.

HOMEM, António Pedro Barbas. O perfil do juiz na tradição ocidental. In: *O perfil do juiz na tradição ocidental*: seminário internacional organizado pelo Instituto de História do Direito e do Pensamento Político, e Conselho Superior da Magistratura. Coimbra: Almedina, 2009. p. 53-70.

ILLUMINATI, Giulio. El sistema acusatorio en Italia. In: BACHMAIER WINTER, Lorena (Coord.). *Processo penal y sistemas acusatorios*. Madrid: Marcial Pons, 2008. p. 135-160.

JACKSON, John; DORAN, Sean. *Judge without jury*: diplock trials in the adversary system. Oxford : Clarendon Press, 1995.

JARVERS, Konstanze. Profili generali del diritto processuale penale tedesco. *Rivista Italiana di Diritto e Procedura Penale*, Milano, ano 46, nova série, fasc. 3, p. 930-949, luglio/sett. 2003.

JIMÉNEZ ASENSIO, Rafael. *Imparcialidad judicialy derecho al juez imparcial*. Elcano: Aranzadi, 2002.

JOLOWICZ, J. A. Adversarial and inquisitorial models of civil procedure.*International and Comparative Law Quarterly*, Oxford, vol. 52, n. 2, p. 281-295, Apr. 2003.

———. L'amministrazione della giustizia civile: Inghilterra e Galles. In: FAZZALARI, Elio (a cura di). *La giustizia civile nei paesi comunitari*. Padova: Cedam, 1994.p. 143-174.

JUAN PATRONE, Ignazio. L'imparzialità difficile: appunti sulla giurisprudenza della Corte europea dei diritti dell'uomo. *Questione Giustizia*, Milano, n. 3, p. 413-425, 2001.

KADISH, Sanford H.; SCHULHOFER, Stephen J.; STEIKER, Carol S. *Criminal law and its processes*: cases and materials. 8. ed. Austin: Wolters Kluwer, 2007.

KELSEN, Hans. *Qué es la Justicia?* Barcelona: Ariel, 1991.

LAFAVE, Wayne R.; ISRAEL, Jerold H. *Criminal procedure*. 2. ed. St. Paul: West Publishing, 1992.

———; ISRAEL, Jerold H.; KING, Nancy J. *Criminal procedure*.4. ed. St. Paul: Thomson/West, 2004.

LANGBEIN, John H. The German advantage in civil procedure. In: GALLIGAN, D. J. *Procedure*. Aldershot: Dartmouth, 1992. p. 253-296.

———. Torture and plea bargaining. In: MORAWETZ, Thomas (Ed.). *Criminal law*.Aldershot: Ashgate, 2001. p. 361-380. (The international library of essays in law & legal theory. Second series).

———. Understanding the short history of plea bargaining. *Law & Society Review*, Amherst, v. 13, n. 2, special issue on plea bargaining, p. 261-272, Winter, 1979.

LARENZ, Karl. *Derecho justo*: fundamentos de etica juridica. Madrid: Civitas, 1985.

LIEBMAN, Enrico Tullio. Fondamento del principio dispositivo. *Rivista di diritto processuale*, Padova, n. 15, p. 551-565, 1960.

LOPES, José António Mouraz. *A tutela da imparcialidade endoprocessual no processo penal português*. Coimbra: Coimbra, 2005.

LOPES JR., Aury. *Direito Processual Penal*. 9. ed. rev. e atual. São Paulo: Saraiva, 2012.

LUHMANN, Niklas. *Legitimação pelo procedimento*. Brasília: Universidade de Brasília, 1980.

MANZINI, Vicenzo. *Trattato di diritto processuale penale italiano*. 6. ed. Torino: Utet, 1968. v. 2.

MARAFIOTI, Luca. L'art. 507 C.P.P. al vaglio delle Sezioni unite: un addio al processo accusatotio e all'imparzialità del giudice dibattimentale. *Rivista Italiana di Diritto e Procedura Penale*, Milano, ano 36, fasc. 2, p. 829-849, apr./giug. 1993.

MASSA, Teresa. L'indipendenza e l'imparzialità del magistrato e le contraddizioni di Strasburgo. *Questione Giustizia*, Milano, v. 21, n. 1, p. 189-202, 2002.

MCCARTHY, Thomas. *La teoria crítica de Jürgen Habermas*. 2. ed. Madrid: Tecnos, 1992.

MESQUITA, Paulo Dá. *A prova do crime e o que se disse antes do julgamento*. Coimbra: Coimbra, 2011.

MITTERMAYER, C. J. A. *Tratado da prova em materia criminal*. 3. ed. Rio de Janeiro: Jacintho Ribeiro dos Santos, 1917.

MONTERO AROCA, Juan. Principio acusatorio y prueba en el proceso penal la inutilidad jurídica de un eslogan político. In: GÓMEZ COLOMER, Juan Luis (Coord.). *Prueba y proceso penal*: análisis especial de la prueba prohibida en el sistema español y en el derecho comparado. Valencia: Tirant lo Blanch, 2008. p. 18-66.

———. *Principios del proceso penal*: una explicación basada en la razón. Valencia: Tirant lo Blanch, 1997.

———. *Proceso (civil y penal) y garantía*: el proceso como garantía de libertad y de responsabilidad. Valencia: Tirant lo Blanch, 2006.

MOREIRA, José Carlos Barbosa. Notas sobre alguns aspectos do processo (civil e penal) nos países anglo-saxônicos. *Revista Forense*, Rio de Janeiro, ano 94, v. 344, p. 95-110, out./dez. 1998.

NEVES, A. Castanheira. *Sumários de processo criminal*: 1967-1968. Coimbra: [s.n.], 1968.

PECES-BARBA, Gregorio. *Los valores superiores*. Madrid: Tecnos, 1986.

PICÓ I JUNOY, Joan. El derecho a la prueba en el proceso penal: luces y sombras. In: ABEL LLUNCH, Xavier; RICHARD GONZÁLES, Manuel (Dir.). *Estudios sobre prueba penal*: actos de investigación y medios de prueba en el proceso penal: competencia, objeto y límites. Madrid: La Ley, 2010. v. 1, p. 27-83.

———. *El juez y la prueba*: estudio de la errónea recepción del brocardo *iudex iudicare debet secundum allegata et probata, non secundum conscientiam* y su repercusión actual. Barcelona: Bosch, 2007.

———. *La imparcialidad judicial y sus garantías*: la abstención y la recusación. Barcelona: J. M. Bosch, 1998e.

PRADEL, Jean. *Procédure pénale*. 11. ed. Paris: Cujas, 2002/2003.

PRADO, Geraldo. *Sistema acusatório*: a conformidade constitucional das leis processuais penais. 4. ed. Rio de janeiro: Lumen Juris, 2006.

PULITANÒ, Domenico. La giustizia penale alla prova del fuoco. *Rivista Italiana di Diritto e Procedura Penale*, Milano, ano 40, nova série, fasc. 1, p. 3-41, genn./mar. 1997.

RADBRUCH, Gustav. *Lo spirito del diritto inglese*; a cura di Alessandro Baratta. Milano: Giuffrè, 1962.

RAWLS, John. *A theory of justice.*Cambridge: Harvard University Press, 1971.

REBUFFA, Giorgio. *La funzione giudiziaria*: lezione introduttive. 2. ed. Torino: G. Giappichelli, 1988.

RODRIGUES, Anabela Miranda. A fase preparatória do processo penal – tendências na Europa. O caso português. In: *ESTUDOS em Homenagem ao Prof. Doutor Rogério Soares*. Coimbra: Coimbra, 2001. p. 941-961.

ROXIN, Claus. *Derecho procesal penal*. 1. ed. Buenos Aires: Del Puerto, 2003.

——. *Política criminal y sistema del derecho penal*. 2. ed. Buenos Aires: Hammurabi, 2006.

SAAVEDRA RUIZ, Juan. La iniciativa del Tribunal en el acto del juicio oral: alcance de los artículos 729 y 733 LECr. In: ——. (Dir.). *Cuestiones de derecho procesal penal*. Madrid: CGPJ, 1994. p. 13-51. (Cadernos de Derecho Judicial, n. X/94).

SCHLÜCHTER, Ellen. *Compendio di procedura penale tedesca*. 2. ed. aggiornata. Padova: Cedam, 1998.

SILVA SÁNCHEZ, Jesus-María. *La expansión del derecho penal*: aspectos de la política criminal en las sociedades postindustriales. 2. ed., rev. y ampl. Madrid: Civitas, 2001.

SILVESTRI, Elisabetta. *"Adversary"* e *"inquisitorial system"* nella prospettiva di *"common law"*: un problema aperto. *Rivista Trimestrale di Diritto e Procedura Civile*, Milano, anno 42, n. 1, p. 257-264, mar. 1988.

STELLA, Federico. *Giustizia e modernità*: la protezione dell'innocente e la tutela delle vittime. 3. ed. Milano: Giuffrè, 2003.

——; GALAVOTTI, Maria Carla. *"L'oltre il ragionevole dubbio"* come standard probatorio. Le infondate divagazioni dell'epistemologo Laudan. *Rivista Italiana di Diritto e Procedura Penale*, Milano, ano 48, fasc. 3, p. 883-937, luglio/sett. 2005.

TARUFFO, Michele. Aspetti fondamentali del processo civile di civil law e di common law. *Revista da Faculdade de Direito da UFPR*, Curitiba, v. 36, p. 27-48, 2001.

——. I sistemi giudiziari nelle tradizioni giuridiche di civil law e di common law. In: OVALLE FAVELA, José (Coord.). *Administraciòn de justicia en Iberoamérica y sistemas judiciales comparados*. México: Universidad Nacional Autónoma de México, 2006. p. 445-462e.

——. La cultura de la imparcialidad en los países del common law y del derecho continental. *Estudios de Derecho Judicial*, Madrid, n. 151, p. 95-119, 2008.

——. *La semplice verità*: il giudice e la costruzione dei fatti. Bari: Laterza, 2009.

——. Modelli di prova e di procedimento probatorio. *Rivista di Diritto Processuale*, Padova, v. 45, n. 2, p. 420-448, apr.-giug. 1990.

——. Poteri probatori delle parti e del giudice in Europa. *Rivista Trimestrale di Diritto e Procedura Civile*, Milano, ano 60, n. 2, p. 451-482, giug. 2006.

THAMAN, Stephen C. Aspectos adversariales, acusatorios e inquisitivos en el proceso penal de los Estados Unidos. In: BACHMAIER WINTER, Lorena (Coord.). *Processo penal y sistemas acusatorios*. Madrid: Marcial Pons, 2008. p. 161-176e

THIBAUT, J; WALKER, L. *Il giusto processo*: un'analisi psicologica dei modelli processuali. Milão: Giuffrè, 1981.

TINOCO PASTRANA, Ángel. *Fundamentos del sistema judicial penal en el common law*. Sevilla: Universidad de Sevilla, 2001.

TROCKER, Nicolò. Il nuovo articolo 111 della costituzione e il 'giusto processo' in materia civile: profili generali. *Rivista Trimestrale di Diritto e Procedura Civile*, Milano, ano 55, n. 2, p. 381-410, giug. 2001.

UBERTIS, Giulio. Neutralità metodológica del giudice e principio di acquisizione processuale. *Rivista Italiana di Diritto e Procedura Penale*, Milano, ano 50, fasc. 1, p. 16-30, genn./mar. 2007.

——. *Principi di procedura penale europea*: le regole del giusto processo. Milano: Raffaello Cortina, 2000.

VAZQUEZ SOTELO, Jose Luis. *Presuncion de inocencia del imputado e intima conviccion del tribunal*: estudio sobre la utilización del imputado como fuente de prueba en el proceso penal español. Barcelona: Bosch, 1984.

VELU, Jacques; ERGEC, Rusen. *La Convention Européenne des Droits de L'Homme*: extrait du Répertoire pratique du droit belge, complément. Bruxelles: Bruylant, 1990, t. 7.

VOGLER, Richard. El sistema acusatorio en los procesos penales en Inglaterra y en Europa continental. In: BACHMAIER WINTER, Lorena (Coord.). *Processo penal y sistemas acusatorios*. Madrid: Marcial Pons, 2008, p. 177-194.

WRÓBLEWSKI, Jersy. Elementi di un modello processuale di applicazione giudiziale del diritto. *Rivista Trimestrale di Diritto e Procedura Civile*, Milano, ano 41, n. 2, p. 469-486, giug. 1987.

ZAGREBELSKY, Gustavo. *El derecho dúctil*: ley, derechos, justicia. 8. ed. Madrid: Trotta, 2008.

ZANON, Nicolò; BIONDI, Francesca. *Diritto costituzionale dell'ordine giudiziario*: status e funzioni dei magistrati alla luce dei principi e della giurisprudenza costituzionali. Milano: Giuffrè, 2002e.

ZILLI, Marcos Alexandre Coelho. *A iniciativa instrutória do juiz no processo penal*. São Paulo: Revista dos Tribunais, 2003.

ZYSMAN QUIRÓS, Diego. La garantía de imparcialidad. In: HENDLER, Edmundo S. (comp.). *Las garantías penales y procesales*: un enfoque histórico-comparado. Buenos Aires: Editores del Puerto, 2004, p. 339-359.

Impressão:
Evangraf
Rua Waldomiro Schapke, 77 - POA/RS
Fone: (51) 3336.2466 - (51) 3336.0422
E-mail: evangraf.adm@terra.com.br